JN439250

마칭심벌

이정심 수필집

교음사

짧아지는 세월, 가슴에 안고서

2000년 2월 명예퇴임 후 17년만이다.

그동안 나는 어떻게 살아왔고, 어떤 인간으로 형성되느라고 무엇을 했는가? '나'라는 인간성은 아직도 모르겠다. 그저 그렇게 살아온 긴 시간의 세월은 눈 깜박할 사이에 사라지고, 지금 내 눈 앞에는 그 흔적들이 보이지 않는다.

낯선 땅, 절해의 고도에 홀로 서 있었을 뿐 파도와 바람과 하늘을 차마 쳐다볼 수 없는 부끄러움으로 사무쳤던 몸부림이었다고나 할까?

그러기에 늘 혼자였다.

11년 전 하늘나라에 간 내 동생이 줄기차게 나를 따라다녔다. 차마 동생의 마음을 다독일 수 없는 죄인이 된 심정이었다. 3년 전부터 트라우마에서 벗어나지 못하고 우울 속에서 살아왔다. 그러다가 작년에 나를 갑자기 압박해 왔다. 더 이상 불쌍하다고 비관에 잠기지 말고 희망줄을 잡고 살라며 튼튼하고 단단한 끈을 동생이 보내 왔다.

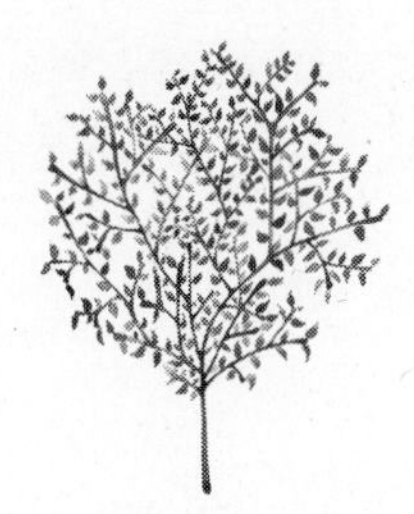

나의 동생 웅이, 짧아지는 세월을 가슴에 안고서, 못 다한 정으로 저물어가는 길손을 깨끗이 쓸어버리고 서쪽하늘의 끝모르는 정원에 있는 동생의 꿈나무를 찾아 『마칭심벌』을 발간했다. 이제야 동생에게 가슴 깊숙히 진 빚을 갚으려는가 보다. 삼가 명복을 빈다.

2천년부터 지금까지, 조선대학교 평생교육원 수강생 및 『징검다리수필』 문학회 회원, 산수도서관 문학 수강생 및 『산수문학』 회원님들은 나의 정신적, 육체적 병든 심신을 치유하여 주신 분들이다. 고맙고 감사하다. 당신들이 아니었다면 오늘날 '나'라는 존재가 건강하게 서 있을 수 있었을까?

음으로 양으로 나를 도와주신 내 주위의 모든 분들, 그리고 교음사 강석호 회장님, 강병욱 국장님, 교정을 봐주신 이자야 편집국장님께도 감사를 드린다. 병고 중이신 몸으로 나를 지켜주신 남편, 내 아이들 모두에게 고맙다.

2017년 12월

저자 이정심

이정심 수필집

마칭심벌

1부 화무삼일홍花無三日紅

2부 뜨개질

3부 나를 지켜보는 브람스

4부 한 방울의 이슬소리

5부 장편수필

6부 권두칼럼

1 부

화무삼일홍花無三日紅

11월의 허공

한 해의 끝자락을 남겨둔 늦가을, 하늘을 머리에 이고 바람이 스산히 부는 빈들을 거닐면, 적막감만이 우리를 감싼다. 하얀 구름을 안은 허공은 이슬처럼 반짝인다. 이런 하늘을 보면 까닭 없이 슬프고 우울해지면서도 설렌다. 그것은 광활한 공간에 숨어있는 생명이 땅에 내려앉아 서로 삶의 의지력으로 살아가려는 소망이 있기 때문이기도 하다.

35여 년 전, 문학세미나에서였다. 오랜만에 만난 기쁨에 모두들 떠들썩했다. 그때 운전석 뒤에 혼자 앉아서 우리를 열심히 안내하는 분이 있었다. 아무도 귀를 기울이지 않는데도 의식하지 않고, 지나가는 지역마다 차창 밖을 보며 설명하는 거였다. 그 어조는 홀로 여행하는 나그네의 독백처럼 들렸다. 작달막한 키, 왜소한 체구, 도수 높은 안경을 쓴 창백한 얼굴로 간간히 침을 튕겨가면서까지 말을 한다.

그 인상 깊은 분이 80년대 초 11월 어느 날, 망월동 5·18 묘지를 보고 싶다며 이곳에 왔다. 그동안 줄기차게 떠돌던 유언비어가 아닌 그것이 오히려 실제의 사실이라는 것을 알고서 허공만 응시한 채 말없이 앉아 있다가 묵묵히 걸었다.

담양 망월동에서 자미천을 거쳐 4수원지의 좁은 갓길을 지나 김삿갓 시비 앞에까지 왔다. 그곳에서 방랑객 김병연의 영혼과 만나고 무등산 쪽으로 걸었다.

소솔한 바람결이 앙상한 나뭇가지에 걸려있는 몇 개의 잎새마저 떨어뜨리려는 그 숲길을 타고서 가는 길. 하늘은 모든 색깔의 빛이 다 모여서 파랗게 일렁이며 하얀 싸리구름을 마구 뿌려댔다.

뭔지 모르게 가슴에 쌓이는 허기증을 안고서 걸어가는 것 같으면서도 발길은 가벼웠다. 한없이 걷고 걸었다.

다리가 휘청거리고 추위와 배고픔을 느꼈다. 우선 쉬고 싶었다. 계곡옆 고목나무 아래 오붓하게 보이는 식당으로 들어섰다. 따뜻한 기운이 우리를 다사롭게 포옹하자 피곤이 엄습하며 배가 더욱 고파왔다.

막 삶아낸 닭과 죽으로 포식하고선 쉬고 있는데, 그분은 갑자기 낡은 가방에서 테이프를 꺼내놓고선,

"이 노래 들어봐요."

말하면서, 소형 라디오 테이프를 튼다.

기차를, 버스를, 택시를 타거나, 발길이 닫는 전국을 누비다가도 노래를 들으며 침잠의 세계에 든단다. 왜 이 가요에 집착하는가?

그분은 말했다. 누구나가 가슴 속에 품고 살아가는 환영幻影은 있을 수 있다고 한다.

"사랑하는 사람이 있어요?"

물어보자 고개를 끄덕인다. 사랑하는 사람이 현실에 있다는 것은 행복하다면서 살아가는 즐거움도 있단다.

갓 환갑을 넘기신 동안童顔의 그 얼굴은 회한에 젖은 듯 잠시 말이 없다가 입을 연다.

사랑은 사실 내 앞에 없더라도 상상하는 것만으로 아름답다면서 허공(虛空)에 떠다니는 뜬 구름처럼 잡히지 않는단다. 그러기에 잠깐 동안의 인연이라도 잊혀지지 않고 생생하다고 말하는 눈빛이 맑았다. 나는 아내가 고독하시겠다고 말하니까

"집사람 미국에 있어요."

진짜 외로우신 분. 자녀들도 생업에 따라 흩어져 있다. 이들과 이역만리에 떨어져 사신지 10여 년이 넘었다. 이렇게 홀로 사시는 게 운명인지 생활의 불편을 모른다며 일어선다.

밖으로 나왔다. 시리도록 하얀 하늘 아래의 가을 빛살이 눈부시다. 바람은 가볍게 이마를 스친다. 마른 나뭇가지들이 부딪치며 바스락거린다.

허공 속에 묻어야만 될 슬픈 옛이야기
스쳐버린 그 날들 잊어야할 그 날들
허공 속에 묻힌 그날들
잊는다고 생각하기에 너무나도 미련이 남아.

가볍게 흥얼거리며 걸었다. 얼마를 걸었는지 추운기가 들었다. 옷깃을 여미며 허공을 보았다. 붉은 햇살의 가장자리에서 연보랏빛살이 지천으로 튕겨나간다. 현기증이 일어날 정도로 가슴을 억누르는 것 같아 길가에 앉았다. 사방은 나무들이 둘러싸여 우리를 감싼다.

회색보랏빛살이 꽁지를 겨우 남기고 고요를 붙들고서 산을, 숲을 잠재운다.

우리는 일어섰다. 말없이 걸었다. 이따금 풀벌레, 잔바람소리가 귀를 가볍게 때릴 뿐 아무도 없다. 오직 우리들의 발자국 소리만 청각을 자극한다.

제4수원지에 이르러 누가 먼저인지도 모르게 노랫가락을 흥얼거린다.

걸어가는 다리 밑의 잔잔한 은물결 위에 어두운 보랏빛살이 반짝인다.

꼬불꼬불 돌고 도는 길에 따라 노랫가락은 제법 운치가 있다. 갑자기 한 여인이 큰 소리로 부른다. 또 한 여인이 부르자 노신사도 따라 부른다.

두 갈래 숲길 너머에 충장사가 보였다. 여기서부터 목소리가 더욱 커지며 발길이 잦아들었다.

우리가 잊고 살기에는 너무나 많은 세월에까지 왔다
잊는다는 생각하기엔 너무나도 미련이 남아
돌아선 마음 달래보기엔 너무나도 멀어진 그대
설레이던 마음도 기다리던 마음도
허공 속에 묻어야만 될 슬픈 옛이야기.

부르고 또 불러서 목이 쉴 것처럼 소리가 막혔지만 그래도 불렀다. S자로 휘어지게 도는 고개 전망대에 올라 광주시가지를 한 눈으로 바라보았다.

무수한 전등불들이 점점이 밝아진다. 그리고 하늘은 별점을 찍고 천지를 묵화(墨花)색으로 윤색한다.

산수동 오거리까지 줄기차게 불렀던 '허공'이란 노래, 가슴 속에 각인한 그 사람은 누구일까? 왜 그토록 사라지지 않고 남아 있을까? 구체적으로 묻지 않았다. 누구나 평생 동안 좋은 사람이건 나쁜 사람이건 한 사람쯤은 가슴에 묻어둔 사람이 있을 것 같아서이다. 아니 사랑하는 사람이었다면 더욱 잊혀지지 않을 것이기에.

사랑은 착시錯視랄까. 그 형상이 어느 순간에만 보였어도 마음속에 숨어 있다가 신기루처럼 사라지고선 갑자기 나타난다. 허공처럼 깨끗하면서도 무수한 색깔을 발산하며 우리의 뇌리에서 사라지지 않는다.

아직은 삶의 끝자락 5막의 정점에 이른 12월 초 어느 날 그분이 허공으로 갑자기 가시는 날, 하얀 눈은 재색하늘을 휘돌고 돌았다. 허공을 가득 메운 눈발은 그날따라 소용돌이쳤다. 일몰을 감추고 하늘은 땅속 깊이 가라앉았다.

지금은 그때처럼 눈발이 없지만 검은 보랏빛 하늘이 토방 밑 마당까지 스며든다. 이 11월이 다 가기 전, 무등산의 앙상한 나뭇가지에 걸터앉은 허공을 보고 싶다.

허공 속에 묻힐 수많은 나날들. 나도 5막이라는 인생의 막다른 길에 왔다. 마지막 남은 1막의 잔가지를 어떻게 다듬어야 할까? 뜨락의 검은 나무들이 묵묵히 서 있다.

그때 보름달이 어둠을 보듬고선 내게 환하게 다가온다.

아버지의 아리랑

골목 입구에서부터 들려오는 그 목소리. 사립문 여는 소리와 함께 "정순아! 정순아!"를 쏟아내면 우리들은 숨어버린다. 여섯 딸 중 제일 큰언니를 항상 부르시며 마당에 서서 어깨를 들썩들썩 하셨다.

~가노라 간다. 내가 돌아간다./ 아까운 청춘 다아~ 가부렀네, ~아리아리랑 스리스리랑…. 부르시는 아버지를 피하여 모두가 골방으로, 큰방 작은방으로 숨어버린다.

아버지는 혼자서 밝은 달을 보시면서 가락을 흥얼거리셨다. 그러다가 마루에 털썩 주저앉아 허리를 구부리셨다가 고개를 들고서는 ~왜 왔던고 왜 왔던고/ 울고 갈 길을 내가 왜 왔던고~ 늘 부르시던 가락이었다. 어린 내가 부를 정도였다.

일제 암흑기 30대 젊은 시절 딸 여섯에 아들 하나를 두고 일본 아오리탄광에 징용당하셨다. 일본 사람을 욕했다고 밀대군의 밀고로 갑자기 가셨다. 광주역 기차가 여수로 떠나는 순간, 창가에 서서 "정순아! 정순아!" 큰소리로 부르면서, 손을 흔들며 떠나셨다고 한다. 불현듯 당한 아버지의 빈자리를 느낄 틈도 없이 우리는 배고픔에 허덕거리며 울기만 하였다. 어머니와 언니들이 먹기 위해 일본집에 가서 일하고 먹거리를 얻어오면 우리는 어머니 옆으로 우르르 몰려가 허겁지겁 먹었다. 옆집 할머니가 이런 우리들의 모습을 보시고는 야매장사를 어머니에게 가르쳤단다. 품속에 김이나 참기름을 감추고 이집 저집에 팔러 다니셨다. 그러다가 순사한테 들켜 유치장에 들어간 때가 한두 번이 아니었다. 그때마다 우리는 배고파서 울고, 무서워서 울고…. 경찰 유치장 앞까지 가서 울었다. 갑자기 순사가 긴 칼로 위협하면 우리는 혼비백산 달아났다.

그때는 배급제로 허기증만 겨우 가시게 하였다. 항상 배가 고팠다.

우리는 온기가 남아있는 부뚜막에서 놀았다. 아버지처럼 아리랑 놀이를 하였다. 비척비척 건들거리면서 ~ 아리아리랑 스리스리랑 아라리가 났네…. 아버지 흉내를 내면서 비척거렸다. 넘어지고 일어서고 웃으면서 사금파리 빠끔살이를 하였다. 무엇이 그렇게 재미있었는지도 모른 채 까르르 웃어대던 유년시절이었다.

8·15해방 후 아버지가 갑자기 나타나셨다. 바짝 마른 체구에 노동자복을 입고, 돈 한 푼 없이 빈 몸으로 오셨다. 고생담을 들려주셨던 아버지. "일본놈! 일본놈!" 하늘에 대고 토하셨다. 그러니까 아버지 윗대는 갑오농민 때 휩쓸려 많이 돌아가셨단다. 그 윗대, 윗대 할아버지 때는 조선시대 역적 집안이라고 그 식구, 일가친척 다 흩어지고 그 할아버지 대에는 순천 송광사 언저리 승주군에서 집성촌을 이루며 살았다. 몇 대를 숨어서 살았던 아버지의 아버지. 아버지의 아버지 대대로 목숨을 겨우 부지하고 사셨던 아버지는 밥을 먹기 위하여 송광사 동자승이 되셨다.

열일곱 승려가 색시를 만나 절에서 도망쳐 몇 년을 방랑생활을 하시다가 헤어지고, 고모의 중매로 어머니와 인연을 맺으셨다. 인생의 정착으로 살만하시더니 6·25를 만나도 피난을 가지 않으셨다. "요런 시대 한두 번 만났것냐. 다 쓰잘데없는 거여." 공산치하에서 무사히 살아나셨던 아버지가 한 잔 하시고 아리랑 가락을 쭈욱 빼시면 동네에서 창피하였다. 소리조차 커서 듣기 싫었다. 어머님을 고생시키시는 아버지였기에 아버지의 아리랑 가락만 들리면 미웠다.

한 겨울인데도 웃통을 벗으시고 팔을 휘저으시며 아리랑 아리랑 아라리요, 한잔 술에 아리랑, 두잔 술에 아리랑~ 취하신 날이 많더니 병원 입원도 못해 보시고 갑자기 돌아가셨다.

그 당신의 아드님 내 동생. 70년대 서울대학교에서 불렀던 아리랑과 구호. 그 대학 아리랑 고갯길에서 데모 주동자로 몰려 퇴학당한 후부터, 안기부 경찰 뒤를 감당하지 못하고 이 거리 저 거리 헤매던 동생은 아버지의 아리랑이었다.

~왜 왔던고 왜 왔던고 / 울고 갈 길을 내가 왜 왔던고….

아버지의 가락을 불렀던 아버지의 청춘시절 날개를 달고서 제대로 펴지 못하였다. 어느 날 무등산자락에서 파란 하늘을 응시하면서 갑자기 어머니가 보고 싶다며 어머니! 어머니를 불렀다. 이 거리 저 거리 쫓겨 다니는 무서운 공포에 한잠을 이루지 못하고 덜덜 떨었던 동생. 그것은 아버지의 아리랑. 아리랑의 씨앗이었다.

선대를 이어받은 아들은 하늘나라 아리랑 고개까지 넘나들다가 우리를 버리고 그곳으로 아리랑 아리랑 가시는 님이 되었다.

지금도 유년시절의 아리랑 가락이 귀에 들린 양하다. 70고개 아리랑 고개 넘어 밤하늘의 별도 함께 부르는 것 같다. … 간다 간다 못간다 간다 간다 못간다. … 무등산자락이 이슬을 흘리며 안개를 다독인다.

선대(先代)부터 불러왔던 아리랑 고개에 선 서민들, 청춘들. 내 아버지가 아니 내 앞 선대들이 불렀던 아리랑이 발병 났으니 모두 버리고…. 노다 가세 노다 가세 일하다가 가세/ 저 달이 지도록 놀다나 가세/ 살기 위해 아리랑 고개를 넘어가세….

화무삼일홍花無三日紅

나를 불러주는 사람이 있으면 반갑다. 게다가 무슨 이야깃거리라도 내게서 듣고 싶어 하면 더욱 즐겁다.

3월 중순경 서울 청조꽃꽂이회에서 30분 정도의 재미있는 이야기를 해주면 좋겠다기에 서슴없이 승낙했다. 막상 대답을 해놓고 보니 무슨 이야기를 할 것인지 막막했다. 그러다가 얼마동안 꽃에 대해서 공부 좀 했으니 그것으로 풀어볼까 하고 상경했다.

새벽 5시 차를 타고 세종호텔에 도착하니 아무도 없었다. 단상 위에서 혼자 중얼거리고 있었더니 누가 문을 활짝 열어젖혔다. 직원이 의아스런 눈빛으로 내게 다가오더니 꼬치꼬치 묻는 거였다. 엉겁결에 "꽃꽂이 강의하러 왔어요." 하는 말에 그는 겸연쩍게 나가버린다.

꽃꽂이 강사라니. 다리조차 힘이 빠져 한참을 이리저리 거닐고 있으니 우아한 여인이 다가와 인사를 한다. 분홍투피스에 단정한 머릿결, 한 아름 안은 꽃다발이 봄의 소식을 전하는 아름다운 여인인 양 산뜻하였다. 교양 있는 자태의 회장님이셨다. 그 뒤로 연보라색 투피스를 입은 30대 여인이 꽃을 가슴에 가득 안고 내게 사분사분 다가왔다.

각양각색의 꽃같은 여인들이 조용히 앉아 미소 지으며 목례를 한다. 나는 이 아름다운, 살아 움직이는 꽃들에게 압도당하여 아무 말도 못하고 꽃바람 난 여인처럼 망연히 바라보기만 했다. 심호흡을 크게 하고선 단상에 올랐다.

만물이 소생하는 3월입니다. 하나라는 '절대성'과 둘이라는 '조화'가 어울려 셋이라는 '본질'을 형성하여 시작과 끝을 제대로 매듭지어라는 3월입니다. '삼세판'이라는 말을 들어보셨습니까? 세 번 도전하여 자기 자신의 정점을 형성합니다. 이러한 3월에 여러분과 만나 뵙게 되어 영광스럽습니다.

제비꽃, 백합화, 장미를 3대 꽃이라고 합니다. 이 세 꽃이 그 많은 꽃의 아름다움을 대변합니다. 이 중에서 제비꽃이 가장 먼저 봄을 알려주는 전령사입니다. 3백여 종에 이르는 종류가 있어 이야깃거리 또한 많습니다. 세계적으로 사랑받고 아주 귀엽고 작은 꽃으로 봄의 여왕 바이올레트입니다.

나폴레옹이 한창 젊었을 때, 그를 제비꽃 소대장이라고 불렀으며, 그도 제비꽃을 좋아하여 조세핀에게 제비꽃다발 선물을 수시로 하였습니다. 심지어 동지들 표장(標章)을 제비꽃 문양으로 하였습니다. 엘바섬으로 유배가면서 '제비꽃이 필 때 돌아오겠다'고 약속했습니다. 드디어 제비꽃이 필 때 튈르디 궁전으로 돌아와 백일천하의 황제자리에 앉았습니다. 이 꽃은 품위 있는 귀족들이 특히 좋아하여 축하파티나 선물로 주고받았습니다. 그만큼 신화나 전설에도 제비꽃 이야기가 많습니다.

제우스는 이나코스의 딸 이오를 따라다니며 사랑을 즐겼으나, 아내 헤라에게 들키자 이오를 암소로 바꿔어 버렸습니다. 헤라는 풀만 먹는 이

오가 불쌍해 이오의 눈동자를 닮은 제비꽃을 암소 주위에 피도록 하였습니다. 흰꽃은 소박과 겸양, 자주꽃은 사랑, 노랑꽃은 행복과 수줍음, 하늘빛은 성실과 정결을 상징합니다.

이토록 여성미의 아름다움을 다 가졌으니 셰익스피어가 제비꽃을 비너스의 유방보다 향기롭다고 한 말은 과언이 아닙니다. 그야말로 최고의 여성미를 상징하는 꽃입니다.

초여름 꽃을 대표하는 백합은 산백합, 들백합, 집백합, 처녀백합, 공주백합 등 여러 가지로 명명(命名)하기에 그에 따라 이야깃거리도 많습니다. 이 중에서 이브가 뱀의 유혹에 넘어가 열매를 따먹고 낙원에서 추방되어 세상의 괴로움을 다 알고 흘린 눈물이 떨어져 백합이 되었답니다. 부활절이나 제단에 없어서는 안 되는 고귀하고 성스런 꽃입니다.

장미는 세계의 모든 꽃 중에서 여왕으로 군림합니다. 성모마리아상의 백장미, 타오르는 정열의 붉은장미, 질투의 흑장미, 우아한 멋의 연노란장미 등 2만여 종이 있듯이 사연이 많습니다. 장미에는 비밀과 신비와 음모와 전쟁이 있습니다. 인간의 오욕칠정이 다 내포되어 있어 인간의 삶 자체이기도 합니다.

대부분 사람들은 꽃을 여성상으로 상징합니다. 남자꽃이란 보지도, 듣지도 못했습니다.

꽃은 싱싱할 때 아름답습니다. 최소한 3일 동안 그 생명이 살아있습니다. 여성도 30대까지만 아름답습니다. 당나라 절세미인 양귀비가 36세에, 세기의 사랑 대명사인 클레오파트라가 30대에, 단테의 신곡 베아트리체 천사가 22세 때, 에드가 엘렌 포우의 『에네벨리』의 서정적 주인공이 25세, 보티첼리의 세계적 그림 「봄」 주인공 제네바의 별 시모네타가 24세에, 시·서·화에 뛰어난 미인 황진이도 30대까지 살았습니다.

수많은 세월이 흘렀어도 이 여인들을 아름다운 여성상으로 생각합니다. 그것은 아쉬움이 깃들인 화무삼일홍花無三日紅이기 때문입니다. 가장 아름다운 때의 미의식 세계는 신기루처럼 사라졌습니다. 사람들은 무엇에 홀린 듯 그 심상을 잊지 못하고 흠모하며 영원히 기억합니다.

우리 속담에 '서른 설 샌 무시(무)'란 말이 있습니다. 서른 설이 지나면 무에 바람이 들어 퍽퍽하여 맛이 없다고 합니다. 그만큼 여자 나이 서른을 넘으면 시든 꽃처럼 매력을 상실한 것입니다. 꽃의 생생한 향과 숨결은 3일을 넘기지 못합니다. 그래서 화무삼일홍花無三日紅이 아닐까요?

그러나 여러분은 화무삼일홍花無三日紅 이전의 아름다운 여성입니다. 꽃꽂이 꽃은 꺾은 즉시 꽂아야 생생합니다. 꽃을 꺾자마자 부지런히 손놀림하여 새로운 꽃의 세계를 탄생시킵니다. 화무삼일홍 이전에 열 손가락이 신성한 젊음을, 아니 아름다운 미의식의 세계를 창조하고 지켜줍니다.

제비꽃의 겸손, 백합의 순수, 장미의 정열적 사랑으로 살아가는 30대의 꽃같은 세월을 살고 있는 여러분은, 항상 30대 이전의 젊은 여인상입니다. 꽃꽂이 하는 여인의 모습은 살아 숨 쉬고 있는 꽃들이 방글방글 웃고 있는 것 같습니다. 지금, 그 여인을 만나 뵈어서 자랑스럽습니다.

이렇게 두서없이 말을 하다 보니 30여 분이 후다닥 흘러가 버렸다. 화무삼십분花無三十分이랄까? 얼얼한 상태로 단상에서 내려오려 하니 꽃다발과 금일봉이 내 손에 쥐어져서 30대 여인처럼 힘 있는 발걸음을 내딛었다.

바쁘다 바빠

낚시질

낚싯대를 한쪽 베란다 쪽 귀퉁이에 두고선 햇살에 쪼이면서 유심히 바라본다. 그 긴 막대기를 들고 요리조리 살피더니 낚싯줄을 고정하고선 길게 뻗치어 튕기어본다. 현악기의 줄을 잡고서 음계를 만들 듯이 낚싯대를 공손하게 대한다. 양지바른 곳, 햇살이 트이는 곳에서 시간을 낚고 생각을 낚으며 건강을 낚으려는지 아무것도 아닌 빈손으로 미끼를 바늘에 끼우고 살펴본다.

혼자서 하는 낚시질. 그 낚싯대를 다듬고 만진다. 낚싯대 끄트머리까지에 한쪽 눈을 지그시 감고 한참 집중하고 있다가 낚싯대를 휘익 던진다. 아무것도 없는 허허벌판 언덕에 앉아 있는 듯 낚싯줄에 대롱대롱 매달려 있는 햇살을 바라본다. 물도 강물도 바닷물도 없는 평평한 맨 바닥에 있던 낚싯줄을 끌어당긴다. 휠체어에 앉아서 하는 조행釣行마다 꾼의 자세가 홀연히 드러났다. 여유로운 마음에 밤낮으로 허공에 대고 낚시질을 한다.

거기에는 지루한 기다림도 없지만 지칠 것도 없이, 절망도 없이, 부지런히 움직여야만이 너울대는 강줄기 바닷가에서, 고기를 낚아대는 대여섯 낚싯대 줄이 펄렁거리는 고기잡이가 되어 휠체어에 앉아 움직이면서 햇살 내리는 적막한 창가에 앉아 있다.

八月湖水平하니　　　가을의 호수는 잔잔하네
函虛混太淸이라　　　하늘이 물에, 물이 하늘에 닿았다
氣蒸雲夢澤이요　　　기운은 운몽택에 서리고
波撼岳陽城이라　　　파도가 악양성을 흔든다
欲濟無舟揖이요　　　호수를 건너고 싶으나 배가 없고
端居恥聖明이라　　　벼슬이 없는 몸이라 세상이 부끄럽다
坐看垂釣者하고　　　낚시질하는 것을 바라보고
徒有羨魚情이라　　　부질없이 고기잡을 생각이 난다

– 맹호연(孟浩然)의 「임동정(臨洞庭)」에서

가을의 동정호는 잔잔하여 거울처럼 맑다. 끝없는 하늘이 이 동정호에 연하여 닿았다. 하늘과 물이 한 가지색으로 끊임없이 파랑이다. 물기운이 멀리 운몽택雲夢澤까지 퍼져 서리어 있고 또 파도는 출렁이며 악양성을 뒤흔든다. 이 아름다운 풍경에 도취되어 넓은 호수를 한번 건너가고 싶은데 마침 배와 노가 없다. 큰 포부를 가지고 세상을 다스려 보고 싶으나 그럴 수 없는 몸이라 한갓 하는 일없이 세상을 살아가니 태평성대에 태어나서 무위도식하는 것이 부끄럽다. 고기를 잡는 사람 옆에 앉아서 보고, 부질없이 고기를 잡을 생각이 나는데 벼슬할 생각이나 한다.

이런 시적 느낌도 그이에게는 사치이다. 집안 응접실에서 공허한 낚시질을 할 수 있다는 것도 복이다. 그래서 나는 낚시질 잘한다고 응원까지 한다.

바쁘다 바빠

고기 잡을 생각에 낚시꾼은 바삐 손을 움직인다. 물도 없이, 하늘도 없이, 바람도 없는 공간에서 낚싯대와 낚싯줄을 당기고 펼치고 거둬들이느라고 마누라도, 식사도 잊어버리고 낚시 삼매경에 들어서 당신의 몸을 부지런히 움직인다. 그때마다 휠체어 바퀴살이 삐꺽거린다. 나는,

"식사를 해요."

"나 바빠 죽겠어."

"당신이 뭘 한다고?"

"응. 나 일하고 있잖아?"

종일토록 태가 나지 않게 일을 한단다. 휠체어를 밀고서 창가에서 먼 하늘을 보고, 아파트 아래 지나다니는 사람이나 차를 유심히 보다가 휠체어를 밀고, 싱크대 앞으로, 화장실로 다니다가 현관 앞까지 간다. 무엇에 쫓기듯이, 잡으려고, 모험을 하듯이 돌다가 점심도, 저녁도 잊고서 TV앞에 매달려 있다. 그리고 짬을 내어 잠을 잔다.

어느 날이었다. 그날도 식사를 하라니까

"나 바빠 죽겠네."

"뭐가 바빠? 날마다 놀면서…."

"참, 기가 막히네."

"내가 할 말이요, 당신 식사 때 맞추랴, 음식 조절하랴, 간식 먹이랴, 영양식 생각하랴. 진짜 내가 바빠 눈코 뜰 새가 없어요."

"나는 밤잠도 설치네. 가스 불에 냄비 올려놓고 태워버린 게 한두 번인가? 가스 점검해야지. TV, 전등 꺼야지, 이불 덮어주랴, 방문 닫아주랴. 낮에는 전화 받으랴, 빨래를 접으랴, 마늘 까주랴, 밤 까주랴, 심지어 핸드폰, 가방도 찾아주어야지. 당신 뒤꼬리 치다꺼리하다가 하루해를 넘기니 내 할 일을 못하네. 바빠 죽겠네. 아이고 피곤해….

"오매. 운동을 항께 얼마나 좋아요. 여보, 착하셔라!"

진짜 부자들

봄의 계절 3월이다. 따스한 햇살이 마루를 내리 감싸고 강아지는 봄빛을 먹으러 이곳저곳 나무숲 사이를 뛰어다닌다.

바람결도 제법 산뜻하게 내 몸을 스치면서 사방으로 빛살을 뿌린다. 하늘은 모처럼 청명하다. 나는 마루에 앉아 긴 심호흡을 했다. 산뜻하다. 막혔던 가슴이 뚫린 듯 후련하다.

150여 평 한옥집 마당에, 20여 평 네 칸 건물에 나머지 땅은 사방으로 나무가 둘러싸여 있다. 흡사 숲속의 궁전처럼 보인다고 말하는 사람도 있다. 그러나 200여 년이 지난 낡은 집이다.

앞마당 정면에 오엽송과 향나무가 가로막아 전망을 흐리게 하지만, 참새들이 전국에서 모여들었는지 팔짝팔짝 가지 사이를 돌면서 시끄럽게들 지저귀면서 짹짹 노래 부른다. '여기에 먹거리 있어, 빨리 모여라!' 자기들의 동무를 부른다. 사철향나무 속은 새들의 아지트로 무슨 모의를 하는지 짹짹 시끄럽다.

오랜만에 맛보는 자연의 언어와 대화를 하며 고개를 들었다. 우람하게 큰 나무 흰목련나무 꽃잎이 떨어지고, 이파리 싹이 고개를 내민다. 참나

무에는 새잎이 돋우려는지 가지가 낭창하게 휘어져 있는 가지에 파릇파릇 윤기를 발산한다.

이때 까치가 스르르 감나뭇가지에 내려앉았다가 휘잉 돌더니 가지를 툭 끊어 입에 물고 앞집 첨탑 위로 올라간다. 그곳 옥상에는 사철나무 몇 그루가 있어, 우리 집에서 보면 꽤나 높이 솟은 사철나무처럼 보인다.

까치들은 감나무 잔가지를 똑똑 끊어 입에 물고 오르내리고서 둥지를 트느라고 바쁘다. 둥지의 기반은 작은 산들바람 속에서도 끊임없이 움직이고, 잔인하게 몰아치는 눈바람에 이리저리 흔들리면서도 장대비에 흠뻑 젖은 집을 지키며 새끼를 보호한다.

집을 지을 때는 자신이 살기 좋게 가벼우며, 가까운 곳에 있는 재료로 사용해야 짧은 시간에 적은 노력으로 최대의 효과를 낼 수 있다. 모든 게 경제적이다. 참 영리한 것들이다.

알맞은 건축 재료인 풀줄기, 나무껍질, 진흙, 거미줄, 곤충고치의 실 등을 찾아서 이리저리 날아다니고, 둥지 자리 표면을 알맞게 고정시켜 재료들을 혼합하여 알에서 나는 새끼가 깃털이 날 때까지 보호해 줄 형태의 집을 만든다. 단 한 번의 번식기인 3월부터 가을까지, 하나의 둥지를 짓기 위해 천 번 이상을 비행한다. 새의 에너지를 가장 많이 소비하는 활동으로 깃털, 머리카락, 솜털 등 재료를 모아 둥지 만드는데 많은 노력이 든다고 한다.

잔가지들을 둥지의 버팀목으로 교묘하게 엮어, 낭창낭창한 벽을 단단히 보강해준다. 새는 경제성 있는 재료들로 훌륭하게 결합하여 새의 집이라는 둥지를 완성한 공중의 건축가인 동시에 가족을 형성하고 돌보는 가장, 부모로서 임무를 다한다. 무리를 지어 세력 확장까지 하면서 살아간다. 이 까치의 가족정신이 놀라웠다.

며칠 새에 둥글넓적한 동우리가 완성되더니 까치의 식구들이 늘어나, 들락날락 다니는 새들의 날갯짓 소리가 제법 힘차다. 게다가 우리 집 마당은 참새들의 군중집합장소로 떠들어 대면서 먹이를 찾아 이리저리 돌며 사람을 피하지 않는다. 후두둑 이 나무 저 나무 가지를 돌며 새끼와 어미들이 평화롭게 노니는 그들의 모습이 천국 속에서 사는 것 같다.

빽빽한 아파트보다 높게 보이는 저 단독주택. 하늘의 특혜를 받아 집은 고스란히 가족들을 지켜주는 보금자리이다. 하늘 아래 맑디맑은 바람과 햇살과 비와 눈을 그대로 받아먹고 살아가는 그들이 행복하게 보였다.

나는 퇴직 후 밖으로 나가지 않은지 10여 년이 넘었다. 그래서 습관적으로 이 낡은 정원에 돌아다닌다. 집 뒤쪽 퇴락한 후원에 들어서서 장독대에 가끔 물대포를 쏟아 씻었다. 이제는 독들이 깨지고, 남의 집으로 보내고, 얼마 남지 않아서 애착이 간다. 독안을 들여다보니 고추장 담은지 꽤 오래 됐는데 달팽이가 빠져 죽어있다. 풀 한 자락도 보이지 않는 곳, 그 장독대가 있는 자갈밭을 보니 민달팽이가 힘없이 기어간다. 찐득찐득한 은색실 줄기를 장독대에 무수히 그려 놓았다. 자신이 살아온 삶의 무늬를 그려서 실처럼 얽혀 있어 예사롭게 보이지 않는다. 집도 없이 맨살로 인가 근처, 장독대, 담 등 습한 곳 온실에 서식하며 패각이 퇴화되어 없고 외투막이 등을 싸고 먹이를 찾아 돌아다니는 것들. 전국의 논, 밭, 돌 밑, 풀 속 서식처에 따라 체색, 껍질 두께, 성장맥, 크기가 다양하고 달처럼 둥글고 팽이 모양으로 굴려서 제 몸을 부려 먹이를 찾아가는 고뇌의 그 인내가 대단하다. 생의 투쟁과 의욕이 놀랍다.

나는 텃밭에 심어놓은 상추가 먹을 만하게 자라나서 상춧잎을 뜯는 찰나 달팽이가 짜왁 붙어서 이파리를 다 뜯어먹고 줄기 가장자리에 대롱거리고 있어 살펴봤더니 이파리를 거의 다 먹어치워 버렸다. 집도 없이 맨 몸만으로 살아가는 것, 민달팽이. 그도 부자 달팽이는 자신의 몸을 둘러싸는 집을 등에 지고 다니다가 잡으려면 집으로 쏘옥 들어가 숨어버린다. 그 안은 미로의 길처럼 꼬불꼬불 생겨서 숨어들어가 몸을 보호하기는 좋다. 민달팽이보다는 자기 자신을 끈끈하게 지키는 집을 짊어지고 거침없이 돌아다니며 살아간다. 자신의 집을 등에 지고 다니는 그 투지와 노력으로 살아가는 것들, 비가 오면 몸을 숨기고 자신이 살기에 적합한 곳을 찾아 몸을 감추고 있다가, 아무데나 떨어지고 팽그르르 굴러도 집이 망가지지 않고 살아나는 이것들이야말로 타고난, 끈끈한 생명체들이다.

낡은 우리 집은 이곳저곳 고칠 곳도 많고, 비가 오면 빗물이 줄줄이 새어 난장판이다. 이 집을 IMF때 겁도 없이 덜컹 사버렸다. 은행빚 얼마만 갚으면 시어머니와 함께 우리 아이들과 재미있게 살고 싶었는데 나는 알거지처럼 민달팽이보다 못하는 집에서 살면서 몸부림쳤다.

저 까치집과 달팽이집이 부럽다. 꾀를 부리지 않고 주어진 대로 부지런히 살아가는 너희들이야말로 가족을 행복하게 하는 진짜 지혜로운 부자들이다

어느 심리치료사의 하루

아파트 문이 스르르 열린다. 발걸음이 가볍다. 그렇게도 힘들게 했던 다리의 부기가 많이 빠져 걷기에 부드럽다. 푸른길 도서관에 가는 오른쪽 도로에는 차들이 질주한다. 시끄럽다. 그래도 터널처럼 하늘을 휘덮은 도심지 숲길이 소음을 막아주어 산뜻하다. 그 길을 뚫고 걷는다. 한발 두발 천천히 띠면서 걸어간다. 숲길을 걷는 사람들이 내게 말한다. "지팡이를 짚고 걸어야 해요. 조심스럽게 걸으세요." 사람들의 이 음성이 깊숙한 계곡에서 들려오는 청아한 물소리처럼 들린다. 푸른 길 도서관까지는 두 정거장 정도 걸으면 된다.

우리 집에는 손님처럼 귀하신 분이 계신다. 그것도 절대로 피할 수 없는, 반갑지 않은 악동이 귀하신 분 옆에 늘 붙어있다. 그 악인도 손님이기 때문에 함께 깍듯이 모셔 귀하신 분 마음을 편안하게 해드린다. 그러기에 내 나잇살에 맞지 않게 책에서 인생 공부, 예술 공부를 하여 제발 그 도깨비만큼은 다른 데로 가라고 간절한 마음으로 기도를 해도 반드시 찾아와 투정을 부린다. 어르신의 몸을 괴롭힌다. 어쩔 수 없는 그 악질 분자와 함께 살아가야할 팔자가 되었다.

TV뉴스의 시사문제를 분석하여 사회 제반 현실 문제를 설명, 해결, 전망을 대화한다. 어르신은 '세월호' 사건은 우리 국민 모두의 책임이라고 하면서 우리가 먼저 반성하잔다. 내가 구원파 우두머리는 반드시 잡힐 것이니 기다려 보자면 "안 잡는 게 아니라 못 잡는 거야." 역정을 낸다. 한참 실랑이를 하다가 귀하신 분이 엄지와 장지 끝자락에 담배를 끼워 양 볼이 움푹 들어가게 피우다가 천정을 향하여 입술로 후우 불면, 연기는 하얀 구름처럼 나부끼며 살랑거린다. 뿌옇게 솟아오른 율동미. 나의 코끝을 자극하여 가벼운 재채기가 났다.

최소한의 기본 예의라도 지키자고 하면, 그 어르신은 공황장애에 시달리는 사람처럼 애꿎은 담배만 재떨이에 비비고서는 휴지통에 휘익 던져버린다.

수채화처럼 노르스름하면서도 홍조빛을 띤 자두 두 개를 하얀 접시에 담아 대령했다. 두 줄의 둥그스름한 하트 모양은 삼십대 여인의 궁둥이처럼 탄탄하여 육감적이다. 형광등 빛살 아래에서 튕겨대는 시각적 심상미. 참 예쁘고 싱싱하다.

"어때요?"

"……."

빙긋이 웃는다. 눈가와 볼의 주름결이 패이며 실룩거린다.

하나 집어 입에 넣어주고, 나도 입에 물었다. 새콤달콤하여 입맛을 돋우어 더욱 침샘을 자극한다. 입술 사이로 확 스쳐오는 향기는 온 몸에 퍼지어 시원한 느낌이다.

홈드레스를 장딴지까지 치켜 올렸다가 내리며 캉캉춤을 추었다. 팔꿈치와 손목을 둥글게 하고 상체를 타원형으로 돌면서 두 손가락을 닿을 듯 닿지 않을 듯 벌여서 내렸다 올렸다 양손을 유지하면서, 발끝을 움직이려는 찰나 미끄러져 넘어져버렸다. 천만다행이다. 그동안 치료한 다리가 아무렇지 않다니. 뒹굴며 다리를 주무르니 희한하게도 아프지 않다.

어르신은 씁쓸하게 웃으며 나를 빤히 쳐다본다. 네 발로 기어서 나의 방에 있는 소형 라디오에 요한스트라우스의 「숲속의 이야기」 테이프를 틀고 그 분 앞에 왔다. 그 운율에 따라 독백을 했다. - 숲속의 새들과 훨훨 날아서 들과 산으로 가자. 파란 옷을 예쁘게 입고 나비처럼 나불나불거리며 숲 속의 전설을 이야기하자. 고요한 그곳에서 환희의 정령, 불가사의한 기운을 찾으러 숲속으로 가자 -.

모차르트의 「피아노 협주곡 27번 봄의 소리」 테잎을 틀었다. 어르신은 눈을 지긋이 감고 소파에 앉아 있다. 순수한 소년의 감성으로 돌아가는지 고요한 침묵이 흐른다. 나도 소녀가 되었다. 꿈이 있는 소망으로 드뷔시의 피아노곡 「달밤 빛」에 들어갔다. 한적한 어느 시골의 달빛이 보고 싶었다. 커튼을 양쪽으로 젖혔다. 별들이 빛살잔치를 벌이느라고 야단들이다. 건너편 아파트 창문의 빛살도 춤을 추는지 직선과 곡선과 완곡선으로 밝게 다가온다. 검은색 바탕에 노란 광선으로 화려한 그림을 그린다.

어르신을 모시고 응접실 창가에 왔다.

"저 건너 창문을 보세요. 생명체를 발산하고 있어요."

"보이지 않는데?"

퉁명스럽게 내뱉으며 소파에 털썩 주저앉는다. 응접실 전등을 있는 대로 다 켰다. 낮처럼 환하다. 그는 눈을 깜박거린다. 한참 후 잠 들었다.

이튿날 그 어르신과 그림공부나 같이 하자고 사직도서관에서 『세계그림도록』을 빌려왔다. 응접실에 앉아서 그림책을 펼쳐 보이면서 설명했다. 구스타프 크림트(1862-1918)의 「입맞춤(키스)」을 손가락으로 짚으면서 신화적 환상에 가득 찬 성애에 대한 매혹적 결합의 폐쇄적 그림이라고 풀이해줬다. 두 연인을 둘러 싼 기하학적 장식의 모자이크처럼 나란히 분할 배치한 황금빛 배경. 얼굴에 긴장감이 스민 몽환적 세계, 생과 사의 관능적 빛을 발산한 사랑의 키스. 남자의 은근한 눈빛, 여자의 오묘한 표정에 매료되어 내가 젊어지는 느낌이었다. 남자의 가슴 앞에서 무릎을 꿇어앉은 채 이제 막 입 맞추고 난 뒤 그윽한 눈빛의 여자를 손가락으로 짚으며,

"이 여자 혹시 L여인이 아닐까?"

"……."

그는 눈을 아래로 내리깔고 있다가 나를 지그시 바라보며 입을 쩍쩍 다신다. 그리고 천정을 바라보며 가볍게 혼자 웃는다.

신혼여행을 속리산으로 갔을 때였다. 3월의 자연은 온통 아지랑이로 씻어내어 이슬로 목욕했다. 그동안 쌓였던 온갖 찌꺼기가 없어지고 홀연히 둥둥 떠 오른 내 몸. 법당 앞에 앉아 있을 때 울리는 목탁소리의 그 환영에 젖어 있었다. 모네(1840-1926)의 「인상」에서, 그때의 자연 풍경 속 빛의 순간성으로 물 표면에 비친 보색 이미지. 붉은 태양이 잔잔히 비친 환상적 바닷물결이 신비로웠다. 생명이 움트는 파랑이 위에 비상하는 갈매기들, 마음이 안온해졌다. 법당의 목탁소리가 그날따라 작게 들렸는데, 이 그림의 간색 이미지와 소리도 그 맥을 같이 한다.

"그때는, 이 그림처럼 아름다웠어요."

"……."

어르신은 오랜만에 평화로운 얼굴이다. 나는 그 이튿날 푸른길 끝 남광주시장에 들려서 살이 통통하고 싱싱한 병치 한 마리 사왔다.

프라이팬에 노릇노릇 익혔다. 온갖 양념으로, 오방 색채미 조화를 부

렸다. 큰 접시에 따끈한 병치를 놓고 이것을 화사하게 덮어 식탁에 올려 놓았다. 김이 솔솔 올라 후각을 후빈다. 어르신이 웃는다. 그리고 맛있게 먹는다. 이제야 살 것 같다고 한다. 나는 오지고, 오져서 흐뭇하게 보고, 보고 또 보았다.

어르신은 그날 한밤중에 설사를 하고 토하였다. 만성말기신부전증. 콩팥 하나는 상실했고 다른 한쪽 콩팥은 10분의 1만 살아 있다. 배가 고파도 참고, 영양가 높은 것도 먹으면 안 되고, 배가 부르면 설사하고 토하여 뼈만 앙상하게 남았다.

"암환자가 부럽네. 먹을 것이라도 제대로 먹으니까."

"조금씩 먹다가 안 먹다가…. 걱정할 필요 없어요, 째까씩 먹고 또 째까 먹으면 되요. 부지런히 먹읍시다."

등을 토닥거리자, 슬픈 눈으로 뒤돌아보며 내 손을 살며시 잡는다.

마칭심벌

전남대학교 예술대학 동문음악회 차이코프스키 심포니교향곡 제6번 B단조, Op. 74「비창」 오케스트라 연주(2017. 9. 2.)를 로얄석에서 들을 수 있는 행운을 양한모 박사님께서 주셨다. 최고의 좌석, 최고의 이곳 음악조예가들과 함께 앉아서 오케스트라곡과 악기에 대해서 귀동냥으로 알았다. 처음부터 끝까지 긴장과 긴장의 긴밀한 연속에서 유기적으로 짜여진 악기 소리에 흠뻑 젖어 보았다. 이 오케스트라의 깊은 감동에 그 여운이 사라지지 않아 한참동안 멍하게 앉아 있다가 곧장 집으로 와서 날 새기로「비창」을 반복해서 몇날 며칠을 들었다.

러시아적 감성에 넘치는 선율은 슬픔의 감정으로부터 격정의 분출까지, 풍성한 음향적 음색으로 세련된 정감, 몹시 슬프다는「비창悲愴」은 전체를 어둡게 하는 탄식의 선율로 애가의 극치라며, 고금의 교향곡 중에서 최상의 걸작이라고 한다.

차이코프스키는 "나는 여행 도중에 머릿속에서 작곡하면서 몇 번이나 울었다. 이 곡을 강한 정열로 임했다. 내 일생에서 가장 좋은 교향곡이다. 그러나 나는 형식에 있어 완전한 것을 만들지 못한 채 무덤으로 향하게 될 것이다. 나의 작품은 항상 사족蛇足으로 가득하여 유식한 사람이 보면 그 장치를 알아버리겠지만 어떻게 할 방법이 없다."고 말했다.

그 부족한 것을 극복하려고 무던히도 노력했다. 한 작품이 완성되기까지 헤아릴 수 없이 수정했더라도 자신의 마음에 흡족하지 않으면 미련없이 버렸다. 우정에도, 이성의 사랑도 완성하지 못하고, 결혼생활도 며칠 살지 않고 도망갔다. 이런 와중에 정신병 증세가 있었다. 심지어 동성애까지 하였다. 자신의 정서를 추스르지 못하는 마음이 여리고 용기가 부족하여 자기 의지대로 나만의 삶을 이끌어가지 못한 「비창」이었다. 그러기에 '진혼곡, 자살교향곡'이라는 별명까지 붙었다.

이 교향곡은 공포, 절망, 패배 등 인생을 부정하는 모든 정서를 나타내지 개인감정은 아니라고 한다. 풍부한 상상력으로 인간이 갖는 비창의 정서를 추상적으로 표현한 것이고 탄식, 고독, 우수, 어두움 등 한결같이 무겁고 비장한 분위기로 예민한 심리적 갈등이 많다. 내성적 우울한 성격, 슬펐던 삶 전체가 형성된 것이고, 당시 러시아 인간 혹사, 자유 속박, 암담한 분위기를 그렸다.

계급의 변방에서 몸부림치고 있는 일반 민중들의 절망과 비애, 두려움 그리고 그것을 벗어나 살아가려는 사람들의 부질없는 정의 같은 것이다. 비참한 시대에는 오직 예술만이 무겁고 숨 막히는 현실에서 주의를 돌려줄 수 있다고 보았다.

그렇다. 지금까지 내 일생의 삶도 어둠 속 비탄과 공포와 패배 속에서 겨우 생명을 유지해왔다. 격정의 탄식이었다. 우울하고 슬픈 회오의 세월이었다.

제1악장 아다지오(느리게)의 가장 낮고 느린 더블베이스가 조용하고도 묵직하게 울리는 가운데 낮은 소리 바순의 선율로 시작하여 비장하고 어두운 소리로 이어가더니 템포가 빨라지면서 힘차게 발전하여 불안 초조하였다. 잠잠해지면 애절하면서도 어두운 클라리넷 관현악 저음으로 진행되다가 쓸쓸하게 끊어지더니 갑자기 위압적 리듬으로 시작하여 처참한 고투로 격렬하게 하여 고뇌의 느낌을 더욱 강하게 한다. 여리게 연주하여 슬픔을 간직한 채 점점 진정되고 부드럽고 따뜻한 선율이 조용한 반주 위에 늘어져 수수께끼같이 끝맺는다.

제2악장 알레그로(빠르게) 저음 독주의 제1바이올린과 침착 유연한 음계의 바이올린계 저음 첼로가 감미롭고 유려하게 들리며 고뇌를 뛰어넘는 애절한 선율, 불안정한 느낌은 러시아 민요에서 차용한 춤곡으로 속도가 빠르고 경쾌하게 흘러가지만 악장 전체에, 외로움이 낮게 서린 슬픈 곡이다. 불안하고 허무한 느낌의 최저음부 콘트라베이스가 그 전체에 걸쳐 지속적으로 울리고, 일부분이 무거운 화음위에 우미하나 느리지 않게 사라지듯이 끝난다.

제3악장 알레그로(빠르게)는 경쾌한 소나타형식의 템포가 빠르면서도 어둡고 무거우면서 불안정한 4박자의 행진곡 같은 명랑, 쾌활한 느낌이지만 중얼거리듯 약하게 반주를 계속한다. 이태리무용 타란텔라와 흡사한 명랑 쾌활한 느낌이지만 인간의 반항을 전쟁으로 이끄는 것처럼 계속되다가 클라이맥스로 진행된 후 다시 행진곡 주제가 되는데, 강렬한 종말로 해서, 화려한 오케스트라이션으로 빛난다.

제4악장 아다지오(길게 늘어진 느리게) 우울, 비통하고 처연한 정서가 깔린 영탄적 느낌으로 애절하게 애원하는 듯, 신음하는 비극적으로 싸늘한 선율로 시작하여 탄식의 곡조로 절망적 어두움을 드리운다. 가장 낮은 악기의 부드럽고 윤택한 피아니시모로(피아노보다 약하게) 신음하듯이 가라앉는다. 템포를 조금 빠르게 하여 부드럽고 윤택한 금관악기 호른의 반주 위에 현이 피아니시모로 연주한다. 이것은 점점 강하고 부드러워져 이승과 저승을 오가는 만감교차속 지난 삶 투쟁의 강렬한 전율의 독백, 마치 저승길로 가는 극히 부드러운 속도의 깊은 감동과 비통의 클라이맥스에 격렬하게 돌진하듯이 고조되었다. 이어서 이것이 사라진 후 '마칭심벌'즉 탐탐이(징)를 두 손으로 짜~앙 짱 맞부딪쳐 크게 한번 두드리고, 작게 또 한 번 때리는 그 장렬한 울림소리로 극적 비장미가 최고조로 도달하여 공허한 슬픔, 우울한 음향색 소리로 쓸쓸하게 스르르 마감했다. 더 이상의 비통은 없다는, 처연한 비극적 대단원으로 끝냈다.

「비창」 교향곡을 1893년 10월 28일 초연한 9일 후, 차이코프스키는 동생 집에서 갑자기 생을 마감했다. 이럴 수가! 나는 도저히 믿어지지가 않았다. 제4장 타악기 '마칭심벌'로 클라이맥스로 하여 더 이상 절망과 탄식이 있을 수 없는 비장미를 장렬하게 두드려 울린 뒤, 차이코프스키 인생도 싸늘한 탄식의 비탄으로 끝났다는 것이다. 어쩌면 「비창」은 차이코프스키의 삶과 운명을 함께, 한 순간의 비장미를 보여준 게 아닌가 한다. 그의 마칭심벌의 울림에 내 정신이 아찔하였다.

그 엄숙하게 꽉 짜여진 틈새에서 새어나오는 슬픔, 비통하기 짝이 없는 아름다운 음색과 음향의 선율로 긴장과 긴장으로 짜여진 소리의 고리를 뚫고 갑자기 나타나 '마칭심벌'을 두 손으로 부딪치는 극적 소리 그 비장미에 나는 '아하! 저 소리…. 음계 없이 부딪치고 두드려 소리만 내는 저 소리!' 눈물이 났다, 눈물이.

두어 번 박자를 맞추어 맞부딪치는 소리로, 오케스트라의 절정 선율을 꽉 움켜쥐고서, 그 음색이 사라지지 않게 내 가슴을 울렸다. 한참 동안 흥분이 가라앉지 않았다.

교향곡은 80~100여 명의 단원들이 일사불란하게 긴축의 긴장 속에서 아우르는 선율이기 때문에 외경스럽게 그 운율을 듣는다. 하물며 단원들 신경은 얼마나 날카롭겠는가. 그런데 20대의 젊은이가 아무 것도 하는 일 없이 단원들 맨 뒤 꼭대기에 앉아 있어서 눈에 거슬리었다. 자꾸만 그에게 눈길이 갔다. 바이올린, 첼로, 바순, 호순, 클라리넷…. 악기 연주자들의 우아하고 멋진 예술가 속 이단자로 보였다. 연주를 듣는 내 감상에 걸림돌이 되는 느낌이었지만 긴장된 연주자들의 심층에 들어가 슬프기만 하고 뭔가 모르게 꽉 막히는 우울증에 아쉬움이 있는 것 같았는데, 눈길이 간 그 꼭대기 청년이 갑자기 일어서서 노란쇠 금관악기 '마칭심벌'을, 양팔로 크게 벌여 손에 쥐어진 그것을 한번 짜앙! 크게 두드리더니 다음에 다시 작게 '짜앙' 짧게, 박자를 맞추고 강조하는 '마칭심벌'의 여운 위에 파곳(큰피리)의 하강음 중간에 포르티시모(아주 강하게)로 신음하듯 가라앉는다. 그 여운 위에 금관악기의 최저음 튜바의 절망적으로 쓸쓸한 비탄, 고뇌의 종말이 길게 늘어지게 스러진다. 이 '마칭심벌'은 「비창」 전체의 교향곡을 다시 재음미하게 강조하고, 정리하여 선율이 뇌리에서 사라지지 않게 쓸쓸한 그 여운이 종처럼 스르르 울려 퍼졌다.

단원들의 긴장된 연속음속에서 틈서리 없는 유기적 팀웍들의 짜임인 선율을 타고서 갑자기 '마칭심벌'을 두 손으로 맞부딪쳐 두 번 때려서, 교향곡 전체 절정미를 황홀하게 정리해주는 정제미를 주었다. 46분 동안 소리 없이 숨어 있는 한 부분이 전체를 좌지우지 정리하는 그것은 80여 명 연주자들의 피를 말리는 긴장성 선율을 번쩍 일깨웠다. 극적 비탄을 비통하게 끝내며 그 여운이 사라지지 않는 내 가슴속 온갖 슬픔과 우울과 애수가 호론(부드러운 금관악기) 반주 위에 현이 피아니시모(피아노

보다 약하게) 가 고뇌를 더 이상 그릴 수 없는 강렬한 인상의 색채로 드리웠다.

나는 그 청년이 양손으로 마칭심벌을 맞때리는 순간 "이것이다!"고, 내 입에서 흘러 나왔다. 귀의 긴장을 일깨웠다. 50여 년 세월동안 글과 함께 살아왔지만 아직도 나의 글에 자신이 없다. 오점 투성이로 발표를 꺼려왔다. 그것은 바로 차이코프스키 창작정신의 눈물겨운 의욕과 노력이 없었기 때문이었다는 것을 뼈속 깊이 느꼈다.

46분 동안의 이 연주에서 몇 초 '마칭심벌'을 맞때리어 애절하고 비통한 감정을 아주 부드러운 속도의 깊은 감동과 비통의 선율이 애절하게 사라지게 하였다. 단 두 번 금관악기 '마칭심벌'처럼 단 한 단어라도, 단 한 어구라도, 단 한 문장이라도 심혈을 기울였는가? 두 번 울림의 순간이 46분 연주가락 전체를 무서웁게 긴축미를 주었다. 철두철미하게 피를 말리는 창작정신으로 이루어진 단 두 번 합주할 때 박자를 맞추어 몇 초 강조하는 '마칭심벌'처럼, 차이코프스키는 「비창」을 초연한 뒤, 9일 만에 이 세상을 떠났다. "내 일생에서 가장 좋은 교향곡이다."라면서 그의 운명과 생의, 최절정의 한 점이었다는 사실에, 나는 지금까지 내 일생도 어둠과 우울과 비탄과 절망에서 겨우 생명을 유지해왔다.

마칭심벌처럼 전생애 속 한 부분이라도 제대로 정성을 기울어 보았는가? 생의 말년에 와서 마칭심벌의 연주자같이 일부분의 의지가 있다면, 아직도 살아갈 가치가 있지 않을까? 80여 명 연주자들의 전체 선율을 붙잡는 주자가 되도록, 단 일초의 순간만이라도 '마칭심벌'의 인내와 정신을 찾아야겠다. 내 예술세계의 마지막 정점을 위하여.

진도 팽목항 방파제 끝자락에서

인생에는 삶의 결론이 없다. 붙박이로 공간이 주어주지 않는다. 땅속, 바닷속, 구름속, 하늘속 어디에도 존재하지 못한다. 흔적이라도 있으면 후비어 파헤쳐 버린다.

그래서 인생의 바다는 안개라고 한다. 둥둥 떠다니는 부표로 사라질 뿐, 삶의 법칙이란 존재하지 않는 곳이었다. 그러면서도 옹기종기 모여 들고는, 흩어지는 그 파도는 생명을 불렀다. 그와 같은 어머니가 자식들 에게만은 평화와 안식을 주었다. 절대적이었다.

그 어머니가 보고 싶어 황량하게 질펀거리는 개펄에 한참을 서 있다 가, 팽목항 방파제에 섰다. 가슴속 숨결을 정지시키는 안개가 사방에서 몰려와 나를 에워싼다.

자유를 선택받았던 우리. 그것은 개펄이 통통 묶은 구속이었다. 늘상 허기진 배를 움켜쥐고서 다섯 번의 소용돌이 사회에서 꽁꽁 묶여온 매듭 사이에서 살아왔다. 그 숱한 죽음과 아픔과 절망을 겪은 세월이 이젠, 생의 끝자락에까지 왔다. 그럭저럭 삶을 지탱해 온 우리 세대 뒤의 40대, 50대 민주 인사들이 있어 든든했다.

아버지가 생명을 탄생시켜 행복의 꽃이 막 피어난 봉오리를, 그들은 피로 물들여 맹골수도 바다를 검붉게 탄탄한 평지로 깔았다. 그 어머니 가슴을 짓뭉개어 퇴색할 대로 퇴색하여 잿빛 핏방울이 모여 안개더미로 변하여 파도를 덮쳐 버렸다. 진도 천지가 안개로 짓뭉개어 창백하였다.

팽목항 방파제에 앉았다. 지금도 튼튼하게 쉬지 않고 물을 막고 있는 방파제. 육지를 살려내고 있다. 그런데 우리의 가슴에 흐르는 소금물을 막아주지 못하고 견고한 바닥에 기대어 아이들이 갇혀 있는 맹골수도 세월호만 보고 있다. 그 바다에서 토해내는 뜨거운 김이, 이슬비로 되어 먹빛으로 사방을 휘돌아 소용돌이친다.

가물가물 펼쳐진 수평선을 병풍삼아 물살을 가르며 이곳저곳 돌아다니는 구조선. 드문드문 보이는 섬들이 을씨년스럽게 목을 겨우 내밀고 바닷물을 삼킨다. 삼키고 삼켜서 더는 토해낼 수 없이 이슬비만 마른 입술을 겨우 짭짭거려 목울대가 막힌 것처럼 아픈지, 채도가 약한 먹빛살만이 튕긴다.

나의 어머니. 내가 늘상 아프기만 해서 우울한 나를 팽목항처럼 나에게 큰 버팀목을 주셨다. 온몸을 송두리째 후벼대는 아픔을 단단하게 지켜주셨다. 어느 누구도 내 아픔의 투쟁에 공감해 주는 사람이 없었다.

“아가, 살기만 해라.”

우울과 공포, 불면증에 시달리는 알레르기성에 온갖 정성으로 해서 나를 살려내려 하셨다. 살기만 해라. 살기만 하라던 어머님의 말씀이 지금도 귀청을 쑤신다. 내가 살아있다는 것만으로도 오지게 바라보셨던 어머니는 환갑에 돌아가셨다. 그 어머니가 있는, 간절한 모성의 어머니가 그리워 단숨에 이곳으로 왔다.

자식을 기다리는 아픔과 초조와 슬픔에 지친 고통 속에서도 희망을 잃지 않던 어머니.

"시체만이라도 내 눈 앞에 있다면…."

방파제에 앉아서 맹골수도 물결만 바라보신 어머니. 종토록 둥둥 떠다니는 만신창이 잎새처럼 짓뭉개어진 몸으로 주저앉은 어머니. 잠 못 이루고 가슴을 꽉 묶은 틈새로 새어나오는 한숨을 쉬면서 제대로 걷지 못하고 미친 사람처럼 무중력 상태에서 헛발을 내디딘 양 곧 넘어지려고 한다. 섰다가 다시 앉아버린다. 주검으로 짓뭉개어 나타난 어느 자식을 보고 그의 어머니를 보고 부러워했다. 내 자식 얼굴만이라도 가슴에 안고 싶다던 그 어머니는 통곡을 했다고 한다.

경제발전 이윤지상주의로 순수한 아이들 타살, 정부 기업의 제도적 학살의 물안개로 움직이지 못하게 얽어 잡아맸다. 흡사 연옥을 거쳐 억지로 떠 밀려온 죄인처럼 숨을 쉴 수 없는 정지 상태에 있는 것 같았다.

34년 전 광주 5·18 그때도 그랬다. 군인들의 정권탈취 쿠데타로 아무 죄없이 학살당한 시민, 학생들. 도심의 한 복판 대낮에 중무장한 공수부대원에게 갑자기 처참하게 난도질당했다. 그 피를 본 시민들, 학생들 분노에 치를 떨었다. 미친 사람들처럼 모든 사람들이 공포에 떨었다. 무서워 도망가는 젊은 학생을, 공수부대는 잡힐 때까지 추격하여 잡아 난도질했다.

재판도 없는 이 처참한 자식을 본 어머니들은 공포 속에서 몸부림쳤다. 그 총구가 무서워 대들지 못하고 꺼져가는 자식의 시체를 부여안고 통탄했다.

그 어머니들은 망월동 묘지에 와서 울어야만 막힌 가슴이 조금 뚫어져 숨을 쉬었다고 한다. 가해자들이 광주에 오는 날에는 그들 앞에 가서 소리라도 지르면 묵힌 가슴에 바람이 들어왔단다. 그 억울하고 분통한 죽음에서 헤어나지 못하고 오직 원수들만 생각하다가 몸배바지 입고 망월동 묘지에 왔다. 경찰들이 어머니들을 이곳에서 멀리 떨어진 시골에 보냈다가 그들이 가고 나서 풀어주면, 또 이곳으로 왔단다. 그리고 묘를 보듬고 큰소리로 울면서 소리를 질러야만 뭉친 가슴이 조금은 풀어졌다고 한다.

그때도 지금처럼 연녹색 못등 풀잎들이 듬성듬성 곤두서거나 그녀들이 짓뭉개어 쓰러져 있었다. 5·18 이후 처음 그곳에 들렀던 날, 다리가 덜덜 떨렸다. 게다가 햇살 찬란한 적막이 너무 두려웠다. 그래도 겨우 용기를 내서 그녀들과 얘기했다.

"배가 만삭인 내 딸이 우리 사위 마중나갔다가 총으로 난도질당하여 피범벅 속에서 숨을 헐떡거리기만 하고 죽지 못했어요. 뱃속에 있던 아기가 꿈틀대니 눈이 캄캄해 앙긋도 보이지 안씁디다. 한참 있다가 정신 차려 봉께 딸이 숨을 헐떡거리기만 하고 죽지 못했어라우. 아기도 숨을 겨우 쉬더라구요. 내 딸이 포도시 숨을 멈추자, 한참 후 아기도 그제서야 죽습디다. 아기가 세상도 보지 못하고 그놈들에게 맞아죽었다우."

그 어머니는 푸른 하늘 허공에 대고 소리를 질렀다.

"아이고 원통해! 그놈들 살인자! 디져라!"

악을 쓴다. 산도, 하늘도, 구름도 메아리 되어 울어댔다. 다른 어머니들도 가슴을 치면서 비명을 질렀다. 그 소리가 어떻게 크던지 내게 공포로 다가와 무서웠다. 산울림이 머리를 콕콕 쑤셨다.

그때의 어머니들, 그 어머니들은 자식이 묻혀있는 이 묘에 와야만 어지러운 현기증이 조금은 잠잠해졌단다. 그래서 점심도 싸 들고 와서 이곳에서 쉬었다고 한다.

현재, 세월호에 잔인하게 참살당한 아이의 어머니, 그 어머니들. 물속에 자식 무덤도 만들지 못하고 파도에 떠도는 자식을 생각하는 어머니. 맹골수도 바닷물만 보고서 통곡하는 어머니.

"우리 아들 살려내시요! 우리 아들."

바닷물만 보고서 소리 지르는 어머니. 팽목항 안개들은 그 어머니를 보듬고 놓아주지 않는다. 그때 또 소리소리 질렀다. M보도국장의 독백.

"완전 깡패네."

막말하는 언론인, 남의 흔한 일처럼 말하는 지식인, 국회의원, 교수, 교통사고로 죽은 사람에 비하면 적은 숫자의 죽음이라는 K보도국 등은, 자기 자식도 없던가.

"아이의 얼굴을 못 알아봐도 좋습니다. 안아볼 수 있게만 하여 주세요. 내 새끼를 돌려주세요."하는, 그 어머니 온몸의 뼈를 갉아대는 절규를 무심히 흘려버린 사람인 것 같다.

"일어나, 아가야."

신원 확인 때 시신에게 일어나라고 자식의 이름을 연신 부르는 어머니. 시신 인양이 아니고 생존자 구조, 구조라고 외치는 어머니. 아이의 주검을 인정하고 싶지 않은 처절한 그 심정은 가슴을 도려내는 것이리라. 아니 아픔을 인식하지 못할 정도로 간곡한 생명소생의식만으로 해서 아무 것도 생각하지 못했으리라. 살아있는 자식의 환영이 몽골수도에서 걸어온 것처럼 보였으리라.

울어도 울어도 어머니의 눈물은 팽목항 앞바다에 차오르기만 할 뿐, 가슴으로 가는 울대에 걸려 있는 물결이었다. 맹골수도 파도가 세차게 고함을 지른다. 내 인생 끝자락에 이런 비극이라니. 우리 정신세계의 아름다운 방파제를 튼튼히 하도록 마지막 남은 1막극을 제대로 마무리 짓도록 겸손하리라.

이 지상에서 가장 큰 비극적인 어머니의 사랑, 자식을 목놓아 부를 때 바다가 응답하는 울음소리. 창자를 끊어내는 애통으로 파도를 깎아내는 어머니의 말씀!

34년 전 5·18의 어머니, 지금 4·16의 어머니들이 그때처럼 처절하게 부르짖는 절망의 소리를 다독여 가라앉혀 그 책임자의 죄과를 낱낱이 밝혀 정화하도록 파도야 악독한 기층세력을 깨끗이 씻어라.

똥누기

캄캄한 밤이다. 환자들이 몸을 뒤척이며 한숨짓는 소리만 간간이 들릴 뿐, 내 온몸 삭신이 만신창이로 부들부들 떨린다. 뱃살이 퉁퉁 부어올라 허리까지 아파 움직일 수 없다. 허리 통증에 옴싹달싹 할 수가 없어 뼈마디까지 오도독 쑤신다. 배설물이 곧 쏟아질 것만 같았다. 움직이지 못하고 누워서 손을 휘저으며 기저귀를 찾는다. 그때 허리가 삐끗 쑤신다. 손으로 더듬거렸더니 기저귀가 겨우 잡힌다. 누워서 기저귀를 재빨리 채웠다. 팽팽한 뱃살에 힘껏 힘을 주어 배설했다. 내 몸은 한꺼번에 나사가 풀어진 듯 뱃속이 흐물거리며 시원했다.

이젠 편하게 잠이 오려고 했다. 잠자고 있던 간병사가 갑자기 나를 흔든다. 꼼짝 않고 죽은 듯이 힘을 빼고 축 늘어져 있었다. 또 내 몸을 만지더니 엉덩이에 손을 댄다. 손에 무엇이 묵직하게 잡히니까 내 등을 두드린다. 그래도 꼼짝하지 않고 눈을 감고 있었다. "어휴 냄새야." 하며, 내 몸을 세게 흔들어 깨운다. 죽은 듯이 있었다. 간병사가 비상등을 켜고 내 몸을 옆으로 굴리면서 살핀다. 그래도 힘을 쭉 빼고 늘어져 있었다.

배설물이 기저귀 옆으로 흘러서 몸에 번진 것이었다. 간병사는 내 환자복을 훌랑 벗기고 나를 능숙하게 닦아낸다. 난 간병사가 명령하는 대로 따라 움직였다. 갑자기 한 환자가 "아이고 냄새야."하며 일어난다. 뒤척거리던 다른 환자들도 다 깨어났다. 병실은 구린내가 진동했다.

환자들 눈길이 내게 쏠렸다. 나는 눈을 감았다. 간병사는 날 일으켜 휠체어에 싣고 화장실로 간다. 내 몸을 좌변기에 앉히더니 다시 대변을 보라는 것이었다. 다 쌌다고 하니까 비데로 항문을 씻으라고 한다. 난 간병사가 하라는 대로 따라 했다.

잠을 깨워 미안하다고 죄지은 사람처럼 간병사에게 말했다. 그 때 시어머니의 말소리가 들려왔다.

"나 똥 안 쌌어야. 지가 막 나와야."

지그시 눈을 감으시고 몸을 움츠리시던 모습이 훤히 떠올랐다.

"앗따, 엄니, 말씀을 하시지 그랬어요? 여기 요강이 있잖아요."

난 아무렇지 않게 말하였다.

시어머니가 70대 중반 넘었을 때인 것 같다. 처음 배설을 했던 날. 이불을 둘러치시고 옴짝달싹 안 하시고 누워계셨다. 온 방안이 똥 냄새가 진동했다. 난 모른 척했다. 당신의 자존심을 건드리지 않기 위해서 내 방으로 왔다. 시어머니는 한참 후 샘가에서 이불을, 옷을 빨았다. 수돗물소리 요란한 가운데 방망이로 빨래를 두들기고, 철석철석 헹구는 소리가 들렸다. 그 후부터 변을 보시면 당신 혼자서 옷을 빨았다. 그러던 몇 년 후 대소변을 가리지 못하시고 누워만 계셔 욕창까지 생겼다.

그때부터 음식 조절을 하였다. 한꺼번에 많이 드시지 않게 조금씩 자주 드시게 했다. 그래도 당신 아드님이 보내신 보약은 꼭꼭 챙겨 잡수셨다. 그때마다 시도 때도 없이 대변을 보셨다. 그러면서 한 열흘 이상은 음식을 드시지 못하시고 설사를 하시더니 누워만 계셨다. 그러다가 회복이 되면 노인들은 밥심으로 사시니까 많이 먹어야 한다며 딸들은 자주 와서 잡수고 싶으신 것 맘껏 드시게 하였다. 무엇이든지 잘 잡수시지만 그 뒤끝은 언제나 헤어나지 못하시는 똥누기였다. 주기적으로 10여 일 고생하시고 또 먹으면 10여 일 고생하시고….

하루는 잠깐 시장에 다녀왔더니 똥을 벽에 문질러 놓고 온 방안을 뒹굴어 머리끝에서 발끝까지 똥밭이었다. 방 한쪽에서 지그시 눈을 감고 새우등으로 움츠린 채 누워계셨다. 당신의 얼굴을 몸 안쪽으로 묻힌 채였다. 생의 말년은 누구나 다 이렇게 가는 거라며 난 의무적으로 씻기기만 하였다.

"아이, 저년이 밥 안줘야. 배고파 죽것다. 밥 좀 줘야."

딸들은 한참을 울더니 당신이 좋아하시는 생낙지, 육게장을 맛있게 하여 그 어머니께 먹이신다. "어머니, 잡수고 싶은 거 다 잡수세요." 눈물을 흘리며 종일토록 먹인다. 저녁에서야 배가 불러 그만 먹겠다고 하신다. 딸들은 파출부에게 단단히 타이른다. 음식을 자주 먹이시고 싸고 나면 먹이시고, 싸고 먹이시고, 싸고 먹다보면 건강해지신다고 한다.

딸들이 간 뒷날에는 일어나시지 못하신다. 먹으면 먹은 대로 대변을 자주 보신다. 그때 영양제를 맞고 겨우 숨 돌릴 만하면 또 먹고 싸신다. 그렇게 반복하시다가 대소변도 당신 혼자 가려내시지 못한 12년 세월을 기저귀를 차시고 누워만 계셨다.

"저년이 지만 처묵고 나는 안 줘야."

아들에게 서럽게 하소연 하시면 "고년 내가 혼내주겠소." 당신 어머님 머리를 감기고 손발을 씻긴다. 그리고 안마를 한다. 당신 아들만 있으면 말을 하신다. 끝도 갓도 없다. 그러다가 스르르 잠이 드신다. 깨어나시면 먹고 싶은 것 무엇이든지 먹고 남은 것은 당신 아들하고 손자에게만 주신다.

노년의 말미에 이르면 하느님은 배고픔의 고통을 주신 것 같다. 오직 먹는 것 뿐. 싸고 먹고, 싸고 먹고, 먹고 싸고…. 배가 고프신 서러움을 반복하시기를 90객이 넘으시더니 뼈만 앙상하게 남아 말랐다.

똥누기 횟수가 줄어들자 입맛이 없다며 음식을 잘 드시지 않았다.

딸들은 거동을 못하시는 당신 어머니 목욕시키시면서,

"엄니, 저 세상으로 가시지요."

"뭐야, 막둥이 손자 장가갈 때까지만 살란다."

하시며, 당신 손주만 찾으셨던 그 어머님은 점점 식욕이 없어지고 똥을 자주 누시지 못하시더니 94세에 영면하셨다.

똥누기. 그것이 건강한 운동법이라는 걸 고희인 이제 와서야 알았다.

'어머니, 당신처럼 살날이 얼마 남지 않았습니다. 부지런히 똥을 누겠습니다.'

거울 속 귀신

나는 거울을 잘 보지 않는다. 거울 속의 나는, 내가 아닌 타인인 것 같아 더욱 안 본다. 그 거울을 보지 않은 세월이 20여 년을 흐른 것 같다.

어느 날 목욕탕에서 머리를 감고서 수건으로 물기를 닦으며 머릿결을 탈탈 털면서 고개를 들어 거울 앞에 서 있는데, 내 등 뒤에서 하얀 노인이 머릿결을 풀풀 날리며, 나를 유심히 바라보는 거였다. 소스라치게 놀랐다. 수증기를 타고서 넘실넘실 내게로 가까이 다가오다가 갑자기, 나를 덮치는 거였다. 가슴이 먹먹했다. 욕실 밖으로 튀어나왔다. 긴 머리를 두 손으로 움켜잡은 채 내달아서 의자에 앉았다. 가슴을 문지르며 한참을 엎드려 있다가 숨을 돌리고 눈을 떠보니, 하얀 머리카락 산발한 채, 검은 옷을 입은 귀신이 지팡이로 내 등허리를 툭툭 치는 거였다. 나는 무의식적으로 소파에 고개를 묻었다. 소리를 질렀다.

"귀신이다!"

현기증이 일었다. 눈을 감고 고개를 파묻힌 채 한참 엎드려 있었다.

사실은, 내가 누구다라고 분명히 말하지 않았는데, 어떻게 지금 내가 존재하느냐 하는, 내가 아닌 수수께끼같은 존재로 멍멍한, 그냥 존재하는 그 자체일 뿐이다. 세상에는 아무것도 아닌 환상에 펼쳐진 공허한 메아리일 뿐, 눈앞의 현실에 떠도는 살아있는 귀신이다. 처음 보았다.

이 귀신은, 만물의 근본인 물, 불같은 자기 자신에 대해서 제대로 알지 못하는 안개처럼 하얀 형상으로 나타난 것이다. 무수한 언어들이 귓속을 후비고, 명치끝을 쑤시는 것 같았다. 나 혼자서 회오의 여러 얼굴들과 대화를 하는 것이다. 그들의 말소리를 들은 적도, 본 적도 없는 사람이 흐물흐물 눈을 흘기며 나를 쳐다보고 있다니….

그 현실의 삶이 얼마나 추우면서도 뜨거웠던가? 열망과 침몰, 절망 속에서도 희망을 생각하는 목마른 질주였다. 상실의 어둠속 귀신놀이인 것이었다. 그것은 거울 앞에 선 그 귀신이라는 환영과 실체가 바로 인간의 허울을 쓴 침묵 속 내 모습이 아닌가.

그렇다면 나는 귀신이라는 가상과 실제에서 어떤 존재일까? 나는 이렇게 말한다. 데칼트의 「방법서설」에서, 나는 내가 하나의 실체요, 그 본질 내지 오직 생각하는 것이요, 또 존재하기 위하여 아무 장소도 필요 없고 어떠한 물질적인 것에도 의존하지 않는 것임을 알았다고 주장하듯이 우리 자신의 신체는 물론 우리가 있는 장소, 심지어 우리를 둘러싸고 있는 세계도 없다고 상상할 수 있다고 가정함에도 불구하고 정신만으로 자신의 실체성을 의심할 수 없다는 의미이다. 인간에게 가장 중요한 요소는 하나의 이성일 따름이라는 것이다.

그가 생각하는 존재라고 말하듯이 나는, 나의 존재가 우주 전체에 작은 선의를 제공받았기 때문에 존재하고 있다. 자기 자신의 삶에 대하여 생각하는 눈물겨운 존재, 외롭고도 괴로운 밤길인 것이었다.

그 우주는 양자역학의 변덕스러운 존재이면서도 질서정연한 것이다.

그것은 바로, 거울이 공손하게 말해준다. 생명이 없는 무감각의 실체, 있는 그대로의 분명하게도 한 사람만이 그 형상을 비추어 주는 실체는 아무것도 아닌 공간이었다.

사르트르의 실존은 본질에 앞선다는 의식의 세계에서 사는 것이 바로 목적이라는 또 하나의 '나'라는 조물주를 거울로 되돌려 주었다. 인간에서 시작되는 반사는 어느 누구도 벗어날 수 없다. 과거의 결과가 아닌 거울에 의해 복제된 무한한 상들이 현실인 동시에 허상인 것과 마찬가지로 현상과 환상이 섞여버린 혼재 양상이다. 이렇게 거울은 기막히게 나의 실상을 반사시켜 보여주었다. 얼마 남지 않은 생이지만 스스로의 목적과 의미를 찾으라고.

세상에 인간이 태어날 확률은 0.00000…1 무한대 수치의 절대적 수치인 36억 년의 시간을 아홉 달에 담아서 태어난 '행운아'정자들이 하나의 난자를 만나기 위해 치열한 투쟁을 하여 '나'라는 존재가 탄생했듯이 진정으로 자아를 찾아 오묘한 인간관계에 제대로 서 있었던가.

인생은 그 인연들의 그물에 얽히고설킨 일생을 통하여 풀어낼 수 없는 수수께끼라고 하듯이 갈증과 분노 불타오르고 꺼지는, 고난과 무력감, 슬픔으로부터 무엇인가 배워가는 다이몬을 신념적 의혹을 이야기함으로 윤회와 부활의 목적을 깨닫는다.

토마스 나겔이 "나는 '나'라는 용어를 내가 실체로 누구인지 알지 못하는 상태에서 이해할 수도 있고 나 스스로의 적용할 수도 있다"고 말했다. 거울 속 내가 모호한 정체 속 의식의 주체가 되어야함과 동시에 무의식의 일부분이 흐물거리는, 파랑이는 것이다.

그 나를 비추는 자연이라는 거울 속에서 한 사람의 산발한 수중기의 귀신이 나를 눈여겨본 것이다. 비트겐 슈타인은 내가 의식의 원천인 것처럼 눈은 시야의 원천이다고 말했다. 그렇지만 눈은 시야 안에 있지 않으며 스스로를 볼 수 없다. 그렇기 때문에 거울이 실체를 반사시켜 있는 그대로의, 모습을 보여주는 것이다. 자아를 거울 속에서 찾고 느끼고 반성하고, 회오의 눈물도 흘려 보아야 한다고 귀신이 갑자기 나타나 영성 체험의 해후가 안개더미로 흐물거리는 것 같았다.

나는 귀신에 의하여 고문을 당하고 있다. 귀신이란 무엇인가? 눈에 보이지 않는 영적 존재로 사람에게 액화와 복을 내려준다고 하는, 한과 고통을 풀어준다고 하는 '정령'이다. 나를 나답게 창조해 준다. 집착의 형벌을 무참하게도 빛살로 굽히는 형벌을 내리는 힘이 있다. 그것은 마음의 갈등에서 우러난 것이다. 장자가 하늘과 인간의 관계는 일방적이어서 인간이 하늘의 뜻으로 나타나는 도를 어찌할 수 없다. 성인의 지혜로도 그 일에 간여할 수 없으며 귀신이나 도깨비라도 그 사실을 속일 수가 없다고 말하듯이 닫혀 있는 생명을 두드리는 것이다.

유익한 모든 실존적 가치는 나로부터 이끌어내며 내 마음속에서 우러나오는 양심의 소리, 거기에는 타자가 존재하는 나와의 대화가 이어지고 자기 자신과의 끊임없는 대화로 나의 거울로 되돌아가 나의 실상을 보여준다. 목욕탕의 수증기, 스멀거리는 귀신의 몸속에, 거울에 비친 나의 희미한 얼굴 그 귀신은 나의 실체를 바꿔야 한다는 정령이다. 지금 너의 아몬드(신)는 영혼이 이곳저곳 돌아다니는 수수께끼를 물어가는 때가 아니다. 키게로가 철학적이 된다는 것은 어떻게 죽은지를 배우는 일이다라고 말하듯이, 진정으로 평화와 안녕을 원한다면 운명에 대한 피에티즘(경건주의)을 아름답게 받아들여야 한다고 말하듯이다.

힐먼의 도토리 이론은 우리의 소명과 운명, 기질, 타고난 이미지이다. 오크나무가 도토리를 낳고 도토리는 수많은 오크나무를 배재하고 있는,

도토리 씨앗 안에 나무를 배태한 이미 완결된 운명이 존재한다고 했다. '나'라는 고유한 인간이 여기에 존재하는 이유가 있다는 예감, 일상을 넘어서 내가 반드시 발을 담가야 하는 일이 있다는 느낌, 그 일상에 존재의 이유를 부여하는 생각들 즉 운명을 인식하는 감각에 대한 것이다. 즉 한 사람의 운명에 담긴 타고난 이미지는 과거와 현재, 미래 전부를 동시에 품고 있다고 힐먼은 운명을 '도토리'로 표현했다. 도토리알 속에 이미지, 기질, 성격, 숙명, 수호천사, 소명, 다이몬 영혼, 운명 등 이야기가 이미 존재해서 열매가 태어났다. 거기서 우리는 부활하기 위하여 태어났으므로 자기 운명을 극복, 개척해야 한다고 보았다. 그것은 마음을 비우고, 현재 얼마 남지 않은 여유금으로 즐거운 생활을 하며, 건강을 유지하고 자신을 바라보면서 자기를 자연에 대비시켜, 자연을 신적으로 대하고 따라야 한다는 숙명이 뒤따른다.

귀신은 죽은 사람의 혼령이라고도 한다. 그러나 그 혼령은 우리가 살아있는 모습 자체이기도 하다. 그 영혼이 지금, 내 주위에 나타나 거울 속에서 살아나 부활했다. 소크라테스는 자신은 죽지 않고 영혼으로 살아있을 거라고 독배를 마시기 전에 말했다. 그 뜻이 거울 속에서 살아 숨쉬고 있다.

나를 바라본다. 거울은 신의 탈을 쓰고 불가능의 극기, 그 초월의지와 꿈과 희망과 의지력을 비춰주고 있다. 그리고 샘물을 품어댄다. 거기서 귀신이 말한다. 죽기 전에는 절대로 죽지 않는다는 것을 알아야 한다고. 거울 속에 비춰진 나는 어디론가 빠져나갈 수 없는 귀신인 것이다. 각각의 단자들이 서로 영향, 대응 결합되어 갖가지 관계를 갖고 있고 다른 모든 것들을 표출한다. 그런, 나를 벗어나지 못한다고 거울이 빛으로 말하고 있다. 우주를 비추는 영원히 살아있는 거울. 그래서 나는 현재 근본연관이 예정된 조화에 의해 귀신과 함께 살고 있다.

그것이 바로 나의 거울로 와서 수증기로 사라졌다가 나타나곤 했다. 비로소 나는 인간존재로 투명해졌다. 그 거울 속에 나의 성찰된 얼굴과 목욕탕 속 거울에 비친 귀신의 얼굴이 엄숙하게 보여졌다.

우주에 있는 모든 물체들이 서로 끌어당긴다는 사실에 바탕을 둔, 서로 지배한다는 영혼과 삶의 끈이다. 지구의 모든 생명은 같다는 그 거울 속 자연과 사물이다. 그것은 바로 나 자신이며 당신과 나, 우리 모두의 실재 얼굴이며 몸체이다.

귀신 곡할 노릇의 세월이여. 지금도 거울은 귀신을 우리에게 보내주고 있다. 만물은 서로 얽혀 타자들을 반영한다는 존재로 종말에 의해서 소멸하는 것이다.라는 것을.

그러므로 만유의 예정돤 조화에서 벗어나지 않도록 거울 속 귀신의 근본연관을 성찰하는 자세를 가져야겠다.

감자와 콩

고흐의 「감자를 먹는 사람들」 그림이다. 하나밖에 없는 등불이 허름한 집안을 비추고, 식탁에 모여 있는 사람들의 남루한 옷차림, 거친 손마디마디가 굵다. 지친 얼굴, 뼈마디 앙상한 매듭의 질곡이 깊은 손결, 머리에 쓴 갖가지 모양의 모자, 흙이 묻은 손으로 감자 하나를 앞사람에게 주는, 지친 그 얼굴에 농부의 식욕이 돋보인다. 초라하지만 이 식탁은 찐 감자와 따뜻한 커피 한 잔으로 하루의 농사일 피로를 풀어내듯이 잔잔한 분위기이다. 그래서 농부의 피곤한 노동에서 온 고달픔은 추하고 불쾌한 모습이지만, 더욱 진실하게 보인다고 고흐가 말하듯이 땅의 철학자처럼 보인다. 무표정하면서도 차분한 여인의 커피 타는 모습, 이 침묵의 정성에 농부의 힘든 일이 끝난 뒤 휴식을 주는 감자 먹기는 맛이 있으며, 충분한 포만감에 젖은 것처럼 평화로운 모습이다.

입맛에 맞는, 음식 맛이란 별거 아니다. 진수성찬으로 잘 먹는 사람이나 이렇게 힘든 노동 뒤끝에 소박한 음식의 맛이란 별 차이가 없다. 좋은 음식, 맛있는 음식을 먹어도 마음에 고통과 절망이 있으면 맛이 없고, 비록 가난한 농부로 겨우 생활을 유지하지만 씨앗을 거둬들이는 희망과 결실이 있으면 그 노동 뒤에 먹는 음식은 맛이 있다.

1950년대 6·25사변 후였다. 그때는 감자나 고구마가 최고의 간식거리였다. 감자나 고구마를 삶아서 댓가지에 끼워서 팔았는데, 그걸 보면 맛있게 보여 사먹고 싶었다. 돈은 없고 해서 며칠을 벼른 끝에 용돈을 모아서 감자를 사가지고 혼자 공원다리 밑에 앉아서 마구 먹었다. 단숨에 먹어치우고 집에 가서 밥을 먹으려니까 밥맛이 당기지 않아서 머뭇거리면 언니들은 입맛이 없는가 보다고 밥을 잘 먹으라고 권했다.

감자는 우리들의 최고 반찬이며 간식이었다. 많이 삶아서 바구니에 담아 빙 둘러 앉아 이야기하며 먹으면 순식간에 사라져버렸다. 방울감자 장조림, 큰 것은 넓적 썰어 멸치, 갈치, 고등어 졸임하고 된장국을 끓여 밥 말아 먹으면, 밥 먹는 시간은 후딱 사라져버렸다. 보리에 감자 썰어 넣어 밥하고, 프라이팬에 기름을 휘익 둘러 전을 부쳐 먹으면 쫀득하고 고소한 맛이 최고였다. 군불에 까맣게 구워 볼에 넣어 오물거리다가 목구멍에 넘어가는 길이 뜨거워 내뱉었다. 뱉은 그 감자를 도로 주워 먹으면서도 우리는 행복했다.

그 시절 배고픔을 없애주는 삶은 감자 두어 개를 소금에 찍어 먹고, 물 한 모금씩 마시면, 배가 든든하여 포만감에 젖어 방귀는 끝없이 쏟아져 나왔다. 우리는 이불 위에서 방귀 뀌기 대회까지 열어 뒹굴고 웃었다. 감자는 지금도 나의 간식거리로 식탁에 있다. 하나 집어 꿀꺽하면 한 끼니 굶어도 끄떡없다.

영국 안니 발레 카라치의 「콩 먹는 사람」 그림이다. 농부가, 얼마나 배가 고팠는지 입을 크게 떡 벌리고 숟가락으로 한 움큼 콩을 떠서, 입안에 넣는 순간 눈을 부릅뜨고 있다. 왼손은 빵을 덥석 잡고 있다. 식탁에 혼자 앉아서 먹은 것을 보니, 농사일을 막 끝내고 삶은 콩과 빵을 먹고서 허기증을 메꾸려고 여념이 없는 것처럼 보인다. 이 모습은, 나도 콩을 맛있게 먹었는데 하며, 먹고 싶은 마음이 저절로 일어나게 했다.

조선시대 실학자 이익은 「성호사설」에서, 백성을 살리는 데는 콩의 힘이 가장 크다'고 보며, 가난한 백성이 목숨을 보전할 수 있는 것은 오직 콩 뿐이라고 하였다. 맷돌에 곱게 갈아서 그 즙으로 두부를 만드는데, 남은 찌꺼기인 비지로 국을 끓이면 먹을 만하고, 싹을 내서 콩나물 만들면 몇 곱절이 더해진다. 콩을 갈아 죽 쑤어 먹고, 콩나물 죽 끓여 먹으면 배를 채울 수 있다.며, 콩의 음식을 권장하였다.

그만큼 콩은 오랜 세월 동안 된장, 간장, 두부, 콩나물, 콩과자, 콩가루, 수프, 볶아먹기 등 고기가 없어도 필수아미노산 8가지가 다 들어 있고, 한국인의 정서가 곰삭아 있는 우리의 곡식이다. 특히 발효음식으로 21세기 식품의 다이어트 식품으로 최고라고 하여 '건강식품, 밀레니엄 식품'이란다. 그 요리법이 70여 가지며, 세계적으로 각광을 받고 있다.

어린 시절 노란콩을 볶아 그릇에 두고 틈만 나면 까먹었는데 식구들이 많으니까 누가 먹은 줄 모르게 다 먹어버렸다. 볶은 콩이 뜨거울 때 설탕 뿌리기, 콩가루로 밥 비벼먹기, 콩자반 반찬은 숟가락으로 한술 떠서 먹기에 금세 동이 났다.

나는 수건에 볶은 콩을 꽁꽁 묶어서 팬츠 안주머니에 감추어두었다가 몰래 먹었다. 어느 날 잠자는데 콩이 주머니 밖으로 삐져나와서 온 방안이 콩바다였다. 난 언니들한테 혼줄이 나서 문 밖으로 도망쳤다.

감자는 '밭에서 나는 사과'이고, 콩은 '밭에서 나는 고기' 단백질이라 하며, 감자는 알카리성으로 인체 중성화 최고이고 콩은 산성으로 단백질로 각종 영양분 균형 있게 한다. 이 두 가지는 사람 생명을 유지시켜 주는데 중요한 역할을 한다고 한다. 그 가난한 세월 속에서 내가 지금까지 살아있다는 것은 콩, 감자를 좋아한 것 때문이 아닐까 한다.

김홍도의 풍속화 「새참」그림이다.

뙤약볕에서 힘든 농사일의 중간에 새참을 맛있게 먹는 농부들. 웃통을 벗어던진 채 땅바닥에 앉아서 먹는 모습. 피로를 확 풀어주는 맛있는 새참이다. 큰 백사발, 반찬 한 그릇을 놓고서 밥그릇은 왼손에 들고서 오른손은 반찬그릇에서 집고 있다. 그 옆 저고리 입은 사내는 밥 다 먹고 빈그릇을 마지막 긁고 있고, 뒤의 웃통을 벗은 농부는 배불리 먹은 포만감에 앉아서 풀나무 부챗살로 몸을 두드리고 있다. 한 젊은이는 밥이 끝나고 물을 마시고 옆 농부는 큰 사발에 든 술을 마시고 있다. 그 아래 젊은 녀석은 술병 속을 들여다보며 내 차례에서는 술을 먹을 수 있을까 내다보는 모습은, 우리도 시원한 막걸리 한 잔 먹고 싶은 생각이 들 정도다. 배불룩을 내 놓은, 웃통 벗은 사나이는 한참 맛있게 먹는데, 그 아래의 머리 수건을 둘러쓴 아낙네는 부인인지 아기에게 젖을 먹이면서 오지게 바라보고, 또 더 큰 아들이 큰 사기그릇을 들고 밥을 먹고 있다.

그 앞에는 큰 소쿠리가 있다. 이 여인이 혹시 감자조림, 콩반찬도 만들어 이고 온 게 아닐까? 여분으로 감자도 삶아 가지고 왔을 것이다. 남정네들 모두 새참을 먹고 있는데 아낙네는 아이를 보고, 검둥개는 농부들이 먹는 모습을, 엉덩이를 땅에 따악 붙이고선 꼬리를 휘익 돌리고 고개를 쳐들고서 보고 있다. 아낙네와 검둥개의 배치는 기막히게 밥맛을 돋우는 풍속이다. 아낙네의 새참 정성은 피로를 가시게 하며, 마음을 즐겁게 한다. 그래서인지 이 그림은 불평불만이 없는 흡족한 표정들이다.

나는 어렸을 때 새참은 정말 맛있었다. 멀건 물에 돼지고기 몇 점, 호박 듬성듬성 썰어 풋고추 대파를 고춧가루에 버무려 끓여서 낡은 대바구니에 담은 보리밥과 함께 리어카에 끌고 갔다. 그걸 밭에서 먹으면 정말 맛이 있었다. 콩자반에, 감자 고등어졸임으로 포식을 하였다. 게다가 소쿠리에 못생긴 감자여분을 삶아왔다. 밥을 먹고나서 후식으로 감자까지 또 먹으니 그 포만감에 젖어 따스한 논두렁의 햇살에 잠이 소롯이 들어오기도 했다.

고흐의 「감자를 먹는 사람들」 평화로운 모습, 안니 발레 카라치의 「콩 먹는 사람」 콩을 맛있게 먹는 모양, 김홍도의 「새참」의 새참을 맛있게 먹는 흡족한 저 얼굴들. 힘든 노동 후에 먹는 음식은 맛이 있다. 거기에는 육체적, 정신적 휴식을 얻는 삶의 즐거움이 있다. 이 그림들 중에서 내 입에 침을 돋아내는 음식은 「새참」의 밥맛이 최고인 것 같다.

봄날 논두렁에 앉아서 먹는 콩과 감자의 새참을, 농부들 옆에서 시끌벅적하게 잡담하며 먹어보고 싶다.

바그너와 서정주의 예술정신

오페라를 음악과 연극을 접목한 총체예술로 확장한 작곡가 바그너(1813~1889)는 음악, 문학, 연극, 정치, 도덕 등 큰 영향을 끼친 독특한 관현악법 등으로 청중에게 크나큰 음악적 감동을 주었다. 매 작품마다 깊이 있는 철학적 메시지를 담았고 웅장한 스케일과 응집력으로 큰 감동을 선사했다. 이전에 없었던 새로운 음악을 선보였을 뿐 아니라 또 다른 이전에 없던 음악의 가능성을 엿보이게 했다. 시와 음악과 연극의 총체라는 음악극을 완성한 작곡가라고 극찬을 받았던 바그너.

그는 어린 시절 어려운 가정환경을 거쳐 방황의 청소년기를 보냈다. 지휘자, 합창단 단장, 편곡자, 사보가 등 음악과 관련된 일이면 가리지 않고 닥치는 대로 했다. 그러던 그는 오페라의 음악감독이 되면서 1840년 첫 오페라 「금지된 사랑」으로 작곡가의 삶을 시작했다. 그런데 무대에 올림과 동시에 극장은 도산했다.

선배 작곡가 마이어베어 호의를 끌어내기 위해 속없는 아부와 도를 넘는 자기비하를 하는 바그너였다. 선전의 달인 마이어베어를 부를 때는 '주인님', 편지에 자기 이름 서명할 때는 '당신의 노예', '당신의 소유물'

이라는 표현도 서슴지 않았다. 그는 이 젊은 작곡가를 도우려 노력했지만, 바그너는 그를 위선자로 몰았다. 마이어베어는 언제나 친절했지만 동시에 나를 감싸고 보호할 때마다 뭔가 대단한 과시라도 하는 듯 행동하기도 했다. 그는 내 인생에서 가장 암울한 시기, 인연과 배신으로 점철된 가장 사악한 시기를 떠오르게 한다고 했다고 하면서도 바그너는 이런 사람에게 아부를 했다. 남의 도움을 받는 게 선수급일 수밖에 없는 가난의 시련기, 작곡가들의 편곡이나 하고 이런 저런 기사나 쓰고 조그만한 수입으로 살기에는 너무나 궁핍해져만 갔다. 생명을 부지하고 예술을 하기 위해서는 배고픔이 없어야 하는 어쩔 수 없다는 예술가의 처절한 호구지책이었다.

여러 예술 장르를 이상적으로 통합해서 상호간에 복종케 하는 이론을 전개하여 새로운 형태의 예술에 바그너는 '총체예술작품'이라는 명칭을 붙였다. 그런데 쇼펜하우어는 '의지의, 표상으로의 세계를 만났다.'는 것이, 음악이 최고의 예술이라 생각했고, 음악은 그 자체로 구원을 이루는 수단이 될 수 있다고 보았다. 여기서 바그너는 "다른 예술장르의 도움을 통해 나만의 작품에 대한 명쾌한 이해에 도달했음을 고백해야겠다."고 하였다. 음악애호가들의 많은 도움을 통해 그의 음악적 전망이 살아났다. 바그너에 열렬한 사람들 '바그네리안, 바그네리즘'이라는 것이 형성되기도 하였다. 빚쟁이를 피해 야반도주하고 남의 도움 받는 게 선수급이었던 바그너였다.

그때 니체는 바그너가 주장한 음악극이라는 예술에 집약된, 장대하고 거의 종교적이기까지 한 예술장르의 통합에 희망을 걸고 있었다. 첫 번째 주요 저작 『비극의 탄생 1872』에서, 니체는 바그너에 대한 열광적으로 표현함과 동시에 예술과 철학에 고대 그리스의 참되고 '건강한' 가치들을 복원한 적임자는 오로지 바그너밖에 없다고 찬양에 찬양하였다.

예술과 사회개혁에 대해 그토록 열띤 연설을 하던 바그너가 이제는 반프리트에 들어앉아 사회 거물들의 일원이 되었다.

그러나 사실은 부르조아 속물과 다름없는 치들이나 환대하였다고 한다. 유럽 전역의 한량들이 하나도 빠짐없이 모여들었다. 각국의 왕자들은 원하기만 한다면 누구나 바그너 집을 들락거릴 수 있었다. 니체는 이런 모습을 보고 바그너가 신념을 저버리고 자신의 예술을 팔아버린 것이라고 생각했다. 바그너는 더 이상 세상을 바꾸려는 희망도 없었고 그저 세상이 보내는 찬사와 그와 함께 따라오는 돈을 받아 챙기면 그만인 것처럼 보였다.

문화의 종교화「반지」는 원래 부르조아 계층의 물질주의적 가치관에 경종을 착상하였지만, 물질주의에 빠져 흥청대는 초연무대, 1876년 바그너 오페라「파르시팔」을 본 뒤. 기독교 노예적 윤리를 근저에 깔고 가장 기독교적 마지막 종교적 철학적 이야기였다. 여기에서 니이체는 환멸을 느끼고 바그너와 결별했다. 기독교적 예술 추구, 군주에게 충성을 다하는 권력의 시녀라고 생각했다. 극장의 운영비를 벌기 위해 부르조아 취향에 영합, 기독교를 앞세우고 있어서 니이체는 실망이 너무 컸다.

'아아 너도 십자가 앞에 무릎을 꿇는구나, 너마저…. 아, 정복당한 자여.'

니체의 환상이 비로소 깨졌다.

레비를 위시한 유태인 음악가들은 오로지 유태인이라는 이유만으로 바그너에게서 인간 이하의 대접을 받았다. 주창하는 반유대주의 상징하는「혼례의 합장」, 세계 지배 상징하는「가락지」불후의 명작을 내놓았다.

그러나 정의만 부르짖고 정의만 찾았으면 자기의 예술세계를 발휘할 수 있었을까? 자신의 예술세계 음악과 연극이 완전히 하나로 합쳐진 종합예술 관현악이 탄생할 수 있었을까? 나에게 의문을 던진다. 그것은 자신의 물리적 이익만을, 권력을 유지하기 위한 게 아니라 그만의 예술세계를 추구하고자 했기 때문이다. 그렇지 않으면 배고픔에 그의 예술창작은 제대로 이루어지지 않았을 것이었다. 토마스만은 바그너의 오페라만 떠올리면 온갖 감정이 떠올라 감정을 주체할 수 없을 정도로 감동을 받았다고 한다. 히틀러는 바그너의 음악을 정략적으로 이용하였다.

고려시대 서정시인 정지상은 김부식에 의해 희생당했다. 우리 한시 최고봉인 그 시의 서정시를 따를 수 없었다. 사형을 당하지 않아도 될 사람에게 죄목을 씌워 죽였다. 김부식은 정사가 글이라며 『삼국사기』를 살리고 설화를 집대성한 박인량의 『수이전』 등 서적과 그 작품들을 없애버렸다. 그런데 오늘날 정지상의 서정시 「송인」는 만인에게 살아있지만 『삼국사기』는 역사적 근거로 하여 자신 것만을 남겼다고 했지만 역사서도 모순이 많이 발견됐다고 한다. 김부식의 글을 암송하는 사람은 없다.

고려 고종 때 시인, 철학자 이규보(1168~1241)는 무신 집권하 최 씨 집정시대 최충헌, 최이를 통해 발탁되어 벼슬이 임명될 때마다 권력에 아부하여 그 감상을 즉흥시로 읊었다. 글로써 권세에 아부하여 오랫동안 벼슬살이를 했고 『동국이상국집』을 편찬할 수 있었다. 그리하여 「동명왕 대서사시」가 탄생했다. 그 시절 김부식 등 신라의 잔존세력이 고구려, 백제 문화를 살리지 않았다고 한다.

현대시인 서정주는 1930년대 후반부터 1940년대 걸쳐 전통적 서정시의 강렬한 울림의 시들을 발표했다. 일제식민지시대에는 일본식민지에 찬양하는 시를 썼고, 1940~1950년대는 이승만 정권에 동조 아부하였다. 1960년대 군부독재시절 신라정신을 잃어버린 고향의 원형으로 강조하였다. 1980년대 광주민주화 정신을 총으로 뒤엎는 역성 쿠레타 공포 속에서 광주인들은 서정주를 찾았다. 광주민중항쟁의 피해가 없도록 전

두환 군사정권에 찾아가서 그 이상의 피해가 없도록 의견을 주시라고 하였는데 서정주는 묵묵부답이었단다.

이것이 유언비어인지 몰라도 그때, 광주사람들은 죽음의 공포에 절박해서 소박하고 전통적인 서정성을 좋아하는 그를 찾았다. 그러나 외면당했다.

그때 광주인들의 피눈물과 비통한 심정을 서정주는 절실하게 느꼈을까? 먼저 자기 자신을 생각했을 것이다. 그리고 그는 그 아픔을 알았을 것이다.

그런데 그의 시는 어떤가? 그 많고 많은 시인들의 시가 있지만 서정주 시(詩) 만큼 가슴에 와 닿지 않는 것은 어쩐 일인가? 현대의 오염된 세계에서 한국전통의 순수하고 소박한 전통의식의 발견, 토착적인 불교정신 한국적인 아름다운 미의식의 세계정신, 즉 우리를 찾는 탄생과 죽음의 순환에서 온 자연스런 미적 감각의 전통미를 살린 게 아닌가 한다. 시인들, 학생들 앙케이트 조사에서 가장 잊혀지지 않는 시인이, 이상과 서정주라고 한다.

이규보, 바그너, 서정주 그들은 높은 권력을 휘두르지 않았다. 자신의 생활을 예술세계에 안주했을 뿐이다. 만약 그들이 권력의 언저리에서 동조하지 않고 살았다면 그 많은 시, 그 아름다운 서정시를 쓸 수 있었을까? 제대로 발표할 기회가 많았을까? 없었을 것이다.

그들은 높은 권력을 휘두르지 않았다. 권력의 힘을 빌려 남을 헤치지 않았다. 자신의 생활을 예술세계에 안주했을 뿐이다.

작금의 최고학부 출신의 권력 의지자들을 보면, 국민 앞에서 눈 하나 까딱 않고 거짓말을 하고 있다. 권력을 주물럭거린다. 마음대로 불러들이고 쫓고 돈 벌고…. 그러면서 진정한 자신의 철학의지라고 거짓말 자서전을 내 놓고 있다. 그러나 참된 지성인, 역사가는 믿지 않는다.

최소한도 바그너, 서정주 같은 예술정신의 세계라도 지녀야 하지 않을까?

기생

마루에서 머리 빗는 신참내기 기생을, 아기 업은 퇴기가 초라한 모습으로 바라보고 있다. 그 퇴기 등 뒤에 업힌 사내아이가 머리를 쫑긋 내밀고 똘똘히 두리번거리고 있다.

이 아이의 아버지는 누구일까? 종족의 보존을 위해 본질을 추구한 의미로 아이가 세상에 태어났을까? 아니면 인간 감정의 무위자연 정신에 의한 무의식의 결과였을까? 조선시대 사회에서 아이의 운명과 기생의 슬픈 인생이 연상된다. 그러기에 퇴기의 인상은 더욱 쓸쓸한 느낌이 든다.

유은홍(19C 중)의 「기방도」는 기적에 이제 막 오른 여인에게 몸단장 교육시키는 듯하다. 경대를 놓고 타래 머리를 매만지는 어린 기생을 중심으로 오른편에 앉아있는 곰방대를 문 여인과 왼편에 아기를 업고 있는 여인을 포착하고 있다. 어린 기생을 내려다보는 아기 업은 여인의 안쓰러운 기색은 기생의 길이 어려운 길이라는 걸 나타내는 것이 아닐까? 어린 기생이 살아갈 것을 생각하니 말이다. 가슴에 달삭 붙은 저고리와 저고리 앞섶에 벌어진 틈으로 흰 살결이 보여서 충동적이다. 역시 기생은 기생이라서 어쩔 수 없는 몸짓인가 보다. 조선시대 기생 환갑 나이

20세이기에 아직도 풍만한 가슴을 가졌다. 곰방대를 문 여인은 흰 치마에 저고리 섶이 긴 것을 보니 어지간히 나이가 들었나 보다. 그러니까 기생 중에서 수장격퇴기인 것 같다.

작자 미상 「미인도」(19C 윤선도 종가 소장)에는 기생의 비단 저고리가 가슴을 꽉 조이며 소매는 팔에 찰싹 붙었다. 거기다가 양손을 머리 위에 올리고 있는데, 겨드랑이의 살결을 약간 드러내어서 자극적 감각을 불러일으키게 하고 있다. 치마끈을 동여맸지만 손만 대면 가볍게 풀릴 것처럼 풍만한 육체가 곧 드러날 것 같이 팽팽하다. 유독 안고름의 빨간 두 줄이 하얀 살의 어깨축에서 나와 있으며 사뿐히 날아갈 듯한 치마폭이 가볍게 너울거린다. 정결하고 우아한 기품, 청초하고 부드러운 선에 세련된 빛깔의 조화미를 가진 우리 고유의 의상을 입고 큰 키에 가느다란 손으로 머리를 만지며 고객숙인 듯한 포즈를 취한 이 여인은 30대 중반 여인인 것 같다. 순진 가련하면서도 탄력 있는 몸매로 뭇 남성들의 시선을 충분히 끌고도 남았을 것처럼 자극적이다. 더구나 우리 고유의상은 자연미, 인격미, 벽사미(辟邪美), 전통미 속에 겸손미까지 곁들여서 은근하고 완만하면서 소박하여 여유와 리듬이 있는, 우리 치마저고리를 곱게 차려입은 기생은 감각적이면서도 아름답지만 왠지 모르게 세파에 시달려 슬픈 상처럼 느껴졌다.

황진이는 어떠했을까? 한 시대 많은 남성들 가슴을 설레이게 했던 황진이, 여기 미인도보다 더 뛰어난 미녀였을 것이다. 그녀의 얼굴을 그린 그림은 없지만, 뭇 남성들의 마음속에 그려졌기 때문에 많은 사람들에게 훨씬 아름답게 기억되었을 것이다. 조선시대 지혜와 미와 끼를 겸비한 기생 하면 황진이를 꼽았으니…. 아마 그림으로나 사진으로 그 모습이 남아있다면 세인들의 기억에 각인되지 않았을 것이다. 그 흔적이 없기 때문에 말이 많아지기 마련이고 그에 따라 흥미를 불러일으키지 않았을까? 황진이의 매력은 무엇일까?

시와 가무, 지성과 글씨, 순아한 미소, 요염한 자태, 젊음과 끼는 두고라도 남자의 마음을 사로잡는 지적 영감이 있었던 게 아닐까 한다. 어떤 사람은 '한편에서는 해가 돋고 한편에서는 달이 돋는 태양같이 찬란한 광채와 보름달같이 그윽한 아름다움을 다 함께 지니고 있는 얼굴빛'이라고 칭하였다. 심지어는 '천상의 선녀가 지상에 하강한 듯 아름다워 현기증이 일어날 정도'라고 말했다. 그러나 기생은 때가 되면 헤어져야 할 운명이기에 떠나는 사람은 아예 잡지 않는 것이 철칙이라고 한다.

어져 내 일이야 그릴 줄 모르더냐
있으랴 하더면 가랴마는 제 구태여
보내고 그리는 정은 나도 몰라 하노라.

– 황진이 시조

여자는 꽃의 넋을 타고나서 누구의 손에나 꺾이기 마련이라고 한다. 구태여 세속에 얽매어 옹색하게 살아가고 싶지 않은 것이 기생이기에 마음이 맞으면 사랑하고 때가 되면 이별하는 아픔을 일평생 겪으면서 살아야 할 운명들, 춤과 거문고와 노랫가락과 남정네와 일생을 보내는 그네들.

악기를 타고 노래 부르며 남정네에게 수발을 들어야 하는 천한 계급의 그 한을 대변한 사람은 없다. 조선시대 사대부들이 조강지처 제 아내를 끔찍이 사랑했다고 말하는 사람은 없다. 다만 기생의 사랑을 듬뿍 받아서 출세했거나, 건강을 찾았다는 것은 소설이나 설화 전설에 있을 뿐이다.

여자는 남성의 예속에 불과했던가. 아니면 기생만큼은 철두철미 남성의 수하에 있다는 것일까? 남성을 기다리며 인생을 남성들에게 팔고, 남성을 위하여 수고를 베풀고, 오직 남성을 위하여 시와 가무를 벌여야 했다.

이하우 흩날릴 제 울며 잡고 이별한 님
추풍낙엽에 저도 나를 생각는가
천리에 외로운 꿈만 오락가락 하노매.

- 이매창의 「이화우」에서

임진란 때 유희경과 봄날 배꽃이 흩날리는 날 이별한 님, 이 가을 추풍낙엽에 나를 생각하는지 천리 밖 임의 모습이 꿈속에 아스라이 보이는, 사랑의 극치이다. 빼어난 미모는 아닌 둥그스름하고 복스럽게 생긴 기생의 기구한 생애를 보는 것 같아 눈시울이 뜨겁다.

남정네들이 찾지 않는 날, 기생들의 쓸쓸함과 우울한 아픔이 신윤복의 「연당여인」에 잘 드러나 있다.

한 여름날 손님이 없는 무료함에 툇마루에 앉아서 반가운 발자국 소리라도 들었는지 귀를 세운 표정, 연꽃잎은 앞마당에 펼쳐진 채 조용하기만 하다. 기생이 늙으면 그렇게도 애주중지 찾았던 사나이들은 모두 떠난다. 그녀들에겐 병마와 가난과 고독에 시름하다가 저세상으로 가는 비참한 모습만 남아 있을 뿐이다.

청초우거진 골에 자난다 누어난다
홍안은 어디 두고 백골만 묻혔나니
잔 잡아 권할 이 없으니 그를 슬퍼하노라.

- 임제의 「황진이 묘」에서

임제는 평안도사직을 2년 마치고 예조정당에 제수 서울에서 지내는 도중, 돌봐주는 사람 없이 죽어간 기생 황진이의 무덤에 술 한 잔 드리고 명복을 빌었다고 한다. 그 소문이 조정에까지 들렸다. 양반이 체통을 깨고 천기 무덤에 시조 한 수 지었다고 벼슬자리 물러나게 한 조선시대 사회에서, 죽어서까지 천대받았던 기생들 가슴에 한만 심어주었다.

우리 친정집 옆에 기생 한 분이 살았다. 날이면 날마다 거문고, 가야금, 북을 치면서 노래 불렀던 여인, 훤칠한 키. 가냘픈 허리에 항상 웃는 얼굴의 그 언니는 6·25 후 빨치산에 갔다고 한다.

그 언니가 가진 것 모두가 좋았다. 나는 이따금 언니네 사립문가에 서서 판소리를 들었다. 어디 그 뿐이랴. 기계 속에서 처량한 유행가 소리가 들리면 신기해서 그 기계를 만지려고 손을 대면 귀신 나온다고 하여 질겁을 하고 도망쳤다. 그러면서도 그 속에는 분명 사람을 잡는 귀신이 있을 거라고 날마다 염탐했지만 결국은 해명하지 못하고 말았다. 이런 것 말고도 그 언니의 이쁜 얼굴을 보러 가기도 했다. 향내 물씬 풍기는 언니가 내게는 천사처럼 아름다웠다.

무슨 군인들이 왔다 갔다 하고, 폭탄소리는 여기저기서 들려왔다. 그때 나는 우리 집에서 동생과 함께 비행기가 날아가는 것을 보고, 마루 끝에 서서 두 손을 높이 쳐들고 "대한민국 만세! 대한민국 만세!"하고 외치며 "B29다!"소리를 질렀다. 갑자기 그 언니가 나타나서 우리를 방 안 이불 속에 감추면서 비행기만 오면 숨으라고 했다. 한참 숨어있다가 비행기소리가 사라진 뒤 마루로 나오니, 기생언니와 함께 사는 군인 아저씨가 울타리 너머로 우리를 보는 거였다. 우리는 그 아저씨를 국군아저씨라고 부르며, 대한민국 만세만 불렀다. 그런데 국군아저씨가 인민군이라는 사실을 몇 년 후에서야 알았다.

그 인민군은 철부지 우리를 왜 나무라지 않고 그냥 두었을까? 가끔 나무 울타리 사이로 우리를 바라보던 젊은 장교 인민군. 그와 살았던 기생언니는 지금 어디에 살고 있을까? 혹 지리산 골짜기의 원혼이 되었는지도 모르겠다.

기생은 적과 아군을 가리지 않는 비극적인 사람. 사람을 분별하지 않는 여인. 그래서 아무 사람들에게나 붙어 사랑하고 이별하며 산다고 해서 기생이라고 했던가.

이 「기생도」에서, 기생의 슬픈 눈빛이 왠지 모르게 오늘은 아름답게만 보인다.

팩트 행동

1835년 뉴욕 선(The New york sun)이라는 신문이 창간되었다. 그 신문이 살아남기 위해서는 독자들의 흥미와 관심을 사로잡을 필요가 있었다. 편집자들은 재미있으면서도 새로운 창의적인 글을 써줄 글쓴이를 찾았다. 영국에서 미국에 온지 3년밖에 안된 리차드 아담스 로크(Richard Adams Loclde)라는 사람에게 신문에 실을 원고를 쓰도록 했다. 그는 과학소설을 써본 일이 있는데, 지어낸 이야기라고 말하지 않고도 새로운 소재로 남반구의 하늘을 연구하려고 남아프리카의 케이프타운에 가 있던 영국 천문학자 존 허셀(John Hershell)의 연구를 골랐다. 허셀이 가지고 간 망원경이 있었다.

1835년 8월 25일자 기사를 시작으로 허셀의 연구가 어떤 성격인지 성의껏, 정성을 다해서 설명했다. 허셀이 가지고 간 망원경이 강력해서, 가로 45cm 물체를 달 표면에서도 잡아낼 수 있다고 설명했다. 이 망원경으로 관찰한 달 표면의 모습을 계속 기사문으로 연재하면서 풀이하여 나갔다. 허셀이 달 표면에서 양귀비처럼 생긴 꽃과 개비자나무나 전나무처럼 생긴 나무를 관측했다고 했다. 커다란 호수가 있어서 물이 푸르고 파도에는 거품이 일었다고 썼고, 들소나 외뿔소같이 생긴 커다란 동물에 대한 설명도 있었다.

마침내, 사람처럼 비슷하게 생겼지만 날개가 돋은 동물에 대한 이야기가 실렸다. 손과 팔을 여러 가지로 올렸다 내렸다 하였는데, 흥분하고 동감하는 듯한 몸짓이었다. 그래서 우리는 이성적인 동물이라는 결론을 내렸다는 기사문이었다. 당시 천문학자들은 이 기사가 터무니없는 거짓말로 황당하다는 것을 알고 있었다. 얼마 후에 이 이야기가 거짓말이라고 아담스로크는 인정할 수밖에 없었고, 허셀은 이 이야기를 듣고 어처구니없어 웃었다고 한다.

로크의 글이 연재되는 동안 세계 최고 판매부수의 큰 신문 위치에 올랐다. 이것은 터무니없는, 있을 수 없는 이야기가 사람들에게는 언제나 더 잘 먹혀 들어간다는 사실을 보여준 것이다.

마케도니아의 한 청년이 미국 대통령 선거 기간 트럼프 지지 웹사이트를 운영해서 돈을 벌었는데 게재된 뉴스가 권위 있는 언론사의 기사처럼 일정한 형식으로 포맷(fomat)된 가짜 글이었다고 한다. 가짜뉴스란 남을 그럴 듯하게 사실처럼 속이는 '기만적 뉴스' 이다. 그런데 이 마케도니아 청년의 가짜 기획은 특별하지도 않았는데도 돈을 번 것이었다고 한다. 이 가짜 이야기를 본 사람들의 생각이 가짜를 진짜 뉴스처럼 그저 그럴 듯한 이리저리 흘러들어 통하는 것이다. 말하자면 정략적으로 이득을 취하려고 거짓말로 후려치고 빠져나가는 아무렇지 않게 생각하는 사람들이다. 이러한 현재 상황이 미국 선거판에서 벌어졌다. 무심한 듯 흘러가버리는 사람들. 그저 그러려니 보통으로 생각하는 사람들의 심리를 알고 거짓말 기법을 이용해서 트럼프가 선거에 이겼다고 분석했다. 이 사실을 늦게야 알고 분통을 터뜨리는 사람들이 많았다고 한다.

지금 사실처럼 돌고 도는 거짓말이 치고 빠지고 하는 팩트(facts) 폭력을 일삼고 있다. 논쟁이라는 싸움판에서 반박 불가능한 사실관계를 가득 던져 놓는 방식으로 거의 폭력적일 정도로 일방적으로 누군가가 제압한다는, 선동에 이긴다는 정의감, 그리고 내가 그쪽 편에서 패배자를 비웃을 수 있다는 즐거움이 충만한 팩트 행동들의 이런 것이 난무한다. 이걸 알고 거짓말 가짜 이야기를 아무렇지 않게 하는 사람들이 요즈음 판을 치고 있다. 듣는 사람들도 그러려니 한다. 아무렇지 않게 받아들이는 팩트의 시대다.

둘째 녀석이 설 연휴로 3일간 집에서 휴식하고 있었다. 나는 아들에게 줄기차게 결혼하라고 말하였다. 인간으로 태어난 이상, 인간답게 살려면 가장 기본적인 생활은 짝을 만나 가정을 이루며 사는 게 행복의 제1조건이라고 하였다. 오직 결혼, 오직 결혼, 지금 너의 생각은 짝을 만나는 것이라고 잔소리를 해대니, 녀석은 나를 보지 않으려고 컴퓨터 게임에 집중한다. 내 말에는 대꾸도, 안중에도 없었다.

잠이 들어 아침에 눈을 떠보니 녀석은 여전히 컴퓨터오락에 여념이 없다.

"너 결혼 때문에 한숨도 못 잤다."

"엄마, 저녁 내내 코까지 골면서 잘 주무시던데요."

"아냐, 눈만 감은 게지."

"엄마, 가짜 잠으로 날 치고 때리는 거야?"

"아냐, 진짜야."

"요즈음 진짜 이야기가 어디에 있어요?"

2 부

뜨개질

광주천 유년 시절

70여 년 전, 광주공원 광장 양쪽에 정사각형 무성한 숲이 마주보고 있었다. 그곳은 잔바람에도 나무들이 흔들거리며 한꺼번에 달려들어 덮칠 것만 같이 우거진 숲이었다. 무서웠다. 더구나 공원계단 위쪽에는 일본 신사당이 있어 함부로 얼씬거리지 못하여 더욱 공포스러웠다. 그 틈새에 동생과 나는 계단 난간줄기에서 미끄럼을 탔다.

그곳을 지나가야 양동시장을 갈 수 있었다. 시장에 가면 먹을 것이 있어 자주 찾았고 어머니 심부름도 하였다. 그런데 그 길목이 무서웠다. 일본 순사들이 긴칼을 옆구리에 차고 순찰했다. 순사들이 눈에만 보이면 혼비백산 도망쳤다. 그러다가 그 두려움의 길을 우리는 용감하게 걸었던 것이다. 그곳에는 사람들이 많이 모였다. 그런데 야매장사꾼들이 물건을 몸속에 감춰 품고 다니면서 장사하는 사람들을 순사들이 잡아 유치장에 가두거나 물건을 빼앗아버렸다.

그 순사들을 보았다. 우리는 끔찍하고 잔인한 순경을 피해서 공원다리에 앉아 있었다. 그때 빨간 햇살이 광주천을 잔잔히 물들이고 우리는 난간을 붙잡고 빙빙 두 팔로 돌리면서 있는데, 갑자기 일본 순사가 나타났다. 우리는 공포에 질려 오금을 펴지 못하고 덜덜 떨었다. 그 때의 어린 것들이 지금까지 살아서 엊그제 일처럼 생각한다. 뭉크의 「절규」 그림이 연상된다.

프란츠 세르베스가 「절규」에 등장하는 인물에 감정이입을 하면서 "핏빛하늘과 저주의 노란색을 배경으로 미친 듯한 색조가 비명을 지르고 있다. 소용돌이치는 속에 드러나는 하늘은 마치 흔들리는 거적때기처럼 보인다. 땅도 떨고 있고, 가로등이 움직이고, 사람들은 그저 의미 없는 그림자로 변해가고 있다…."로 묘사하였다. 지금 생각해보니 이보다는 더 무서웠다. 공포였다. 그 긴칼과 장화같이 생긴, 번쩍이는 구둣발 쫘쫘 소리에 오금을 펴지 못했다.

8남매 중, 나와 동생은 아니 우리는 뭉크 같은 성장과정을 거쳤는지 모른다. 건강이 좋지 않았다. 항상 천식에 콜록거리며 배가 고팠다. 어른들은 다 나가버리고 언니와 나 그리고 동생은 광주천을 찾았다. 그곳은 우리들의 놀이터요, 생명의 공간이었다.

물자락이 자잘자잘 흘러가고, 봄바람이 소롱소롱 간질거리면 이유 없는 웃음소리만 자지러지게 질러대며 자갈밭에서 뒹굴고 뛰고 뛰어 다름질쳤다. 넘어지고 넘어지다가 돌자갈에 부딪쳐 피가 흘러도 쓱싹 문질러 버리면 그만이었다. 다시 일어나 하얗게 깔린 그 자갈밭에 자잘자잘 뛰어 놀다가 내가 앞장서 달리면 "가시네야." 동생이 뒤쫓아 오면 나는 돌자갈에 넘어졌다. 그때야 울었다. 녀석은 나를 쳐다보며 웃고만 있었다. 지금 생각해 보니 동생의 하얀 웃음은 광주천 자락처럼 깨끗하였다.

봄날이면 광주공원 교회 아래 일본사람이 사는 집이 있었다. 우리는 천변에서 놀다가 때가 되면 그 집 앞에서 놀았다. 땅따먹기, 돌먹기, 가위바위보 놀이 등 셋이서 시끌벅적하게 놀면 그 일본인은 먹다 남은 음식을 우리에게 주었다. 그걸 받아가지고 광주천으로 가서 하얀 자갈밭에 놓고 실컷 먹었다. 먹어보지 못한 그 음식들이 신비롭기조차 하였다. 우리는 포만감에 힘이 솟아 흰자갈밭을 휘저으며 돌아다니다가 조약돌을 주워서, 경계선을 긋고 돌 던지기 대회를 하였다. 그것도 한참 하다가 지루하면, 따뜻한 햇살을 받으며 자갈밭에 누워 잠을 잤다.

한여름이면 가장 즐겁다. 지까다비(닳아져서 낡은 운동화 가위로 도려낸 밑바닥신) 신도 신을 필요 없이 맨발로 걸어 다녔다. 낡은 옷 하나만 걸치면 그만이고 비가 와도 우산이 필요 없다. 시원하니까. 물놀이가 최고의 매력이었다. 종일 놀았다. 배고프지 않는, 아니 배가 고플 새가 없는 즐거움, 풍뎅이 잡기, 대사리, 고기, 개구리 잡기 등 온갖 것들이 있어 노랗던 하늘이 파래졌다.

다리 밑 옹달샘에서 물로 뱃속을 채우면 그만, 모든 것이 다 있어서 우리들은 살만 했다. 재미있었다. 어른들이 어떻게 살아가는지 아무 것도 모른다. 풍성하게 흐르는 그 물결은 우리를 한결, 시원하게 즐거움을 주었다.

가을이면 잠자리 떼들이 천지를 휘돌며 광주천을 붉게 물들였다. 우리는 맨 몸으로 잡으러 다녔다. 아무리 잡으러 애를 써도 잡히지 않는 비행놀이였다. 천변을 내려오는 계단 숫자세기 놀이하다가 굴러 떨어져 피투성이가 되어 집에 와서 된장을 발라 머리를 싸매고 한숨 자고나면 아픔이 사라지고 또 다시 다시 천변에서 놀았다. 결실의 계절, 그곳에는 먹거리가 많았다. 배춧잎, 무, 당근, 고구마를 주인 모르게 캐서 먹는 도둑일당이기도 했다.

겨울이면 무척 추웠다. 두툼한 내복도 못 입어보고, 게다가 양말도 없이 검정 고무신을 신고 광주천 얼음바닥에서 미끄럼 타기, 스케이트 놀이 한참 동안 하다가 얼음장이 깨져 허우적대다가 겨우 물가에 빠져나왔다. 생쥐가 되어 오돌오돌 떨면서 집에 오면 어머니는 나를 심하게 야단치시면서 동생은 아랫목에 이불을 폭 싸매시는 거였다. 나는 아들만 생각한다고 펑펑 울어댔다.

그 맑고 아름다운 유년 시대 광주천. 이제는 노년이 되어 검은 자락으로 유유히 흐르고 있다. 나는 지금 불로동 다리 난간에서 광주천 물결을 본다. 모네의 「수련연못」 정원이 빛의 파동으로 활짝 피고 있는 양 반짝인다. 그 연못 정원에서 내 동생 유년시절 눈빛살이 환하게 다가온다.

광주시민이 살아있는 한, 광주천 유년 시대는 살아날 것이고, 살아갈 것이다. 저 광주천다리 야광의 무지개빛살이 비치듯이.

밤의 노래 그 꿈

탈무드에, 밤은 면학을 위해 만들어졌다고 했다. 모든 것이 정지된 채 고요가 온통 시간을 잠재우며 하늘과 땅을 한 묶음으로 묶어버린다. 이 적막한 밤에 갑자기 떠오른 초승달 아래 창호지 방을 통해 들려오는 동생의 공부하는 소리. 거기에는 세상에 생기를 주는 진실하고 아름다운 말이 있었다. 나는 이런 밤에는 온통 그에게 귀를 기울이곤 했다가, 검은빛 휘장을 열고 달빛을 보았다.

아, 시원한 여름밤 바람결. 한숨 돌리고 나도 공부한다고 밥상 위에 책을 놓고 마루에 앉아 있었다. 공부는 되지 않고 달밤 아래 떠 있는 세상일들을 상상하며 밤하늘 초승달거리를 청승스럽게 건다가 잠들곤 했다. 그때마다 동생의 글 읽는 소리가 들려왔다. 갑자기 방문을 활짝 열고서 하늘을 보면서 노래 부른다.

창공에 빛난 별 물 위에 어리어
바람은 고요이 불어오누나
창공에 빛난 별 물 위에 어리어
바람은 고요히 불어오누나

내 배는 살같이 지난다
산타루치아 산타루치아
내 내는 살 같이 지난다
산타루치아 산타루치아.

바리톤 음성이 어둠을 활짝 열었다. 참 듣기 좋았다. 나는 고 2학년 동생은 고 1학년 때였다. 나는 무던히도 공부를 싫어했다. 당시 사춘기 낭만으로 죽음과 허무에 사로잡혀 무기력 상태였다. 그러기에 건강은 악화상태였다.

이 산타루치아 아름다운 해안 자연의 창고, 해변 언덕으로 마음을 맑게 정화시켜 바람이 고요히 불고 창공에 빛나는 별이 어리는 바다로, 푸른 해변가 깨끗한 하늘이 아침을 몰고 오는 새벽의 숭고한 달빛이 스르르 져가는 노랫가락에 어느새 잠이 든지 모르게 들었다.

한여름 밤 1학기 기말고사 때는 낮이고 밤이고 시도 때도 없이 공부만 한 아이. 어느 날에는 잠이 온다고 카페인을 사다가 먹을 정도였다. 그래도 잠이 오면 동생은 습관적으로 부르는 노래, 밤을 깨우며 연인의 아름다움을 태양에 비유한 이태리민요 산타루치아를 밝게, 맑게 밤을 씻어내는 거였다.

오 맑은 햇빛 너 참 아름답다
폭풍우 지난 후 너 더욱 찬란해
시원한 바람 솔솔 불어올 때
하늘의 맑은 해는 비치인다
나의 몸에는 사랑스런
나의 햇님뿐 비치인다

오 나의 나의 햇님
찬란하게 비치인다.

미래의 원대한 꿈을 싣고서 노래 불렀던 동생은, 어두운 밤도 태양처럼 빛나, 저 세상의 질곡과 고통과 절망을 깨치는 숭엄한 음성같았다. 반짝거리는 별들과 속삭였던 가락이었다. 이때가 가장 순수하고 어둠이 없는 하늘 기둥에 걸터앉아 노래 불렀던 아이.

밤은 아름다움을 떠올리었다. 여름날 달빛자락이 나풀대는 한밤 중 스산한 바람결에 꿈을 심어주었다. 그 꿈을 향해 부단히 저녁을 지새웠던 아이였다.

그 여름날 밤은 지금도 여전히 흐르건만 이미 퇴색하여 아름다운 산타루치아 해안을 상상으로 걸어도, 그 밝은 햇빛을 찾을 수 없는 허무한 공간 뿐, 달빛은 쓸쓸히 비친다.

아이야, 산타루치아 해변을 걷자, 언젠가 다시 만나는 영혼으로.

추석달

달빛자락에 휘감기운 별무리들이 환희를 몰고서 이곳저곳 돌아다닌다. 옹잘거리며 떠돌다가 자지러지게 허공을 뚫고 뚫어 산등성이를 보듬고서 회오리치면서 골짜기마다 내려앉는다. 물결 따라 떠도는 나뭇잎을, 숲을 하늘을, 바람을 타고서 풀벌레들이 팔월 한가위를 노래한다.

그 때 일제히 들려오는 자연의 숨소리들은 풍요를 맞이하느라고 부지런히 팔팔거린다. 더 얕은 곳, 더 깊은 곳, 더 높은 곳의 골짝길을 건너 강길로, 바닷길로 유유히 흐르는 그 한가위가 달려와서, 자연의 세계를 통통 익혔다.

태양이 서쪽 하늘로 화려하게 사라져갈 무렵 달은, 한발 한발 원무를 그리며 떠오른다. 그리고 동쪽에는 검은 먹물을 뿌렸다. 그 어두움 속 파릇한 별무리들 사이에 보름달이 얼굴을 화사하게 내밀었다.

모든 것이 넉넉한 때인데도, 먹어도 먹어도 허기지기만 하는 배고픔에서도 보름달은 별무리 속에서 유유히 헤엄을 치고 있었다. 뱅뱅 도는 소용돌이에 달은 이슬방울을 토해냈다. 그 습하고도 질펀해진 흙을 밟으며 걷는 동생에게 아직 온기가 남은 빛살로 실가닥처럼 스쳤던 까만 밤바람. 인력(引力)이 수평적으로 망망(忙忙)한 빛살을 피우게 했다.

자신을 죽이면서까지 안간힘으로 살아야 하는 당신. 어느 날 갑자기 온몸을 감추고 천지에 미만(彌滿)한 별들을 양날 칼 끝부리로 쪼고 쪼아서 달거리의 신묘를 부리는 것 같았다.

초하루 삭일(朔日)에서 사흗날이 스멀거리는 안개 속에서 피어올랐다가 행선지를 돌려버리는 습습한 현(弦)을 가속으로 반짝 얼굴을 내민 그 입술로 청백색 때를 뿌린다. 그리하여 조력(潮力)을 일으키는 가장 강력한 사리때(大流)를 알리는 보름달, 그 추석달이 동동 구르며 떠올랐다.

모든 만물이 사리물고 힘차게 약동하는 이때, 당신은 그 강제적 인력(人力)을 이기지 못하고 실명을 당했다. 그때 나의 집을 어떻게 찾았을까? 지금도 내게는 수수께끼로 남았다.

대문을 퉁탕탕 치면서 소리를 질렀다.

"눈이 안 보여!"

눈이 보이지 않는다고 소리소리 질렀다. 자정이 훨씬 넘은 추석날 밤이었다. 고개를 하늘에 쳐들고 소리쳤다. "캄캄해! 캄캄해!" 절망과 공포의 울부짖음이었다. 우리는 정원석에 앉았다. 동생의 앞가슴을, 등허리를 치면서 일렀다.

"손가락을 세어라. 두 주먹을 쥐어라!"

손가락을 하나 둘 셋…. 세면서 흔들어라. 백까지 천까지 아니 수만 가지 숫자를 외어라. 주먹을 쥐어라. 그리고 펴라. 그 절박의 소리는 정원의 벌레소리들을 모두 죽여 버렸다. "웅아, 눈을 꼬~옥 감아라." 다시 등을 두드렸다. 웅이와 내가 눈을 뜨지 못하고 숫자를 세는데 꾀나 시간이 흘렀다.

"아직 눈을 뜨지 마!"

멈추지 말고 수를 세어라. 손가락을 움직여라. 목이 쉬도록 말했다. 수를 세고 세었더니 몸에 힘이 스르르 빠져 그대로 멈춰버렸다. 한참 침묵이 흐른 뒤 동생의 등을 흔들며

"눈 떠! 눈 떠야!" 하자, 웅이는 고개를 하늘에 쳐들고선 "달이 보인다! 달이." 큰소리로 질렀다. 우리는 울지 않았다. 눈물이 없었다. 검정색 밤하늘 속 보름달만이 무수한 별을 동반한 채 거만하게 내려다보는 거였다. '나는 쉬지 않고 내 길을 무수히 갈고 닦았다. 너는 뭐야? 날 수 있는 양날개를 달고서도 네 스스로 날개를 펴지 못했다. 사회적 시대의 범주안에서만 소용돌이쳤다'고 질타하는 것 같았다.

우리는 손을 꽉 붙잡고 긴 골목길을 오돌오돌 떨면서 큰길로 나왔다. 아스팔트 큰길가에 한참 앉아 있다가 대학병원 콩크르트벽 아래 달그림자를 밟고 걸었다. 캄캄한 지하를 건듯이 걷고 걸어가다가 길가에 주저앉아 버렸다. 그제서야 우리는 갑자기 울었다. 울어도 울어도 끝이 없었다.

"무서워. 무서워!"

어머니를 부르며 살려달라고 내 팔을 붙잡았다. 추석보름달은 여전히 우리를 눈아래로 내려다보는 거였다. 저 달이 너무 낯설고 잔인했다. 너무 환하게 쳐다보기에 정말로 미웠다. 아니 무서웠다. 심신이 흐물거리며 핏방울이 장대비같이 쏟아지는 것처럼 온몸이 섬뜩했다.

무슨 죄목으로 1970년대 내내 그렇게도 아픔을 깊이 주었는가 .한창 피어나는 젊은 청춘의 가지 하나하나를 꺾으면서 권력의 유지를 위하여 공포를 남용해서 부질없는 칼질을 해댔는가? 그때 당신은 무엇을 했느냐? 보름달처럼 진정으로 자신의 얼굴을 세상에 정의롭게 비췄냐?

달은 동글동글 우리 몸을 굴리는 것 같았다. 어지러웠다.

그 추석달은 정점에 차오르면서도 자신의 몸을 아래로 아래로 낮추면

서 그 현의 줄기를 점점이 감추어나갔다. 뼈와 살을 깎은 뾰쪽 칼날 같은 입술 끝의 꼬부라진 현을 앙다물고 서서히 움츠렸다. 자신의 몸을 겸손하게 숙였다.

그동안 아픈 세월의 상처를 치유하려고 칠흑의 삭막(索莫)으로 스르르 내디딘다.

추석달은 내게 삶의 응답을 외면하였고 질문만 던졌다. 얄미웠다. 나를 질책하는 것, 그 숨어있는 죄의식이 들키는 것 같았다. 자기 자신의 진실을 정의롭게 채워나가지 못하고 어느 범주에만 멈춰버린 나라는 존재.

저 추석달이 마지막 결실을 위하여 남은 생명을 다 하면서 살아가듯이 나도 삶을 진지하게 영위해왔던가? 아니었다. 내 동생의 그 큰 아픔을 진정으로 인식하지 못했다.

웅이는 저 충만한 보름달처럼 윤회로부터 해탈의 경지로 가는 회오리를 치도록 잠시 어둠을 네게 준 게 아닌가. 풍요로운 달빛자락이 휘감는 몸부림으로 자지러지게 소리를 지르며 허공을 치고 뚫었다. 그 공포의 어둠을.

추석달은 어둠을 몰고서 새로운 초승달의 여유를 그 와중에서도 서서히 몰고 오는 거였다. 그런데 나는 아무것도 못한 누나였다. 자연을 충만하게 하는 저 추석달보다 못한 죄 많은 여자였다.

웅아! 한가위 달처럼 다시 찾아오는 삭망의 절망을 이겨나가자. 너를 구속했던 그들은 보름달도 아닌 그믐달 속에서 숨만 쉬고 있다. 아니 검은 연기로 사라졌다.

구두 한 켤레

고흐의 신발 그림을 본다. 1879년, 6개월만에 탄광촌의 임시 전도사직에서 쫓겨났다. 그는 미래에 대한 희망을 잃은 채 절망 상태에 있었다. 오랜 고민 끝에 화가가 되기로 결심한 그는 평소 존경하던 프랑스 사실주의 화가 쥘 브레통의 그림을 보기 위해 쿠리에르에 있는 그의 작업실을 방문하기로 했다. 차비가 없었던 그는 일주일을 걸어서 브레통의 작업실에 찾아갔다. 그의 농민화가의 작업실로는 너무 화려하였던 것에 실망하여 만나지도 않고 다시 보리나주에 돌아왔을 땐 초죽음 상태였다. 신발은 누더기가 되었고 터진 신발 틈으로 발가락이 삐져나왔다. 고흐는 이때의 쓰라린 기억을 평생 가슴에 품고 살았다. 그 「구두 한 켤레」에 그의 인생 역경이 그려져 있다.

내 동생은 신발을 깨끗하게 신어본 적이 없었다. 한 켤레의 신발로 사계절을 신고 다녔다. 보통 4~5년이 걸렸다. 밑창이 다 떨어져 너덜거린 채, 비 오는 날에는 물신이었고, 겨울에는 얼음신이었다. 한 여름에는 시원한 밑바닥으로 걸었다. 낡은 운동화로 대체하였지만 신발은 노동자들의 것보다 못하였다. 항상 덜레덜레거렸다.

신발은 동생 삶의 과정이며 자아自我를 표창表彰하며, 힘을 준 의지의 도구였다. 만신창이 심신을 다독이는, 낡은 신발이었다.

그런데 지금은 제법 구색을 갖춘 구두가 현관에 들어서는 신발장 안에 가지런히 놓여있다. 그 검정구두가 아파트를 지키고 있다. 신발은 사람의 신체를 지탱시켜주는 뿌리이며, 생각의 길을 안내하는 도구라고 하듯이 동생이 저 세상에 가신지 11년이 되었어도 이 검은 구두는 항상 현관 문 앞에서 우리를 맞이했다.

하이데거는 고흐의 신발은 정서적 재현과 관계한다고 '구두'를 묘사하였다. "구두라는 도구의 실팍한 무게 가운데는 거친 바람이 부는, 넓게 펼쳐진 평탄한 밭고랑을 천천히 걷는 강인함이 쌓여 있고, 구두가죽 위에는 대지의 습기와 풍요함이 깃들어 있다. 구두창 아래에는 해 저물녘 들길의 고독이 저며들어 있고, 이 구두라는 도구는 대지의 소리 없는 부름이 있다. 또 대지의 조용한 선물인 다 익은 곡식의 부름이, 겨울 들판의 황량한 휴한지 가운데서 일렁이는 해명할 수 없는 부름이, 대지의 거부가 떨고 있다"고 말하며, 강인함과 풍요함 그리고 들길의 고독을 보여준다고 하였다.

내 동생의 구두도 이 고흐처럼 지금까지 살아서 이곳저곳 떠돌아다니다가 지금 막 집에 들어선 것처럼 낯설지가 않았다. 구둣발자국 소리가 터벅터벅 들리는 듯 아파트 안에 살아 있다. 소파 뒤의 그릇장, 에어컨, 그 정면 앞에 대형 TV가 벽에 기대어 있고 그 아래에는 도자기들과 온갖 고물상체들이 앉아있다. 수석장 안에서는 여전히 대자연과 심호흡하듯이 수석들이 반짝 살아 있다. 그 위에는 고풍스러운 유럽풍 전화기가 나를 반갑게 맞이한다. 벽에는 동양화 서예 액자가 옛 그대로 유리를 반짝인다.

안방 문을 열었다. 아파트에 들르면 항상 "뭐 하러 왔어?" 퉁명스럽게 말하는 목소리로 맞이했다. 그 목소리는 고흐가 테오에게 늘 가슴 속 불안, 고독, 가난에 떨리는 목소리와 같았다. 장롱 옆에 화조병풍이 서 있고, 문갑 위에 동생사진이 나를 붙잡더니 오른쪽 벽 높은 곳에 부모님은 사진 액자 속에서 '뭣했냐?' 섭섭하게 묻는 것 같아서 싱크대 옆으로 와서 수도꼭지에 입을 대고 물을 벌컥벌컥 마시니 답답한 가슴이 조금 뚫리는 것이었다. 1층이어서 여전히 사철나무가 살아서 나를 맞이하듯이 팔랑이며 유리창 벽에서 싱싱거리며 맞이한다.

그때 갑자기 터벅터벅 걷는 발자국 소리가 들렸다. 고흐처럼 고집 세고 상대편 마음을 몰라주고 성급하게 화를 잘 내지만 지독스럽게 가난하지는 않았다. 자존심과 의지력이 강한 것 같지만 내면에는 성격이 유약하기도 한 휴머니스트로 고독이 무서웠고, 그것을 이겨내기 힘들어 했다.

나는 동생의 마음을 알았다. 그 고독을 일방적으로 다독여 주었을 뿐 고흐의 동생 테오처럼 물심양면으로 사랑할 줄 몰랐다. 고흐는 동생 테오에게 "개 같은 내 인생을 구원해줄 사람은 너뿐이다." 말하면서 자신에게 구원해주라던 그 형처럼, 동생은 내게 도움을 바라지 않았다. 그 어려운 학창시절 가정교사로 호구지책을 면하였다. 어머님이 돌아가신 뒤 조그마한 유산으로 겨우 지탱하면서 없으면 없는 대로 자신의 생활을 유지했다. 항상 홀로서기였다. 내가 자주 들르는 것을 부담스러워 하였다.

술, 담배를 할 줄 모르는 급한 성격의 정의파로 나를 이대로 두고 간섭하지 말라고 했던 처연한 그 음성이 나를 질타했다. 어느 날 내게 말했다. 이대로 더 이상 헤매지 않고 저 세상으로 가고 싶다고. 그 말에 이어서 폐암이 달려들었다. 고흐처럼 미치고 싶었다고 했다. 자신을 이겨내기 힘든 몸부림이었다. 내 깊은 병은 아무도 모른다며 '별이 빛나는 밤' 무등산 자락에서 고향 같은 어머님이 보고 싶다고 했다. 그러면서 황혼의 빛살 그림처럼 생긴 검은 하늘 속 빛나는 별들을 보면서 최후를 연상했다. 고흐는 권태와 슬픔이 나를 짓누른다면서 「까마귀가 나는 밀밭」을 그렸다. 7월 뜨거운 햇살이 내려쬐는 들판에서 고흐는 우중충한 하늘을 배경으로 밀밭을 그렸다.

내 동생은 어느 날 깨끗하고 푸른 하늘을 치어다보며 "어머니! 어머니!"를 그리며 불렀다. 고흐는 테오를 가슴에 묻고 속삭였다. "테오야. 이렇게 죽고 싶었다." 37세로 권총 자살하자. 테오는 죄책감으로 괴로워하다가 6개월 후 형의 뒤를 따랐다. 태오를 생각하면, 나는 동생에게 죄 많은 누나였다.

내 동생 가신지 11여 년이 넘었다. 그런데 나는 지금까지 끄떡없이 살고 있다. 하늘을 보기가 부끄럽다.

너의 살아있는 구두 한 켤레가 내게 말한다. 삶은 고난의 연속이며 행복의 열쇄는 없다고. 신발에 내 발을 맞추어 사는 게 삶의 의미라고 말이다. 너의 검은 구두에 내 발목을 넣어본다.

삭발의 소리

세월호 참사 1주기 추모 '문화제 4·16 약속의 밤'이 열린 16일 밤 서울역 광장에서 삭발을 한 유족들이 세월호 참사 진상 규명을 정부는 책임지라고 외치며 통곡을 한다. 이 모습을 TV매체에서 보니 새삼스러웠다.

유족들은 그날을 잊고 싶었을 것이다. 기억하기 싫다고 수천 번 외쳐보아도 더욱 또렷해지는 4·16으로 온 몸의 신경줄이 피멍울로 이어져 일그러진 저 어머니의 얼굴. 곧장 터져버릴 것 같은 팽팽한 가슴을 이기지 못해 쇳줄처럼 뻣뻣해진 머리카락을 빡빡 깎았을 것이다. 그 민둥머리로 하늘나라에 있는 영혼을 향해 목매이게 부르며 팽목항에까지 왔다. 노란 수국 한 다발이 손에서 부들부들 떨리는 안간힘으로 가슴을 움키면서 적막한 바다에, 하늘에 아이들을 부르는 호곡소리. 메아리도 없이 수평선 너머 허공까지 찰락거리는 파도소리. 그것은 자신을 박탈시키는 변혁의 소리, 억울함을 호소하는 저항 의지였다.

세월호 참사 비극의 진실이 깊은 늪에 빠져 헤어나지 못하니 침묵한 바다에 대고 참상을 건져달라고 부르짖는 당신의 음성. 미치도록 아니 미쳐서 절규하는 그 소리는 한 올의 머리카락도 없는 민둥머리로 만들어

버렸다. 기억만 입력된 그때 4·16의 1년 전 순간들. 더는 머리가 회전되지 못하고 그날의 초침에 정지되어 있는 듯하다. 눈을 감고 소리소리 지르는 저 삭발머리 어머니들.

그 빡빡머리는 모든 인연을 끊고 당신을, 아니 우리들을 구도하는 가슴의 법당으로 안심입명(安心立命)의 정도(正道)를 구하는 참진실의 표상인 것 같았다.

양심수가 감옥에 갇혀 자유를 박탈당한 것처럼 사람들을 볼 수 없었다. 어느 누구도 보이지 않고 오직 잔인한 역성만 보였다. 1980년대 그때도 그랬다.

광주 J대학교병원 오거리에 군중들이 모여 있는 영안실 앞에서 J대 여학생의 목울대를 얽어매는 분노의 소리. 잘 다듬어진 하얀 대리석 같은 P양의 스무 살 민둥머리에 따가운 햇살이 쿡쿡 쑤셔대는 무더운 날, 그 광장에서 5·18 민주화 참상을 책임지라면서 쿠데타 세력의 질곡 속에서 신음하면서 살 수 없다고 외쳤다. 하얗게 질려서 굳어진 빡빡머리에 햇살이 뾰쪽한 바늘 끝같이 내리꽂은 것처럼 나는 현기증이 일어나는 느낌이었다. 그녀를 중심으로 하여 학생들과 시민들의 피맺힌 절규로 내지른 크나큰 함성. 그것은 가장 큰 저항의지의 선각자로 보였다. 머리카락이 없는, 깨끗한 정신이었다.

삭발머리에서 발산하는 그 뜨거운 빛살은 지금도 내 눈앞에 반짝거린다.

완전무장한 군인들이 갑자기 나타나서 눈에 보이는 대로 젊은이, 시민들을 대낮 대로에서 살상하여 정권을 탈취한 그 세력들. 35년 세월이 흘렀어도 그 흔적이 분별없이 나를 뒤쫓고 있다. 이젠 잊어야할 때도 되었는데 삭발의 소리는 여전히 나를 억누른다.

"나 민둥머리야, 시원하네."

다섯 손가락으로 고물고물 민둥봉우리를 헛빗질을 하면서 어색하게 웃었다. 고개를 상하좌우로 흔들면서 머리가 가볍고 시원해서 좋다고 했던 동생. 딸 여섯 사이에 외동아들로 태어난 내 동생은. 70년대 서울S대학교 다녔을 때 박정희 정권 타도 데모 주동자로 몰려 경찰서 유치장에 갇혔다.

그때부터 이 거리 저 거리 도망 다녔다. 가는 곳에 따라 경찰서에서 확인했다. 요주의학생 책임자가 정해졌는데 그 정보부원의 감시와 도움을 받았다. 그분의 딸 가정교사로 입주했을 때, 나는 잘 되었다고 안심하였다. 그런데 동생은 트라우마가 되어 군인, 경찰 제복 입은 사람만 보면 무서워 도망쳤다.

고개만 숙이고 사람들을 피하면서 오금을 펴지 못한 채 힘없이 걸어 다녔는데 어느 날 갑자기 파랗게 질려서 오돌오돌 떨면서 나타났다.

얼마나 무서운 공포 속에서 헤매었는지 오물냄새가 진동했다. 대소변도 가리지 못하고 만신창이로 질주하다가 겨우 나를 찾았다. 그때 나는, 나는 어떤 여자였던가. 그 두려움의 순간만 탈출하려는 울음 뿐, 행동하지 못하는 긴장의 연속이었다.

부모도 돌아가시고 홀로 내달았던 내 동생. 잔인한 환영(幻影)이 무서워 막다른 골목까지 지치도록 도망다녀야만 숨을 쉴 수 있었던 내 동생. 그러한 고통이 뇌리에 방울방울 박혀 뇌수막으로 발병하여 수술한 빡빡머리는 얼마 후에 대머리가 되어버렸다.

땀도 내품지 못하고 그 숨결이 뇌리에 박혀 속세와 인연이 끊긴 채 흥건히 적셨을 것이다. 그것이 쌓이고 쌓여 폐암으로 전이된 것인가.

"아무것도 아니야…."

막힌 벽면을 멍하게 보면서 독백을 했다. 그리고 아무 말이 없다가 갑자기 왜 그렇게 많은, 소리없는 폭포수를 쏟아냈을까? 사람들은 마지막 저 세상으로 가는 길목에서는 눈물이 마르거나 적다고 하는데….

그 눈물은 이 세상의 질곡을 씻겨내려는 정화수인가. 중생을 구도하는 해탈의 삭발소리가, 내 귀에 환청으로 들린다, 세월호 삭발어머니의 두 손 모두고 기도하는 소리와 함께. 내 동생의 초월의지의 삭발소리가.

그 남자의 이별초

빛살무늬 꼬리를 물고 점점이 깊어가는 검은 그림자. 그 가닥가닥이 어릿거리는 연붉은 구름처럼 사방으로 스멀거리는 9월의 끝자락에 소솔한 바람이 일었다.

그 스산한 바람결에 따라 영광 불갑사를 찾았다. 온통 선홍빛 꽃으로 가을을 단장하는 불사(佛寺)의 으뜸 시원(始原)이라는 그곳, 일주문 입구에서 붉은 주술꽃들이 내 가슴을 소용돌이쳤다.

파란 결에 둘러싸인 숲의 자주색 끝동에서 당신의 이별초를 만났는데, 붉은 머리 산발한 채 파랑(波浪)이는 바람불이에 맞기고 있는구려.

처음이자 마지막 연인. 온몸으로 불태워갔던 실체여. 당신의 순수한 마음으로 미적 세계를 꽃피우게 하였던 나의 언어였는데…. 오직 그대뿐인 그 연인을 돌려보내야만 했던 과정의 실체도 없는 최초이자 최후의 사람이었다. 그러기에 당신은 홀로 자신을 찾아야만 하는 고독의 연출자이기도 했다. 당신은 특별한 이유도 없이, 달콤한 첫키스도 없이 첫날밤을 지새웠다. 그녀의 옷고름도 풀지 못하였기에 당신은 무거운 카키색 가슴이었을까? 그래서 그녀는 현실에 다가서기에는 너무 멀어서 상사화가 되어서 하나님을 찾았다.

그러자 당신도 쭉대끝에 실오라기 하나 걸치지 못하고 소솔 바람결에 대롱거리는 모가지를 쭈욱 뻗은 끝장에서 머릿결을 하늘로 젖힌 채 인연을 찾아 하늘거리는 상사화로 피었다.

한 줄기의 불길이 활활거리듯 그녀를 그리다가 목울대가 멈춰버린 어느 날, 쉰목소리로 가을을 종일토록 울렸다. 당신의 이상과 꿈을 이룰 수 없는 현실의 범주에서 매서운 가을바람을 맞으며 꽃대를 붙잡았던 그대의 연인은 얼마나 많은 세월을 지새웠겠는가? 그래서 그녀는 하나님을 찾았고 당신은 발음 없는 숨결뿐이었다.

갈조색 짙은 다시마가 너울거리듯 해넘이를 타고 찾아갔던 당신의 연인. 해머리에 짙은 재색하늘이 바다와 합일하는 순간처럼, 현기증에 눈을 뜨지 못하고, 검은 바닷소리를 들었다. 그 소리에 꽃무릇이 오돌돌거렸다.

기도가 없었다.

젊은 당신의 소원을 이루지 못하고, 육체적으로 처절한 만신창이 속에서도 당신은 이상세계를 찾고 싶어 했다. 학문을, 정의를, 문학을, 사상을 갈구했다. 그러나 어느 한 가지도 이루지 못한 회한의 상처에, 아니 타인의 질곡에 어떻게 기도가 있겠는가? 그것은 기다림이 없는 반역이었다.

그런데 당신은 무엇 때문에 팔월 한가위절에 파란 옷을 던져버리고, 엷은 홍자색의 옷을 걸치고 내 언저리에 서성거렸는가? 홀로 당신의 절정을 마지막 피워내려고 나를 찾았을까? 그렇게도 그렇게도 피눈물을 주었던 연인아.

당신처럼 수많은 사람들이 군락을 이루어 살면서 시간을 어떻게 갉아먹었던가? 그런데 당신은 그마저도 어울리지 못했다. 홀로 있어야만 했던 내 연하의 연인이여.

9월의 끝머리에 시월을 맞이하는 무서운 고독을 피해서 허허 벌판 들녘을, 산길을, 강길을, 바닷길을 바짓가랑이가 닳아지도록 홀로 걸었던, 돌고 도는 발걸음이었다.

시월이 문을 두드리면 푸른 하늘의 어머니를 찾으며 부를 때, 입에선 하얀 무서리가 묻어 나왔다. 시월은 항상 당신에게 잔인한 절망뿐이었다. 그러기에 이별초는 열반으로 가는 붓타였을까? 그 깊은 가슴에서 토해내는 피물결인 양 파릇거렸다.

마음만 주었던 공空은 색色이었다. 일치하지 않는 일치였기 때문에 불타(佛陀)의 경지는 저렇게 처연한 홍자색의 상사화로 밤을 지새우는가 보다.

뜨개질

손가락 마디마디 조정술에 의하여 숨결을 팔딱거렸던 당신. 곳곳의 숨구멍 틈서리에 절절히 젖어들었던 붉은 햇살의 파문이 속속들이 얽혀있는 실줄기. 이리저리 휘돌아다니며 꽁꽁 묶이면서까지 지문을 만들었습니다.

얽혀짜매는 그 가슴 속 의지는 항상 떠다니는 절망적 추위였습니다. 서리가 쏟아지는 목울대로 하늘의 포물선을 움켜쥐고서 타래를 풀어내고 풀어내어도 구름무늬만 나풀거리는 모래톱이었습니다.

당신의 그 가슴줄을 동여매고, 어깨를 둘러치고, 목줄기에 흘러내리는 물자국, 당신의 피부에 점점이 물들인 채, 붉은 유리벽처럼 짱짱 막아섰습니다.

그 빙벽을 헤어나지 못했습니다. 그런데 그 벽을 뚫는 기법은 알고 있었습니다. 뜨겁고 뜨거웠던 아니 시리고 시린 그 침묵의 독백들이 뭉쳐있는 타래를 풀어내고 풀어도 끝없이 앞뒤로 이어지는 당신의 모국어. 당신의 절망은 혁신의 실줄기를 찾아가는, 아슬아슬한 몸부림이었습니다.

당신의 정의는 우리들의 소중한 참진실이라는 소망이었습니다.

당신의 바람은 우리의 자유의지에 따른, 인간성에 의한 참인간의 길이었습니다.

꽉 매듭지어 조여드는 중력에 의해 피부공간이 휘어진 채, 한여름 뙤약볕을 맞으며 걷는 발길은 비스킷처럼 짓뭉개어졌습니다. 쩨앵 갈라진 당신의 혁명적 가는 길이 이리저리 설키어진 마음을 옭아매는 공허한 메아리 길이었습니다.

그 시간의 실타래는 풀리지 않고 바늘코만 쪼여왔습니다. 그 시간은 흘러흘러 푸른 하늘로 하얀 공간을 끌어당겨 팽팽히 맞선 채, 살아온 당신의 새까만 삶. 쓰러진 채 머물면, 당신의 가슴에는 난도질당한 붉은 실줄기의 상처가 거미줄처럼 그물을 치고 있었습니다.

쇳덩이에서 파생한 무섭고 잔인한 시대적 상황, 사회적 모순의 운명, 정치적 놀음판 전쟁터에서 용케도 목을 뒤틀리고 꼬이며, 묶이면서도 길길이 가다가 멈추고서 뒤돌아보면, 숭숭 뚫린 하늘의 구멍자국에서 치졸한 부끄럼만이 보였다지요? 그래서 오랫동안 정지하지 못한 채 다시 걸어야했던 당신.

불, 불, 불.

재도 없이 꺼져버렸던 정의에 대한 함성.

속속들이, 몹시도 진정한 것들만이 따라가는 길. 그 길은 우리들이 특별히 찾아가는 하나의 길이었습니다. 그것은 신성한 길을 안내하는 운명과 숙명이라는 삶의 실타래였습니다.

모든 것은 서로 연관되어 있습니다. 그래서 짱짱한 줄기로 서로 잡아당기고 서로 끌려가기도 했습니다. 우리 모두 머나먼 옛날의 후예들, 사라져버린 사람들의 살아 있는 모습으로 이어져 지금까지 상호 닮아가고, 서로 닮아져 살아가고 있습니다. 아니 살아갈 것입니다.

그것은 놀라울 정도로 헤일 수 없는 의문들이 질곡의 문을 열고서 나의 자유의지를 찾는 길이었습니다. 당신은 크로스오버라는 경계의 길을 건너지도 못하고 카테고리에 갇혔지만 나라는 한 사람은 전체의 작은 부분, 그 자체로 전체를 이루고 있는 값진 존재입니다. 당신도 그 한 부류였다고 위안을 삼으소서.

나의 연인이여!

지금 실존이라는 집을 짓고 있습니다. 공동묘지의 호곡 바람소리처럼 늘상 울었던 당신의 눈물어린 진실의 음성이 나의 온몸의 뼈마디를 찌르며 청각을 자극합니다.

나의 동생이여!

그 실줄기를 타고서 여기저기 둥둥거리며 푸르디푸른 하늘을 봅니다.

지금, 7월의 불타래. 그 줄기에 붙어있는 과거의 병적 세균들을 태우고 있습니다.

당신을 혁명아로 치장하도록 하얀 하늘을 푸른 휘장으로 뜨개질하고 있습니다. 꿈의 인드라망으로 실타래를 끈끈하게 한땀 한땀 이어가고 있습니다. 아니 끝까지 이어가렵니다.

마침내 기쁨을 찾았노라

과학자들은 시간과 공간을 마법처럼 활용하여 삶의 신비에 젖어보지 못하고 오직 두뇌를 써서 분석, 해석, 비판해서 자기 것으로 완전히 이해하여 새로운 것을 발견, 발명한다. 탐험 속에서 무수히 질문 해석하여 정답을 내린다. 그것은 바로 미지를 혁신하여 창조한 것이다. 그 새로운 것은 눈에 보이고 잡히는 물자체요, 인간을 인식시켜 정신적 감동으로 변화 혁신하여 인류세계에 공헌하고 삶의 진실이 무엇이라는 것을 인지시킨다.

그러므로 그 창조적 작업으로 착수 실행하여 인류에게 보다 더 나은 삶을 향상시키고 가치 있는 생활을 하게 한다. 과학자는 굳게 믿고 실천한다. 그러나 인간은 항상 변하고, 무엇인가 새로운 것을 찾아내고 발전시키려 한다. 그 집념의 의지에서 기존의 논리와 학설은 낡아버리고 보다 더 차원 높은 창의적인 애정으로 다시 과학을 연구, 연구한다. 이러한 끝없는 연구에서 온 획기적 결과에 의거하여 얻은 결실로 과학자들은 신뢰와 존경을 받고 자신의 행복을 누린다.

그런데 인간의 감정은 수수께끼처럼 오묘해서 성정이 바뀌고, 뜻하지 않은 사고로 절망에 잡히면 헤어나지 못하여 상처를 입으면 극단적인 행동을 하는 경우가 있다.

프랑스 수학자 앙드레 마리 앙페르(Andre Marie Ampere, 1775~1836)는 수완이 좋은 상인이던 아버지를 무척이나 사랑했는데, 그가 열여덟일 때 프랑스 혁명으로 아버지가 단두대에서 처형됐다. 그 때문에 앙페르는 마음의 상처를 심하게 받았다. 그리고 나서 그는 어떤 아름다운 아가씨와 사랑에 빠져 결혼을 했는데, 결혼한 지 몇 년도 안 된 1804년에 아내가 죽고 말았다. 앙페르는 이 때문에 평생을 슬픔에 잠겨 지냈다. 그런데도 앙페르는 전기에 대해 아주 중요한 내용을 발견해 냈다. 그리고 전기동역학(電氣動力學)이라는 학문 분야를 새로 만들었다(전기가 흐르는 양을 나타내는 단위를 그의 이름을 따서 '암페어'라고 부른다). 그러나 과학에서 성공을 거두었어도 그가 겪었던 슬픈 일들은 마음속에서 사라지지 않았다. 그가 죽었을 때 무덤 비석에는 그가 생전에 미리 골라 두었던 말 "Tandem felix"를 새겼다. "마침내 기쁨을 찾았노라"는 뜻이다. 이것은 그가 얼마나 고통스럽게 살았으면 '죽음'을 늘상 마음속에 간직했을 것인가? 죽음을 묘비명에 삼을 정도로 슬픔에 갇혀 살았다.

오스트리아의 물리학자 루드비히 에드바르트 볼추만(Ludwig Edward Boltzman)은 제임스 클럭 맥스웰(Janmes Clerk Maxwell)과 함께 기체의 위치에너지에 대한 이론을 연구했는데, 몇 번 우울한 일을 당하고 나자 자살했다. 그의 아주 완벽한 위치에너지 이론을 다른 과학자들이 잔인하게 비판한 것을 두고두고 되씹으면서 비참한 생각에 빠진 것이 그의 불행을 재촉했을 가능성이 있다. 아이작 뉴튼도 남의 비판을 견뎌내지 못했다. 그걸로 자살하지는 않았지만, 심한 신경쇠약을 겪은 일이 있다고 한다.

에밀 헤르만 피셔(Emil Herman Fischer, 1852~1919)라는 독일 화학자는 여러 가지 당분의 구조를 분석하여, 모두가 입체 구조는 달라도 평면 구조는 같다는 사실을 밝혀냈다. 그 뒤 그는 계속 퓨린이라는 물질의 화학 특성을 연구하여, 1902년에는 노벨 화학상을 받았다. 그는 지극한 애국자라서 제1차 세계대전이 벌어지자 음식과 화학제품 공급을 맡았다. 아들이 셋이 있었는데 그 가운데 둘은, 전쟁에 나가 죽었다. 그 일로 슬퍼하던 피셔는 어느 날 자기가 암에 걸렸다는 것을 알게 되었고, 죽을 때까지 기다리지 않고 스스로 목숨을 끊었다고 한다.

그 외의 많은 과학자들도 자신에게 닥쳐온 불행을 이기지 못해 자살했다.

과학자들은 철학이전에 정확한 분석과 탐구 연구해서 증명하여 논리성을 확고히 해서 자기의 이론을 삶의 가치로 완성하지만, 그것을 다시 일생을 통하여 근거 확실히 해서 과학이론을 확립하여 이론을 정설로 삼는다. 그런데 시간이 흐르면 다른 과학자가 뒤집어 새로운 이치를 연구하여 정립한다. 그래서 자신의 학설은 낡은 것이 되어 쓸 가치가 없어진다. 그러나 스티븐 호킹은 우주는 시간적으로는 유한한 존재이지만 완벽하게 독립된 존재이며 시작도 끝도 존재하지 않는다고 보았다. 그것은 공간과 시간의 영역 안에서는 그 어디에서도 존재에 대한 답을 찾을 수 없다는 것이다.

과학자들은 무에서 유의 존재를 찾아내고 창조하며, 유에서 무의 존재 양상을 연구하여 새로운 논리를 적용하여 과학적 혁명을 일으켜 인류보다 더 보람 있게 살아가는 지름길을 창조하였다.

한 치의, 한 세포의 미세한 것에서 발견, 발명한 천재적 과학자들은, 탁월하게 월등한 사람이라도 인간성 자체를 떠나서는 존재할 수 없다는 것을 위의 과학자들이 보여주었다. 보다 더 인간성의 가치를, 자신의 철학관을 가졌더라면, 삶의 의미를 찾았더라면 생명을 함부로 저버리지 않았을 것이다. 그것은 분석과 관찰만 있지 인간적 정서가 없었기 때문이 아닐까.

탁월한 천재성 이전에, 몽테뉴의 인간성에 의한, 데칼트의 생각하는 본질인 생명존재에 대한 의식에서 삶의 의미를 찾아야지 원인과 결과, 까닭과 이유를 삶에 적용시켜서 끝까지 과학적으로 추구해도 비트겐 슈타인의 말처럼 정답은 없다. 그래서 우리 인간에게는 절망과 허망만 있을 뿐이다.

키에르케고르 단독자로서의 염세주의자 비트렌슈타인의 몇 번 자살시도, 톨스토이의 자살옹호론자, 카뮈의 자살 긍정론자들은 자살하지 않았다. 자신에게 주어진 생태로 살았다. 그것은 인간 가치를 존중하는 철학성이 있기 때문이다.

과학자의 자살은 인간존재의 가치성의 불합리를 인정하지 못하고 인간존재의 정확성에서 기인한 실망과 좌절에서 온 것이 아닌가 한다. 과학적 사고는 인간성에 앞선 우선에서 온 결과이다.

내 동생은 항상 말하였다. 자기의 뒤에는 늘 죽음의 그림자가 따라다녀서 사람이 무섭다고 했다. 공학도로서 사회의 부조리한 인간적 가치기준의 절대적 존재를 갈구했다. 그러기에 동생은 머언 관념의 세계에서 상대성보다는 절대성을 찾았다. 생물학을 전공하다가 다시 포항제철 특별취업이 채택되었는데 미국 남가주 주립대학에서 연구했다. 그 동생이 나와 이론을 다투면 나는 항상 뒤쳐졌다.

나는, 동생을 앞서지 못했다. 그의 현실성과 미래의 예측은 정확히 맞아떨어졌기 때문이다. 동생은 죽음이란 무엇인가? 자주 고민했다. 죽음은 그 애의 등 뒤에 따라다닌다고 생각하는 염세주의자였다. 그러나 자기생명을 함부로 저버리지 않았다. 건강을 지키려고 애를 썼다.

과학자들보다 한 수 위였다고나 할까? 감정이 있는 인간주의로 자연을 사랑하고, 영화를 보고 글을 쓰고…. 인문주의자였다.

동생은 자신의 그 꿈을 이루지 못하고 하늘나라로 갔다. 내 동생 선웅은 그 극한상황에서도 자살하지 않았다. 그의 죽음은 마지막이 아니고 새로운 사람을 만나고 마침내 '기쁨을 찾았노라'고 하늘나라에서 껄껄 웃는 음성이 들리는 듯 하늘이 깨끗하게 나를 비춘다. '누나 언젠가는 곧 만나겠지. 그때는 눈물없이 웃고만 사세….' 말하는 것처럼 산뜻한 바람이 일렁이는 듯하다.

무등산 가는 길

가을 길을 걷고 싶었다. 그냥 정처 없이 떠돌이 나그네처럼.

어떤 간절한 소망, 그 길을 찾고 싶어 산수동 오거리에서 걷기 시작했다. 몇 년 동안 다리의 상처 후유증으로 걷지 못했다. 그래 걷지 않았지만 그저 걷고자 한발 한발 겨우 움직이며 쉬엄쉬엄 걸었다. 벌써 등허리에는 땀이 베인 듯 촉촉했다.

숲으로 꽉 짜인 도로에 이따금 차들이 지나치지만 사람들이 보이지 않는 한적한 숲길. 나무냄새, 바람 냄새들이 내 숨결을 질리게 막아버린다. 잠깐 쉬었다.

전망대가 있는 잣고개, 견훤이 말 타기 연습하던 곳을 중심으로 무등산 줄기가 시가지 쪽으로 뻗어 내린다. 장원봉과 장대봉 사이 화암동, 충효동 담양군 남면 방면을 걸어서 오가던 무등산의 관문인 무진주 중요한 성지 산봉우리를 감싸고 8부 능선상에 축조되어 있다. 중요한 성지였던 곳이어서인지 이 전망대 길을 돌아서면 그 길이 숲으로 이루어진 터널인 것처럼, 숲이 굴을 착착 뚫고서 내게 길을 안내한다.

왼쪽으로 내려 걸으면 충장사가 자리 잡은 고개 배재 또는 '이치'라 부르는 곳에 숲길을 타고 내려갔다. 무등산이 낳은 충장공 김덕령 집안 묘와 장군 묘가 있는 곳을 많이 와본 곳이라 먼발치에서만 바라보니 봉울봉울 맺어있는 흙봉울꽃 같다.

무등산 돌 하나하나, 봉우리마다 그의 전설이 지금까지 살아있다. 광주사람들의 의리와 한과 기쁨들이 숨겨있고, 숨결이 배어 있다. 광주사람들 영혼정의가 지금까지 살아있다. 김덕령의 말 타기, 활쏘기 무예를 익히고 글 읽기를 부지런히 힘썼던 그는, 임진란 때 의병을 일으켜, 제봉 고경명 휘하로 들어가 의병장 곽재우와 협력하여 적의 대군을 물리쳤다. 천하대장군이라고들 했다. 무등산 전체가 장군의 이야기들이 배어 있다. 어렸을 때 김덕령 장군에 대한 이야기를 무던히도 들었다.

충청도 이몽학의 난 토벌에 출전한 장군은 이 난이, 이미 진압되었다는 소식을 듣고 회군하였다. 이때 충청순찰사 종사관 신경행의 이몽학과 내통했다는 무고 협의로 체포되었다. 심한 고문 끝에 감옥소에 있다가 옥사했는데, 그때 장군의 나이 29세였다.

춘산에 불이나니 못다 핀 꽃 다 불붙는다
저 뫼 저 불은 끌 물이나 있거니와
이 몸이 내 없는 불 일어나니 끌 물 없어하도라.

옥중에서 못 다한, 한의 시조를 읊었다.

김덕령 장군이 사랑한 나라, 불을 붙여 놓아 이산 저산 끝물이라도 있는데 장군 자신에게 끌 물이 없이 한탄하노라. 광주서 자란 장군의 의기가 꺾여진 그 분한 마음이 무등산 모든 곳에 김덕령 장군의 전설로 꾸며져 전해지고 있다. 그래서인지 '무등산'하면 '정의와 애국'을 생각한다.

왼쪽에서 오른쪽으로 건너 오르니 또 숲들이 다투어 우리를 마주했다.

바람이 차갑다. 그런데도 가슴은 후련하다. 우리는 걸었다.

장원봉 줄기를 따라 북쪽으로 한참 오르면 4수원지 석곡 아래 오른쪽에 펼쳐지는 협곡에 분토마을이 자리잡고 있는데, 그 뒷산에 고려 말 용장 정지장군을 모신 경렬사가 있다. 그곳을 지나가며는 끝 모르는 숲들이 길을 비켜서서 우리를 맞이했다.

80년, 90년대 말 동생과 나는 숨 돌릴 틈도 없이 이 길을 걷기만 했다. 침묵으로 걸었다. 자주 걸었다. "어이 무등산 가보세" 소리가 들리듯 나뭇가지들이 자자잘하게 흔든다.

석곡 제4수원지 '가보면 안다' 명명한 다리에 멈춘다. 1990년대 조선대생 이철규 군이 다리에서 실족사 현장이라는 경찰의 발표이다. 도저히 실족으로는 죽을 수 없는 높이, 모래밭인데 자살이라고 발표했다. 그런데 시민과 학생들은 증명할 수 없으니 심중만 굳힐 뿐이었다. 그 의문의 진상을 백번 천번 밝히라고 한들 누군가 규명을 풀어주지 못했는데 어쩌랴.

찢어진 깃발을 들고 은행잎처럼 노랗게 물든 그 어머니의 얼굴. 학생들은 날마다 날마다 진상을 외치다가 결국 망월동 묘지로 향하였다.

밤이면 밤마다
새벽이면 새벽마다
영안실로 뛰어들었던 어머니
찢기인 깃발을 잡고
빗물에 잠긴 은행잎처럼 노랗게
물든, 어머니 당신의 창백한 얼굴이여

(1990. 11. 4. 이철규 노제)

그 석곡수원지 다리를 건너면 호반 위쪽 산자락에 김삿갓 시비가 우리를 맞이했다. 김삿갓이 마지막으로 작고한 곳이 무등산 줄기 화순지역이었기 때문에 이곳에 시비를 세웠다. 평생을 방랑하면서 방방곡곡 가는 곳마다 풍자, 해학시를 남긴 불우한 시인. 1863년 3월 25일 53세 때 무등산 동쪽 기슭인 화순 동복 땅 적벽에서 떠나셨다. 사람의 내왕이 많은 무등산 북서쪽 기슭 이곳에 시비를 세웠다. 무등산과 적벽을 읊은 한 시이다.

無等山高松下在　　　무등산이 높다하되 소나무 아래 있고
赤壁江深砂上流　　　적벽강이 깊다하되 모래 위에 흐른다.

김병연은 삿갓을 쓰고 단장을 짚고서 이곳저곳 마을에 거쳐 산 그림자 벗하며 세상 사람들을 만나며 세상을 풍자, 해학 비웃으며 울분을 토했던 그분을 만나러 동생과 나는 이곳을 자주 찾았다. 무등산 가는 길 울창한 나무숲길을 걸으면서 시비 앞에 앉아서 무등산 바람과, 산과, 하늘과, 향기를 한참을 맡으며 돌아오곤 했다. 아마도 가장 많이 간 답사길인가 보다. 김삿갓의 시비 앞은 무등산 수목줄기들이 뻗어나 사뭇 장엄한 느낌이 들었다.

비석 몸을 붙들고 가을 하늘을 바라보며 동생은,

"그래도 하늘은 깨끗하고 시원스럽게 우리를 보고 웃네."

먼 하늘만 끝없이, 침묵으로 응시하였다.

한참동안 하늘을 둘러보았다. 나는 할 말이 없었다.

"하느님! 왜 내게 그 무서운 형벌을 내리셨습니까? 아직도 못다 한, 한이 이놈에게 남아 있어야겠습니까?"

갑자기 울어대는 소리, 울음소리와 함께 각혈하는 동생의 등만 두드릴 뿐, 무등산 하늘 바람결도 마시지 못하고 가슴이 막혔다.

광주, 아니 우리의 무등산이여. 당신마저 끝내는 내 동생에게 눈물을 주시었구려.

그때의 김삿갓 시비는 여전히 살아 있다. 동생이 나를 반갑게 맞이하듯 초록 빗살이 산마을을 찬연히 빛내고 있다.

노래방에서

노래는 약이 없는 희열, 마음속 티끌을 씻어내는 청량제이다. 격렬한 슬픔 속에서 자신도 모르게 흥얼거리면 그 슬픔은 스르르 묻혀버리기도 한다. 마음을 정화시킨다. 그림자 없는 허울 속 순수한 메아리라고나 할까. 노래에는 선도 악도 없다. 영혼의 이야기, 온갖 삶의 희로애락을 가락으로 그림 그리는 이야기이다.

그러기에 모든 사람들의 삶이요 생활이며 음성이기도 하다. 노래는 가장 미숙한 언어의 리듬이다. 거기서 세련된, 참된 철학적 정신세계의 환상이 있어서 꿈을 꾸고 조화로운 화평으로 우리들의 정신세계를 가르치고, 즐거웁게 하여 마음의 정화를 준다.

사람들은 노래를 한다. 어떤 진실같은 진실을 갈구하면서 가슴 속에서 우려내어 토해내는 그 가락은 사랑과 기쁨을 준다. 꽉 막힌 응어리를 풀어낸다. 거기서 노래를 부르는 이의 소망과 사연과 아픔의 매듭을 풀어내어 가슴이 후련해진다고나 할까.

어느 날 부모님 제사를 마치고 형제들은 노래방에 갔다. 각각의 18번 노래를 뽑아댔다. 동생의 18번 노랫가락이 나는 듣기가 좋았다. 항상 이별의 노래를 즐겨 불렀다. 이제는 50대 나이다. 대학교 3학년 때 데모주동자로 몰려 유치장에 있을 때 동생의 사랑녀는 한 번도 면회를 오지 않더니 H신문사 기자가 되어, 취재하면서 기사도 싣지 않고 외면하면서 취재하더란다. 동생에게 삼각관계 투쟁하여 사랑을 쟁취한 그녀였는데. 사랑에 이긴 그녀는 자신의 처지에 알맞은 또다른 사랑을 찾았다. 그래서인지 몰라도 「하얀 손수건」 노래가 18번 노래가 되었다.

헤어지자 보내온/ 그녀의 편지 속에/ 곱게 적어 함께 부친 하얀 손수건/ 그때의 눈물 자욱이 사라져 버리고/ 흐르는 내 눈물이 그 위를 적시고/ 헤어지자 보내온/ 그녀의 편지 속에 곱게 적어 함께 부친 하얀 손수건/ 고향을 떠나올 때/ 언덕에 홀로 서서/ 눈물로 흔들어주던 하얀 손수건/ 그때 눈물 자욱이/ 사라져 버리고/ 흐르는 내 눈물이 그 위를 적시네.

가슴 뭉클 애절하게 부르던 바리톤의 얕으면서도 굵은 목소리, 그러다가 멈추고서 한참을 앉아 있었다. 나도 괜히 서러운 느낌이 들어 숙연해질 뿐, 온갖 걱정이 송두리쳐서 절망을 보는 것 같았다. 저 고개 숙인 사나이! 항상 죽음이 앞을 가려 있는 듯, 내게 죽음은 누구에게나 따라온다. 아무리 삶의 조건이 탄탄해도 어느 날 갑자기 온다고 인생무상만 노래했다. 그래서인지 틈만 나면 부모님의 산소를 찾아 나섰다. 차가운 이슬을 맞으며, 하얀 눈이 쏟아지는, 비가 내리는 날, 뜨거운 한여름날 미친 듯이 걸으면서 누군가가 죽음을 재촉하는 것처럼, 헤어지면서 「검은 장갑」을 불렀다.

헤어지기 섭섭하여 망설이는 나에게 검은 장갑 낀 손/ 굿바이 하며 내미는 손/ 검은 장갑 낀 손/ 할 말은 많아도 아무 말 못하고/ 돌아서는 내 모양을/ 저 달은 웃으리/ 헤어지기 섭섭하여 망설이는 나에게/ 굿바이 하며 내미는 손/ 검은 장갑 낀 손/ 할 말은 많아도 아무 말 못하고/ 돌아서는 내 모양을/ 저 달은 웃으리

지천명 이후부터는 이렇게 늘 이별곡만 불렀다.

지금도 그 목소리가 들려온다. 내게 손을 내밀며 쓸쓸한 얼굴로, 눈을 지그시 감은 그 표정이 선연히 떠오르는구나. 이런 기억도, 이제는 가물가물거리는 내 의식도 처량하다.

11주년 2월의 만남

여수가는 길

푸르디푸른 남해의 바닷물을 만나면서 주저리주저리 이야기합니다. 수려한 한려수도 만성리, 오동도, 장군도, 거북선, 항일암 바람을 타고서 붉은 낙조 앞에 어쩌지 못하고 가슴으로 바다를 부릅니다. 아니 아무리 불러도 11년 동안 막혔던 가슴은 터지지 않아 입안에서만 소리가 오물거렸습니다. 당신이 가신 지 벌써 11주년 포근한 봄날을 데려 오는 2월입니다.

딸 여섯이 모여 영락공원 영령 앞에서 2월의 연그레이 빛깔의 안개를 마시며 차디찬 죽음을 조용히 일깨웁니다. 눈부신 빛살이 무덤을 비추며 영락공원 꽃무덤 사이로 돌아다녀 하얀 잠들을 깨우는지 영령 앞 조화들이 고개를 쳐들고 하늘을 응시합니다.

우리들이 모여서 바람 한 점도 없는 높은 봉우리 한켠에 하얀 눈을 녹이고 있습니다. 겨울을 이겨 가시는가 봅니다. 아버지와 어머니 그리고 당신. 셋이서 한 방안에서 지새느라고 그 긴 겨울잠을 어떻게 견뎠습니까? 춥고, 사람 없는 하늘 아래 멧돼지 산토끼들과 추운 겨울을 어떻게 날았습니까?

햇살이, 내내 춥던 눈서리를 녹이고 알뜰히 감싸주고 있습니다. 봄이 온다는 당신의 따스한 입김에 소스라치게 놀라 하늘을 보니 안개도 사라지고 하얀 서리가 녹느라고 반짝거립니다. 우리들은 모처럼 바닷바람을 마시러 여수로 향합니다.

가마미 해수욕장

뱀길처럼 휘돌고 돌아 오른쪽 바다를 끼고 달립니다.

땅과 바다를 삶의 터로 삼은 그 길줄들이, 줄줄이 우리를 맞이하느라 곱게, 따스하게 햇살을 비춥니다.

오랜만에 맛보는 고운 햇살은 당신의 누님들과 함께 탄성을 질렀습니다.

바다의 먼 길에 나서는
햇살 고운 바람결에 어쩌지 못하고
사방으로 얼비치어
물빛을 먹어대고
하늘빛을 씻어내느라
사선으로 비추는 불빛 같았습니다.
우리들이 가는 길에 비치는
당신의 눈빛일까
온갖 것들이 술렁거리는 양
파도소리가 숨죽이면서 펼쳐나가며
나의 머리카락을 손질합니다.
빗질을 하면서
당신의 숨소리로
우리의 안부를 확인하시고

고요한 기쁨을 주신
저 바닷바람이
당신의 파란 셔츠를 추깁니다.
이 미움없는 소용돌이 속에서 당신을 찾았습니다.
언젠가 황량한, 봄날의 가마미 해수욕장에서
한결같이 들려오는 검은 환시에 헤어나지 못하고
여수 앞바다까지 왔습니다. 자신을 이기지 못하여
날개를 날을 수 없는 용기 없는 용기의 의욕에만 마음자리 하시고는
사람들을 원망하고 무서운 질곡들의 환청에 시달렸습니다.
80고개 큰언니는 말씀하셨습니다. 당신이 막 태어나자마자 보듬고 얼싸안으셨던 아버지를 말입니다. 당신이 싸신 소변도 아깝다고 손으로 받아서 잡으셨고, 맨손으로 받은 대변도 함부로 버리시지 못하고 곱게 싸서 땅에 묻었다고 합니다.
당신의 탄생은 아버지의 소망이 이루어진 것이요
어머니라는 의무를 다하신 보람의 기쁨으로
사랑을 듬뿍 받으셔서
큰언니는 칭얼대는 당신을 업고
둘째언니는 내 바로 위 언니를
셋째언니는 나를 둘러메고
어머니 일을 힘들게 도우셨다고 합니다.
이 언니들과 함께 여수바닷길을 가고 있습니다.
당신의 막둥이 동생도 있습니다.
늘상 당신을 찾았던,
가마미 해수욕장 모래밭에 왔습니다.

바다는 끝없는 수평선을 그으며
세상을 아는 양, 우리들 마음의 색깔에 기폭을 가릅니다.
아침바다 빛깔은 연한 그레이빛이더니
정오에 이르러 푸르른 빛을 보내더니
오후에는 파랗게 가슴을 일렁이게 합니다.
그때 당신이 입었던 고등학교 때 교복색깔처럼 청명한 빛살로
당신 누나들의 얼굴을 감싼 것 같았습니다.
딸 여섯에 아들 하나.
부모님의 아들 사랑 오죽했겠냐마는
커가면서 그렇게 애지중지는 못했던 것 같습니다
아, 갑자기 저 붉은 햇살
당신의 욕망과 의욕과 희망을 품었던 20대 시절 정열의 얼굴입니다.
난 차마 고개를 들지 못했습니다.
당신을 위해 나는 무엇을 했는가?
어떤 인간이었던가
우리 자매들은 회한의 눈물을 모래사장에 뿌렸습니다.
아무리 가까운 인간관계라도
결국은 한 알의 모래알보다도 못한
우리들의 몸이 부스러졌습니다
알갱이들이 흩어졌다가 모여 들었습니다.
우리들도 당신을 만나러 갈 시간이 되었다고요.

이순신

그 모래알보다 못한 당신의 누이와 동생이 여기서 맑은 하늘을 봅니다.

돌아가는 길이 고불고불 흔들거렸습니다.

그 길을 건너가기 위해 마음의 정화를 이루도록 끝길을 향해 우린 깔끄러운 모래사장을 걸었습니다.

동백꽃이 한창 피어 있는 오동도 아래 장군섬을 돌아서 전라좌수영 수군절도사영이 자리 잡았던 곳, 여수시 고소동의 충무공대첩비에 이 항복의 원문을 이은상이 한글로 옮긴 비석이 있습니다.

'지난 임진년에 남쪽 왜적들이 방자하게도 배를 서로 이어 바다를 떠올 적에 경상도를 거치어 전라도로 가자면 가로막힌 곳이 한산이요, 경계는 노량이요, 그 목은 명량이라. 만약에 한산을 잃어버리면 노량이 보전되지 못하고 명량을 짓밟으면 서울 복판이 흔들리는데, 그 날에 뉘 공로로 세 군데 험판을 막아냈던고? 그는 곧 으뜸공신 통제사이다'는 말씀이 새겨 있습니다. 그리고 가상의 거북선 안에 드니, 이 순신 장군이 씩씩하게 서 있습니다. 당신의 불타올랐던 임진란 수군시절 정의를 본 것 같았습니다.

당신의 의기도 떠 올렸습니다. 거기서 높이 솟은 전망대 광장에 올랐더니 여수의 바닷바람들이 우리를 거칠게 때리는 것이었습니다. 선인을 보면 부끄러울 줄 알아라고 말입니다.

당신이 부정부패한 나라, 정의를 죽이는 나라를 걱정하고 분노하며 안기부, 경찰에 쫓겨 다닐 때 나는 무엇을 했느냐?

동생의 생명, 나라의 안위를 진실로 걱정했는가?

나라의 평화를 갈구했는가?

나는 소용돌이치는 젊은이의 의기에 그저 분노만 솟구쳐 하루해를 넘기기 어려웠습니다.

이순신의 숨소리처럼 들려오는 파도의 바람결을 제대로 맞아본 적이 있는가?

우리 자매들은 더 이상 생각하지 말자고 했습니다.

부정적인 정치판에 붙잡혀 살았던 지성인들, 이중적인 검은 그림자의 모습을, 더 이상 보기 싫다고 말입니다.

이런 가면을 쓴 지성인들 때문에 우리 젊은이들이 얼마나 많이 희생되었는가?

향일암 바다에서

여수 앞바다에
내려와 바위에 걸터 앉았습니다.
아, 저 황혼
뜨거웁고 고운 빛살
봄을 몰고 오는
2월의 바다를 온통 붉게 불태웁니다.
우리는 소리를 질렀습니다.
저 황혼처럼 당신은 바다를 몰고 오며
우리들 가슴속 응어리를 태워
깡그리 씻어 없애버리고
새로운 생명의 싹을 돋우려고
염주알 굴리듯이
요령을 흔들며
큰 범종을 울립니다, 저 파도소리가.
목청껏 파랑이듯이
허공에 끈을 이어주고

사람냄새를 풍깁니다.
오! 당신의 11주년 2월의 봄을 데려오는 바다여
우리도 당신 곁으로 갈 날이 얼마 남지 않았습니다.
그때까지, 오늘 같은 만남을
위해 하루를 10년처럼, 역사를 남기겠습니다.
당신의 순후한 봄의 향기를
몰고 훠이훠이 춤을 추면서
머지않아 다가가겠습니다.
그때까지, 그때까지 우리를 눈여겨 보소서.

시월의 바람

눈시울이 뜨겁게 달아오른다. 하늘이 빨갛게 출렁이는 바람결을 몰고 오는 스산한 가을날 저녁. 당신은 세월을, 아니 당신 앞에 돌아오는 시월을 어쩌지 못하고 헤매었습니다.

몇날 며칠이고 어디론가 훌쩍 떠나버린 당신. 나의 날개, 날개는 있는데 펴지 못해 날 수가 없어서 발걸음을 움직여야만이 겨우 숨을 쉴 수 있다고 했습니다.

발길 닿는 대로, 바람이 이끄는 대로 초조감을 안고서 걷고 걸어도 끝없는 그 길을 걸어야만 했던 당신의 가슴은 너울성 파도였습니다. 날개 없는 파도의 길을 타고 허허로운 공간의 밀대에서 뒹굴고 뒹굴어서 해변가 모래사장에 이르면 깔끄러운 모래알들이 무수히 달려들어 떨어지지 않으려 안간힘을 다하면, 당신은 모래사장에서 무수히 헤매었다지요?

끝없는 모랫길, 사람들이 보이지 않는 곳으로 찰싹 때리며 달려드는 시월의 차가운 모래결 너울들, 너울들은 바람을 불러오고 불러와 피할 수 없었는데도 공교롭게도 살아남아 전신을 해조음에 맞기면서 달려드는 은하의 긴 행렬들이 무서웁게 반짝거리면 습습한 바람결이 당신을 불러댔다지요. 그 바람길을 타고 전국을, 발길 닿는 대로 걷고 걸으면 시월이 훌쩍 지나가버린 그 공허감에 홀로서 하늘에 대고 어머니만 불렀습니다. 누나들, 동생들, 주위의 사람들을 피해서 말없이 걸으면 시간은 어느새 연기처럼 사라져 절해고도에 홀로 앉아서 어머니! 어머니! 만을 부르면 메아리도 없는 바다와 같은 삶이란 불길하고 끈적끈적한 늪 같았지만, 거기에서도 살아가는 묘미와 행운이 있더라고. 참 이상하다고 당신은 말했습니다.

이렇게 시월이 말한다고요. 사람들의 마음은 늘 무엇에 갖혀 허기가져 배고프다고요. 얼마 남지 않은 시간은 더욱 배고프게 하여 침묵을 떨어뜨리려고 또 걸으면, 그 파도에서 걸어오시는 어머님을 붙들고 한바탕 짠 바닷물을 토해내며 쏟아져 내리는 눈물! 시월의 풍요로운 결실은 가을의 흥분을 가라앉히기에는 너무 무거워 유리벽에 갇혀 있는 것처럼 진공 속에서 흐물거리는 수증기가 이슬처럼 흘러내리면, 온몸에 흥건히 젖어드는 무서운 고독은 10월도 어쩌지 못했습니다.

그 시월은 표정이 없었습니다. 묵묵히 바람을 주고 바람을 내다버리고, 빗살도 주지 않고 침묵으로 억누르는 것이었습니다. 너를 알고, 너를 버려라, 그리고 우리를 잊으라고.

마지막이 다가오는, 보이지 않는 시간. 볼 수 없는 바람결은 질문을 하지 않는 찰싹거림이었습니다. 이따금 적막을 깨뜨리는 갈매기만이 바람을 맞으며 물위를 듬성듬성 걷는 것이었습니다.

그 고요의 밑바닥에 위태롭게 앉아서 하늘을 보면 시월은 고독으로 네 가슴을 짓눌러 견디지 못하고 미친 사람처럼 바짓가랑이를 질질 끌면서 정처 없이 돌아다니다가 어느 날 갑자기 내 집 대문을 두드리며 배가 고프다고 밥 달라고 했습니다. 밥상을 당신 앞에 두면 허겁지겁 먹고선 또 말없이 나가버렸던 당신은, 시월의 바람결처럼 싸늘하고 외로운 감각들을 떨쳐버리려고 그렇게 헤매었던가.

네 가슴에는 무엇이 숨어 있었는가? 근 두어 달 돌아다니다가 수척해진 몸으로 들어서서 마루에 앉아서 몽롱한 표정으로 나를 쳐다보면서 "이 사늘한 바람에 언젠가 나는 사라지겠지?" 대문 밖으로 내달아나갔던 당신의 모습이 시월의 바람에 떠오릅니다.

시월의 차가운 인식 속에서 지난날들이 가물거립니다.

시월의 바람이여. 나를 깨끗이 씻어다오. 얼마 남지 않은 세월 동안에, 훨훨 날아서 폭풍우의 바람이 일게 하소서. 그리하여 겨울을 따뜻하게 감싸 2월을 만나 봄을 맞이하게 하소서.

인간은 죄의 굴레에서 벗어날 수가 없는 것이기에
겨울밤에 부르는 연가는 기도 섞인 참회의 눈물이다. 끝없이 참회해야
된다는 것은 신이 주는 은혜이다.

이선웅

· 이 가을에

· 겨울이여, 겨울이여

1943년 광주출생
광주서중, 광주제일고등학교 졸업, 서울대학교 사범대학 생물학과 중퇴
서울대학교 공과대학 금속학과 졸업, 연세대학교 대학원 경제과 연구원
미국 남가주 주립대학 경제학과 수학, 미국 조지워싱턴대학 경제과 박사과정 수료
1974년『시문학』전국대학 수필 당선
1980년대『광주수필 회원 , 서울 서초하우스 대표, 2001년『수필문학』등단.

이 가을에

가을이 오면, 지아비를 잃어버린 청상의 소복보다 더 하얀 달빛이 창백하게 떠오르면 잠을 설친다. 한밤중 문풍지를 타고 싸늘한 바람마저 내 이마를 스치면 더욱 이 가을이 외롭다. 아무도 없는 단 한 사람에게도 말 한마디 건넬 수 없는 가을이 오면 해마다 나는 정신을 잃는다.

언제부터던가, 인생을 알게 된 첫 서러움, 내가 짝사랑하던 여인이 병으로 죽었을 때던가, 고독의 의미를 알 것 같기도 하고 조락이라든가, 절망, 비탄, 연민을 되새기면서 모든 것이 비관되어 보이기 시작하던 그 초가을, 벅찬 환희에 몸서리쳤던 여름의 잔영이 안개처럼 스러져 가는 초가을, 확실히 그때부터 가을로, 가을로 텅 빈 들판을 환시에 시달리는 몽유병자처럼 방황하기 시작했다.

밤이면 불면상태에 대한 불안과 함께 강렬하게 의식되는 우울증, 사고하면 사고할수록 원인도 알 수 없이 명치끝을 짓누르는 머리의 통증, 불안, 초조, 심장의 불규칙한 박동으로 내 육신이 분리되고 폐쇄되는 식으로, 살아있는 동안 이러한 굴레에서 벗어날 수 없으리라는 생각으로, 입이 타 들어가고 입술은 마비되어 사지는 물에 빠져 기력을 잃은 풍뎅이

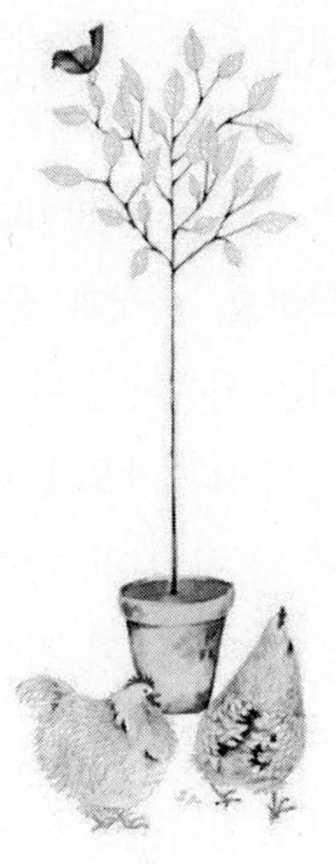

처럼 맥이 풀린다.

정녕 무엇 때문인가. 해마다 가을이 오면 서늘한 저 바람 속에 길게 늘어진 저 그림자 속에 내가 정신을 잃고 있어야 하는 이유는? 고독에 대한, 모든 것이 텅 비어 먼지조차 날지 않는, 아무 것에도 소속되어 있지 않는, 어디에든지 마음 편히 내 사지를 정착할 수 없는 고독에 대한 고통을 피할 수 없는 나 자신의 무력감에 탈진해서인지 모른다.

고독이란 공포다.

현실이란 실체를 직시하지 못하는 공허감에서 오는 공포다.

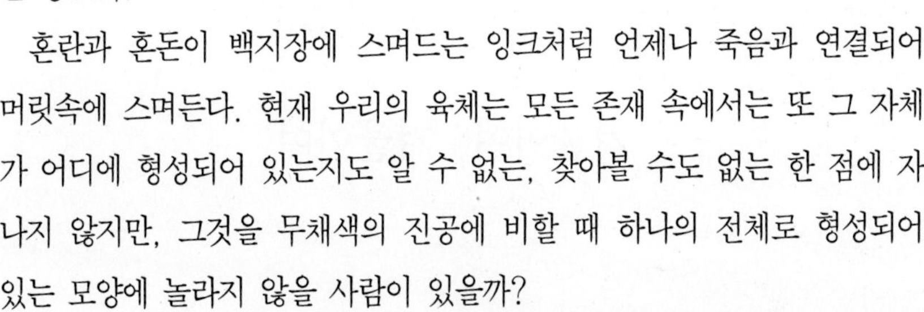

혼란과 혼돈이 백지장에 스며드는 잉크처럼 언제나 죽음과 연결되어 머릿속에 스며든다. 현재 우리의 육체는 모든 존재 속에서는 또 그 자체가 어디에 형성되어 있는지도 알 수 없는, 찾아볼 수도 없는 한 점에 자나지 않지만, 그것을 무채색의 진공에 비할 때 하나의 전체로 형성되어 있는 모양에 놀라지 않을 사람이 있을까?

무한과 무한의 심연 사이에 매달려 있는 자기를 가만히 보고 있을 때에 이 아무것도 아니라는 불가사의를 눈앞에 두고 공포에 떨지 않을 수 없는 것이다. 공포와 직접적인 친교를 가질 때, 하얀 달을 보고 울고 싶다든가, 멀어져 가는 기적소리에 손수건을 흔들어 주고 싶다든가, 하늘하늘 잔가락으로 춤을 추는 갈대로 해서 병상에 누워 있는 소녀를 생각한다는 것은 있을 수 없다. 다만 감정의 지속, 번뇌의 고통이 시작된다. 그것은 생활에 대한 아니 생존에 대한 슬픔, 고뇌이다. 그러나 아무리 이것으로부터 벗어나려고 몸부림쳐 보아도 인생이란 한가닥 스쳐가는 바람인 것을, 한줌의 허망인 것이다.

고독은 부지런히 일하고 사고하는 자에게만 온다고 한다. 그러나 그것은 사치스런 말이다. 진짜 고독한 사람은 현실을 해쳐나가지 못하는 나약하고, 이상과 꿈이 큰 사람이다. 그러기에 모든 결실을 맺고 스러져 가는 가을이 오면 더욱 고독이 살갗을 파고든다.

해마다 가을이 오면 서늘한 저 바람 속에, 길게 늘어진 저 그림자 속에 나는 왜 정신을 잃게 되는가.

더 추워지기 전에 아니 저 핏빛으로 불타는 단풍이 떨어져 앙상한 가지만 남긴 채 부는 바람에 흐느적거리기 전에 모든 것을 털고 일어나 배낭을 짊어지고 하루쯤 이 가을을 걸어 보고 싶다.

겨울이여, 겨울이여

오늘을 마감하는 동짓달 햇덩이가 서천을 넘어간다. 밤을 굽는 리어카 아주머니의 입언저리에 서린 입김은 거리거리에 깔린 잔설이 내뿜는 한기에 더욱 가빠진다. 또한 호주머니 속의 얼음장같은 손주먹을 녹여 주던 짧은 햇살의 열기도 사라지고, 오늘 하루의 일을 끝낸 건축공사판 인부들의 모닥불마저 오가는 막걸리잔 속에 가물거린다.

노랗게 더 노랗게 붉게, 하늘에 닿아버리는 색들의 공화국이여, 깃발이여, 황량의 계절 삭풍 속에 심장까지 얼어버린 몸뚱이를 녹여주는 뜨뜻한 음향을 아랫목에 파묻어 놓게 하라.

초저녁을 달려온 목덜미에 땀 밴 신문 배달부의 모습, 포장마차 사이사이로 새어나오는 오뎅국물 속의 모락모락 피어오르는 김, 커튼 닫는 소리, 누눅한 얼굴을 굳히는 바람과 협상하는 몸짓, 무엇인지 얘기조차 할 수 없는 흥분이 겨울 저녁의 빗장을 열어간다.

저무는 이 삽상한 계절 앞에 끓어 앉아 또다시 일을 시작해야 한다.

그래, 정말 그래, 흙먼지를 털어내고 진실로 진실로 사랑에 넘친 마음으로 난롯가의 화평을 확인해야지. 김치에 콩나물일망정 밥상머리에 앉아 오늘을 활기 있게 살게 한 신의 은총에 감사의 기도를 해야지. 성에가 낀 유리창을 열고서 바깥세상의 적의와 배반과 불친절을 불어오는 바람 속에 심호흡으로 용서해야지. 또한 한 움큼의 비밀을 이부자리에 깊게 파묻고 내일의 행복을, 내일의 꿈을, 내일의 계획을 손꼽아 보아야지.

스러지는 햇살과 함께 모진 바람이 더 모질게 불어온다.

바람이여, 계절의 나팔수여, 이 초저녁 나는 코트 깃을 세우고 휘어이 휘어이 바람을 쫓으며 두 손으로 귀를 잡고 굴뚝처럼 서서 바람을 맞아들인다.

얼음장 같은 칼날을 세우는 겨울 초저녁의 바람이니 오늘은 여기 있으나 내일은 딴 데로 옮기게 되는 고향의 자연들, 대지의 숙명적인 나그네여.

한순간의 미움이나 한순간의 기쁨조차 작고 하찮은 숨결조차 낱낱이 바탈되어, 가늘고 연약한 발로 그 좁고 어두운 눈으로 또는 힘없는 흔들거림으로 버티고 서서 감성의 속살을 드러내고 만상의 소리를 잔혹한 바람결에 울려내는 허수아비라면 좋으련만.

회색빛 하늘 아래로 무시로 쏟아내는 소리, 소리. 금시라도 무명바지 가랑이를 벗겨 버릴지 몰라 허리춤을 발끈 잡아당겨 본다.

'야' 하고 소리치며 허전한 허공을 향해 두 손질하고 서 있으면 자체를 갈기갈기 찢기우는 바람이 가슴에 피멍을 들게 한다. 이 배반, 화친을 향한 몸짓에 던지는 반역이 밀물져 들어온다. 바람의 무차별 사상도 배워야지. 바람이 분다는 것 그 껍데기는 계절에 따라 변하지만 일체의 형식을 부수는 자유의 사상 그 핵심은 영원불변하는 것이 아닐까.

허허로운 마음으로 사방을 둘러보면 겨울의 모습. 겨울의 소리, 겨울의 냄새가 항거할 수 없는 시야에 삽시에 몰려온다. 그러기에 이 추위에 떨지도 않고 몸부림치지도 않고, 외로워하지도 않은 마음들이 있다.

자신의 아무 의지도 없이 그냥 숙명적으로 서 있는 나무를 보자. 보도 위에서 흙에 섞여 썩지도 않은 채, 한 조각 종이같이 맥없이 흘러다니는 낙엽들. 세월의 흐름조차 모르는 이건 기억상실증의 발작이란 말인가, 퇴락이란 말인가. 잎들은 새 가지를 기억하는지. 이제 정녕 겨울의 하늬바람 속에 떠내려 보냈단 말인가. 무성의 계절에 푸르른 잎사귀를 매달고 서로의 결연을 맹세하고, 자랑했던 그 찬란했던 시절을, 아름다운 연정의 시절을, 환희로만 가득했던 행복의 시절을, 눈물겹도록 그리운 시절을 진실로 진실로 그렸었지. 가지에서 내린 무성한 잎새와 잎새들이 만들어 준 그늘에서 단봇짐을 멘 나그네가 지친 걸음을 쉬어 갔고, 또한 한여름 그곳에서 부는 바람에 할아버지는 오수를 즐겼고, 한 나무 안의 동기로 잎새의 묻은 이슬, 햇살, 뿌리에서 올라오는 양식을 나누어 갖던 사랑을 떠돌아다니는 잎새인들 잊지 못할 일이건마는, 안 보면 가까워진다고 했거늘 결별이란 망각을 의미하지 않는다.

아무 불만 없이 심어진 그 자리에서 삼라의 만고풍상을 견디면서 처절한 분노의 얼굴을 인내 속에 묻은 채, 눈물도 한숨도 비바람 눈보라도 기쁨으로 보내는 나그네, 이야말로 은자의 덕을 방불하고 있음이 아니고 무엇인가.

겨울밤, 멀리서 손짓하며 부르는 고향이 있기 때문에 우리는 여행을 떠난다. 그 한 개의 별을 찾아, 순수를 찾아, 한 마리의 노루를 찾아, 거기 별 하나 꼽고 나 하나 꼽고, 별 둘 꼽고 나 둘 꼽고, 저 별은 너의 별 저 별은 나의 별. 밤의 칠흑 속에 둘러 서 있는 산과 희미한 마을의 윤곽, 몇 산과 몇 마을을 넘어야 고향은 있는가. 나의 옛집 석유등잔불 밑에서 화롯불을 뒤적이며 『장화홍련전』을 읽어 주시던 어머니는 나를 반길 것인가. 이어도사나 이어도사나 가자가자 고향으로, 그 토담집으로, 그 토담집으로, 겨울밤에 잃어버린 고향이기에 겨울밤에 고향을 찾는다. 뒤란 장독대 옆이나 울타리 밑에 쌓여 있는 쓰레기 같은 잔설을 치우려, 가슴 속까지 스며들 것 같은 차가운 달빛을 맞으러, 고샅길에서 주고받던 소꿉친구들의 얼지 않은 마음을 만나러, 얼음장 밑으로 봄이 오는 소리를 들으며 살얼음 둥둥 떠 있는 동치미 국물을 한 사발 마시고 싶다.

지금도 어머니는 이 차가운 겨울밤 문 밖에 서 계실까. 그분은 사랑하는 내 하나님, 사랑 외는 아무 것도 모르는 내 주님, 금시라도 바람을 타고 날아와 내 몸의 흙먼지를 털어 줄 것만 같다. 고향아! 불러 보면, 먼 곳을 향해 고갯짓 하면 쏴하고 바람들이 몰려와 내 귀를 때린다. 잃어 버렸어도 언제나 곁에 있는 고향이라는 뜨끈뜨끈한 아랫목에 나타나는 흙이여, 대지여, 백의민족 내 할아버지여.

겨울의 고향은 차갑다. 그러나 풀 한 포기 없이 메마르고 얼음장만이 깔려 있는 냉기 찬 방안에 가끔 가끔 되비칠 때 뜻밖에 물이 흐르는 샘이 솟는 바! 뜻밖에 구름이 흐르고 꽃이 피는 바! 나는 뒷동산에 나무하던 순이누나의 잿빛 옷고름이 그립다. 그리움이란 아름답다. 그리워하다 그냥 잊어버리는 것도 아름답기 짝이 없다. 겨울은 순정의 계절이기에 겨울에 더욱 그렇다.

인간은 죄의 굴레에서 벗어날 수가 없는 것이기에 겨울밤에 부르는 연가는 기도 섞인 참회의 눈물이다. 끝없이 참회해야 된다는 것은 신이 주는 은혜이다. 우리는 기도하지 않으면 안 된다.

'바라옵건대 주의 뜻을 이루소서. 이 세상에서 오로지 주의 뜻만이 정의로 와서 모든 존재를 초월함을 믿사옵니다.'

베리의 술잔도 달고, 상심도 달고, 치졸한 연모도 달고, 온몸에 스치는 한기의 전율마저 달다.'어리석은 아름다움', 이는 괴테의 『파우스트』에 나오는 그레트휀이 꽃잎으로 적은 말이다. 봄의 유혹, 여름의 사랑, 가을의 이별, 겨울의 망각 그리하여 겨울밤의 그리움, 그리워하기 위하여 사랑을 한다.

인간의 운명 그 지체가 어리석은 것이기에 살아가는 모든 행위가 어리석은 아름다움이다. 사랑에 뒤따르는 좌절과 회의와 공허는 온갖 마음속의 정념에도 아랑곳없이 뼛속까지 사무치는 아픔조차 맛보고도 싶건마는, 진실을 속일 수 없는 믿음 때문에 그만두지 못했건마는 참말이지 겨울밤에 느끼는 외로움이라는 언어는 또한 얼마나 참담한가.

그리운 이여, 너무도 보고 싶은 그리운 이여.

그대 포근한 눈송이가 되어 이 밤 나의 문살을 살짝 두드리시고, 나는 당신을 내 님으로 초롱불 밝히는 해후의 이부자리를 깔지 않으면 안 됩니다. 부디 시린 손, 언 발일랑은 내 이불 속에 넣어 주십시오.

(『수필문학』 천료작품)

3 부

나를 지켜보는 브람스

그때의 물레방아는 지금도 돌고 도는데

경상북도 함양은, 전라북도 덕유산 줄기의 가파르고 험난한 고개로 화적떼들이 민가를 습격하고 강도질하며 늘 넘나들었던 곳이었다. 육십 명이 모여야 무사히 넘을 수 있어 그곳을 육십령 고개라고 하였다. 그 고개에서 남쪽으로 10km 떨어진 함양 안의군에 갔다. 천왕봉에서 서북쪽으로 뻗어 올라오는 전라북도 남원군과 함양군 땅을 갈라놓은 지리산 한 줄기에도 그런 곳이 있는데, 그 고개 언저리 여러 마을들이 천년 넘는 세월 동안에 경상, 전라 잇는 자리 역할을 했지만 도시에서 멀리 떨어져 있어서 썩은 갈치가 함양에 다 모였다고 한다. 너무 멀어서 전라도에서 산 갈치가 함양에 오면서 썩었다고 한다. 그만큼 오지라면 오지라고 할 수 있는 산골 깊은 마을이다.

높은 산이 병풍처럼 둘러싸고 그 산세를 펼쳐 놓은 땅인지라 수많은 골짜기에서 물이 솟아 흐른다. 물줄기를 거두어들이어 내는 험한 산허리 가로지르는 덕유산, 백운산, 지리산에서 비롯했다. 물줄기가 뻗어올라도 만나지는 못하고 허리 부분에 평지가 조금 이루어졌다. 논밭이 15%이고 나머지는 대부분 산지인데, 층계처럼 이루어져 가뭄이 들면 생산이 줄어든다. 그 80% 산지를 이용하여 주로 논농사로 살았다. 그러기에 얼마나 힘들게 생활했는지 충분히 짐작이 간다.

박지원(1737~1805)이, 이곳 함양 안의현감으로 부임하여 5년 동안 머물면서 실학사상을 활용하여 선정을 베풀었다. 몸소 보고 들은 지식이나 기술을 장인들과 백성들에게 전수하였으며 제방을 쌓고 굶은 사람을 규휼하는 등 올바른 치정을 하였다. 이 시기에 우리나라 최초의 물레방아를 만들어서 백성들의 생산증대에 획기적으로 발전시켰다. 그곳 농촌실정에 맞는 농사 이외의 누에치기, 닥나무 재료로 한지, 곶감, 꿀, 목재, 나무그릇을 만들어 경제 활성화를 시켰다.

박지원의 실학사상의 이용후생 실천장인 지리산 줄기 첩첩 산골짜기이 함양의 안의 땅에 가고 싶었는데, 마침 답사할 기회가 있어서 도착해보니, 박지원 흉상이 길 가까이에 있다. 그 길로 조금 높다란 언덕에 오르니 그때의 물레방아는 여전히 물길을 콸콸 쏟아내어 물줄기를 힘차게 계곡 아래로 내리꽂으며 돌아간다.

이 물레방앗간 앞에서 한숨 돌리고 산허리들을 둘러보았다. 빼곡하게 인접하여 서로 보듬고 있는 산줄기들. 나무들은 파란 하늘을 초록가슴에서 뭉게뭉게 품어내고 있다. 그 훈김으로 우리를 맞이하는 듯 사뭇 경건하기까지 하였다. 눈앞 길만 보이고 산줄기도 없는 숲속 마을을 일깨우고 살았을 그때의 사람들. 박지원의 근대사상 위민후생(爲民厚生)이 나에게 다가와서 내 눈을 번득이게 하였다. 단박에 압록강에서 연경, 연경에서 열하, 열하에서 연경으로 1780년 5월부터 10월까지 물방아처럼 돌고 돌아 본 3000페이지라는 어마어마한 기행일지 「열하일기」를 볼 수 밖에 없었다.

전송하느라고 모랫벌에서 있는 이들이 팥알만 해 보인다.

"자네, 길道을 아는가"

수역 홍명복洪命福에게 물었다.

"네? 무슨 말씀이시온지?"

"길이란 알기 어려운 게 아니야. 바로 저편 언덕에 있거든."

"먼저 저 언덕에 오른다는 말씀을 이르시는 겁니까?"

"그런 말이 아니야. 이 강은 바로 저들과 우리 사이에 경계를 만드는 곳일세. 언덕이 아니면 곧 물이란 말이지. 사람의 윤리와 만물의 법칙 또한 저 물가 언덕과 같다네. 길이란 다른 데서 찾을 게 아니라 바로 이 사이에 있는 것이지."

"무슨 뜻인지요?"

"인심은 위태롭고 도심은 은미한 법이지. 서양 사람들은 기하학의 한 획을 변증하면서 선 하나를 가지고 가르쳤다네. 그런데도 그 미세한 부분을 다 변증하지 못해 '빛이 있기도 하고 없기도 한 경계'라고 말했어. 이건 바로, 부처가 말한 '닿지도 떨어져 있지도 않는다'는 그 경지일세. 그러므로 이것과 저것, 그 '사이'에서 존재하는 것은 오직 길을 아는 이라야만 볼 수 있는 법, 옛날 정자산 같은 사람이라야 될걸."

그 사이에 배는 벌써 언덕에 닿았다. 옷감을 짜놓은 듯 촘촘한 갈대 때문에 땅바닥이 보이지 않는다. - (「도강록」 6월 24일에서

'아침부터 내린 보슬비가 종일 오락가락하다'고 날씨까지 기록한 것을 보면 산문의 구체성을 유감없이 발휘했다는 것을 알 수 있다. 당송 팔대가의 고문파가 지배적이었는데 구어체 산문으로 해서 독자들과 직접 만나 사실을 이야기하는 듯 새로운 표현법으로 간략히 구사했다. 당시 성리학, 유학자의 고문파 역사적 사실을 교묘하게 피하면서 현실을 풍자, 비판하였다.

길道이란 무엇인가를 문답법으로 하여, 글쓴이의 도道를 간접적으로

설파했다. 길이란 한쪽에 편협한 데 있는 게 아니라 이것과 저것의 사이에 존재한 것이지만 절충, 타협으로 길이 열리지 않고 인식을 획득하는 것이 어렵고, 이것과 저것 사이에 오직 길을 아는 이라야만 볼 수 있는 법이라며 옛날 정자산처럼 겸손, 공경, 은혜, 의로움을 아는 사람이라고 하였다. 도는 오직 정자산 같은 자신의 마음먹기에 달려있다고 보았다. 당시 위정자들의 허위의식 탁상공론 성리학자들을 의식한 것 같다.

30대 젊은 시절 가난과 우울증에 시달렸다. 그것을 벗어나기 위해 거리로 돌아다니며 사람을 만났다. 밑바닥 인생의 천덕꾸러기 사람들, 건달, 똥장수, 도사, 중, 이야기꾼 등 다양한 사람들에게서 특이한 인생담을 듣고, 보고, 이야기 하며 그들을 관찰, 생각하면서 길거리에서 수레처럼 움직이며 돌고 돌았던 집방아, 길방아, 사람방아들을 만났다.

길 위에서 도를, 가난하면서도 특이한 인간군상들, 변방의 이민족들, 기이한 동물, 저잣거리에서의 사람 만나고 보면서 중국말을 하지 못해도 필담으로 대화하였다. 준엄하게 잘난 체하면서도 떠벌이듯이 아이, 노인, 죄수, 땡땡이중, 장사꾼 등 많은 사람을 만나고 이야기했다.

돌아다니는 와중에 청나라의 가장 볼만한 장관은 깨진 기와조각과 똥부스러기였다. 그 하찮은 것도 지혜롭게 운용하며 알뜰하게 사용하는 걸 보았다. 모든 것을 실제로 응용할 줄 아는 그들의 얼굴, 옷, 인생, 지적 수준, 움직임 등 만나는 사람마다 관찰, 생각하면서 실제의 사실에서 이념을 구해야 한다는 실학사상을 몸소 터득했다.

그러므로 이제 사람들이 오랑캐를 물리치려면 중화의 전해오는 법을 모조리 배워서 먼저 우리나라의 유치한 습속부터 바꿔야 할 것이다.고 보았다. 밭갈기, 누에치기, 그릇 굽기, 풀무불기부터 공업, 상업 등에 이르기까지 모조리 다 배워야 한다. 다른 사람이 열을 배우면 우리는 백을 배워

백성을 이롭게 해야 한다. 우리 백성들이 몽둥이를 만들어두었다가 저들의 견고한 갑옷과 날카로운 무기를 두들길 수 있게 된 다음에야 "중국의 제일 장관을 저 기와 조각에 있고, 저 똥덩어리에 있다."고 장담할 수 있을 것이다. 그러므로 나는 비록 삼류선비이지만 감히 말하리라. "중국의 제일 장관은 저 기와 조각에 있고, 저 똥덩어리에 있다."

- (「일신수필」 7월 15일에서)

청나라 사람들의 실리적이면서 부지런하게 사는 것을 과감하게 받아들이고 탁상공론하는 성리학 자세에서 벗어나 이용후생정신을 가져야 한다고 실학사상을 피력하였다.

수레제도車制의 여러 가지 종류, 방법을 그림을 그리듯 구체적으로 눈으로 보듯, 손으로 만지듯 묘사했다. 이제까지 보지 못했던 그 수레의 사용, 모양을 보여주면서 중국의 모든 일은 실리적으로 간편하게 한다는 것을 자세히 기술하였다. 이 수레 제도를 갈고 닦기 위해 몇 천 년 동안 여러 성인들이 얼마나 고심했는지를 느끼기 때문에 감탄했다. 곡식을 찧고 빻는 일은 두 층으로 된 큰 아륜(톱니바퀴)으로 한다. 고치 켜는 수레 등 헤아릴 수 없이 수레의 종류들이 많다. 박지원은 이런 것들을 몸소 보았다. 거기서 힌트를 얻었기에 물레방아를 우리나라 함양 이곳에 최초로 설치한 것이 아닌가 한다. 박지원이 농공업진흥사회 경제 방안으로 청문물에 관심을 갖는 게 당연하다.

박지원은 신해관에 들여서 옥전현 작은 마을을 지나게 되었다. 그 거리를 돌아다니다가 한 점포에 들려 기이한 문장을 발견하여 주인의 허락을 받아 촛불 아래에서 전진사와 나누어 베껴 썼다. 점주인이 무엇하려고 쓰냐고 물으니 우리나라 사람에게 한번 읽혀 모두 웃게 할 작정이라며 아마 그 글을 읽으면 입안 밥알이 튀어나고 갓끈이 썩은 새끼줄처럼 툭 끊어질 것이라고 하였다. 전진산이 잘못 베낀 탓에 연암이 고쳤다. 글 속에서 '호질'이라는 두 글자를 뽑아 제목으로 삼아 중원의 어지러움이 밝아지는 날을 기다리자고 했다. 이것을 발상으로 해서 소설『호질』이 탄생했다.

> 그리고 나서 숨을 죽이고 가만히 기다리고 있었으나 범은 오래도록 말이 없었다. 이에 진실로 황송하고 진실로 두려워서 손을 마주 잡고 머리를 조아리다가 우러러보니 동방이 밝았고 범은 이미 가버리고 없었다.
>
> 이때 농부가 아침에 김을 매러 나왔다가 물었다.
>
> "선생님은 어찌 이렇게 일찍 들어 나오셔서 절하십니까?"
>
> 북곽 선생은 말했다.
>
> "내가 들은 바로는 하늘이 높으니 감히 엎드리지 않을 수 없으며 땅이 두터우니 기지 않을 수 없다 했느니라."
>
> - (「관내정사」 7월 27일에서)

'아침에 개더니 오후엔 바람이 크게 불고 우레가 있었음, 빗줄기는 야게타에서만 보다 못함'이라고 날씨를 기록한 것을 보면 기행일지를 자세히 쓴 것을 알 수 있다. 청나라의 이야기이지만 당시 우리나라 위정자를 통렬히 비판, 풍자했다. 우리나라 사람이 아닌 중국 사람이라 굳이 밝혀야 할 이유는 당시 유학자의 거센 비난을 모면하기 위한 방편이 아닌가 한다.

박지원의 그 위험한 현실 경지를 빠져나올 수 있는 길을 연, 이 착상이 얼마나 기발한가? 그때 양반의 도학세계에서 상상도 할 수 없는 특이한 소설적 사실주의 기법 산문체이다. 범은 당대 인간문명의 온갖 잔인하고 이기적인 사람을 비유로 해서 표현했다.

가는 곳마다 죄인, 땡땡이중, 자칭 도사 등 수많은 사람을 만나 권위의식도 없이 사실주의 수법으로 그려냈다. 기행이란 사소한 것도 깊이 관찰하면 훌륭한 주제가 성립된다는 것을 보여준 당시에 있을 수 없는 문체로 참신하다.

산문정신으로 인기를 끌자 정조의 문체반정으로 시대의 흐름을 막았다. 이 소설은 새로운 인식으로 사실적으로 표현한 당시의 역사적 현실을 보여주었는데 성리학 유학자들은 순정주의로 돌아가자고 압박하였다. 그 부정적 세계가 300년간 지금까지 물레방아처럼 돌고 돌아왔다.

현재 산문문학의 사실적 부정의 풍자, 해학, 비판이 절실하다. 지금 우리나라 문학세계는 어떤가. 특히 수필계에서는 현실 비판 참여의식의 풍자에서 새로운 인간상, 가치성의 생성의식을 갈구하는 그 작가 정신에 아쉬움이 있다고나 할까? 물레방아소리 들리는 텅빈 방앗간에서 「메밀꽃 필 무렵」 허생원의 말을 듣는 박지원을 연상했다.

> 봉평은 지금이나 그제나 마찬가지나 보이는 곳마다 메밀밭이어서 개울가가 어이없이 하얀 꽃이야. 돌밭에 벗어도 좋을 것을 달이 너무 밝은 까닭에 옷을 벗으러 물방앗간으로 들어가지 않았다. 이상한 일도 많지. 거기서 난데없는 성 서방네 처녀와 마주쳤단 말이네. 봉평서야 제일가는 일색이었지. 팔자에 있었나 부지. …(중략) … 생각하면 기막힌 밤이었어. 난 거꾸러질 때까지 이 길 걷고 저 달 볼 테야.

허생원이 들려주는 달밤 방앗간 사연의 기막힌 이야기에 박지원은 무엇을 생각했을까? 가난한 장돌뱅이의 단 한 번의 처연한 정염이라는 낭만보다는 어떻게 잘 살아갈 수 있을까? 이용후생을 생각했을 것이다. 좀 더 잘 살아보자고 현실에 눈을 뜨라고 할 것 같다. 그리고는 「열녀 함양박씨」의 말을 떠올렸다고나 할까?

> 혈기란 가끔 왕성할 때가 있는데 어찌 과부라고 정욕이 없겠느냐?
>
> 과부는 외롭고 슬픈 사람, 타들어가는 등잔불 빛이 그림자를 위로하는 외로운 밤이면 새벽을 기다리기가 참으로 어렵다. 또 처마 끝에 낙숫물 듣는 소리, 창에 비치는 하얀 달빛, 낙엽이 지는 뜰, 기러기 울고 갈 때 첫닭이 울려면 아직도 멀었는데…. 이런 밤이면 잠을 이루지 못했다.

박지원은 함양의 안의현 열녀 박씨 이야기를 통해 당시 여성의 현실 상황을 교묘하게 비판하였다. 과부가 현재 처해 있는 비극적 아픔을 토로하게 한 뒤에 함양박씨 자살하는 이야기를 제시하여 열녀를 예찬한 것 같지만 그 이면에는 여성의 엄청난 비극상을 암시 풍자한 것이다.

그때의 함양 물레방아는 지금도 좔좔, 콸콸, 쏴악쏴악 돌고 있다. 쉬지 않고 돌고 돌아 그 계곡의 물줄기로 함양사람들은 현재 부지런히 농사짓고, 상공업 의식으로 잘 살아가고 있다.

저 함양 산골의 하늘길, 땅길에서 산빛안개, 물안개가 무럭무럭 날으며 오르며 감싸는 것처럼 그때의 박지원 현실 인식의 물길이 떨어지고 돌고 돌아 우리의 최첨단 길을 뚫고 가라고 재촉하는 것 같다.

위정자의 비극적 이중 거짓, 부정부패의 절망적 가면을 물레방아로 깨끗이 씻어 백성들에게 기쁨의 물길을 터줄 사람은 누구일까? 그때의 물레방아는 지금도 돌고 도는데.

마당 깊은 집의 야夜설경

회색빛 하늘 아래에서 쏟아지는 하얀 빛살무늬의 반사경이 천지를 찬란하게 감싼다. 까맣게 얼룩져 그림자도 숨을 쉬지 못하는 마당 깊은 집의 뜨락. 을씨년스런 바람소리만 간간히 어둠을 감는다. 도시 한 가운데 휘황한 네온사인은 달그림자를 먹어치우고 어둠을 불사르는가. 붉은 형광등 아래 마당은 어둠을 잠재우지 못하고 적막을 사방에 뿌린 듯 너무 적요하다.

나는 토방 밑 마당에 섰다. 하얀 향나무 오엽송이 무섭게 내게 달려들었다. 아, 그것은 흰눈이, 흰 눈이 때리는 거였다. 사정없이 질타하는 거였다.

나는 정원 한 가운데에 들어섰다. 가죽나무 뼈마디 가지 앙상한 채 눈을 맞으며 고고히 서 있다. 제 몸에 하얀 가루를 묻히지 못하고 민살 가지를 떨구고 서 있다.

나는 더 깊은 사잇길로 내려섰다. 하얀 잔디 가운데서 고개를 푸욱 숙이고 서 있는 맨드라미가 퇴색한 감색의 목덜미를 떨구고 있다. 휘어진 고개더미에 눈가루들이 다락다락 붙어서 옴짝달싹하지 못하게 온 몸을 묶인 채 서 있는 그 당당함은 아직도 살아있는 듯 흔들림이 없다.

거북등처럼 흰 갑옷을 입은 사철나무 아래 국화가 목덜미를 하늘에 쳐들고 청승맞게 눈을 먹고 있다. 그 숱한 세월을 견디며 예까지 온 노란 국화, 비록 퇴색한 얼굴이지만 몸이나 꽃은 그대로인 채 곧곧이 서 있다. 저 앙증스럽도록 잔인한 국화, 무엇이 저토록 추운 눈을 박차고 얼굴을 내밀고 있게 하는가.

나는 손으로 꽃의 얼굴을 살짝 쳤다. 그때 우수수 쏟아지는 눈가루. 제 얼굴을 다 감추지 않고 떳떳이 내세우는 견고함에 한 발 물러섰다. 섬뜩했다. 누가 너로 하여금 지금까지 꽃이파리 하나 흩어지지 않고 잔인하게 피워 물게 하였는가. 아직도 얼마 남지 않은 생에 대한 미련때문인가, 아니면 비록 색깔은 변했지만 자기 몸을 그대로 간직하고 싶어서일까? 나는 국화꽃이 엄동설한에 피어 있는 이유를 알 수가 없었다.

내가 살아있다는 게 의문스럽듯이 깊은 골 사잇길에 발을 내딛었다. 여전히 국화는 눈꽃을 맺고 있었다. 그때 바위 밑 풀들이 고스란히 고개를 떨구고 내 발목을 붙잡았다. 너무 차가와 온몸이 오싹했다. 아직 이파리를 거둬들이지 않는 토란잎은 오만상의 얼굴을 찡그리고서 눈 속에 푹 빠져 있다.

눈이, 눈이 내린다. 함박눈이 함박함박 내려온다. 내 몸도 벌써 하얗게 옷을 입었다. 흰옷자락에 묻어나는 도시의 네온사인 빛살들이 붉게, 나를 되묻힌다. 아, 이 빛, 밤에만 빛나는 이 빛을 크게 심호흡하며 한껏 마셨다.

어둠속 하얀빛이 내 몸 안에 가득 고여 소용돌이쳤다. 검은 동백잎이 하얗게 물들었다. 기린 목처럼 드리운 모가지의 오엽송, 코끼리 등으로 눈을 등에 메고 있는 사철나무…. 이것들이 이 밤을 견고히 지키고 있다.

팔손이나무의 꽃무리는 흔적도 없이 흰옷으로 갈아입느라고 부산을 떨고 있다. 너는 가슴골 깊이 페인 마당 속에서 살아가는 이 정원수에 무엇을 주었느냐? 사랑을? 사색을? 아니면 도시의 정원이라는 공간을 제공한 것뿐인가.

깊은 밤, 새벽 4시경 대낮처럼 형광등 옷을 입은 마당 깊은 곳으로 나는 파고 들어갔다. 이것이 바로 지하라면 마당은 하늘인가. 너는 이제까지 살아오면서 무엇이 분노에 떨게 하였는가, 그런 와중에도 왜 그 슬픔을 마당깊이 깊이, 새겨 흔들리게 했는가? 그 뒤 끝에 오는 기쁨도 있었던가?

마당 깊은 집 나무들은 일제히 일어섰다. 옷을 입었다. 거북 옷, 호랑이 옷, 사람들의 옷, 온갖 화려하게 하얀 옷을 입었지만 단풍잎들은 싸리꽃으로 치장하느라고 분주하다. 이 어둠속 하얀 꽃들과 나무들은 밝음이다. 그 밝음은 어둠이라고 한창 생각하고 서 있을 때 갑자기 내 눈앞에 석탑이 나타났다. 오엽송이가 하얀 불탑으로 분장해서 나를 극락정토로 안내하려고 곧게 서 있다. 마음속의 그 부처님을 이제야 만났다. 눈이 밤을 화려하게 장식하듯 너 자신의 마음을 치장하도록 이것들을 보라는 것이다. 초월의 경지로 들어서는 마당. 이것은 나를 있게 한 업경이랄까. 파스칼처럼 자기존재를 사유 인식하는 것이야말로 어둠 속에서 더 빛나는 게 아닐까?

그렇다. 마당 깊은 집에서 모든 사람들이 살아가는 집으로 돌아서도록 눈은 마당을 층층높이 쌓았다. 누구나 똑같이 하얗게 수평적으로 살아가도록 평평하게 말이다. 그것은 하얀 자연의 힘이 우리에게 주시는 지혜이다.

난 차마 눈을 밟지 못하고 한 쪽으로 치우쳐 지문을 감추었다. 내 흔적을 말끔히 씻어버리고 싶었다. 새로이 탄생하는 이 하얀 마당처럼 내 가슴을 한껏 높이면서 살아가리라. (1980년)

부용화

부용산 오리길에 잔디만 푸르러 푸르러
솔밭 사이사이로 회오리 바람 타고
간다는 말 한마디 없이 너는 가고 말았고나
피어나지 못한 채 병든 장미 시들어지고
부용산 봉우리에 하늘만 푸르러

아궁이에 풀무질하면서 무던히도 부른 노래. 그 장단에 따라 풀무를 돌리면서 벼껍질, 톱밥, 나무껍데기를 아궁이 속으로 부지런히 던졌다. 풀무바람을 돌려댈 때마다 아궁이에서 새어나오는 빨간 불빛이 20대 둘째언니의 얼굴에 화사하게 비치었다.

알맞게 홍조빛을 띤 하얀 피부의 살결, 그 모습이 무척 아름답게 보였다. 나도 언니처럼 예뻐 보았으면 하고 동동구루무를 아무도 모르게 발랐는데 그 냄새 때문에 들켜 혼쭐났던 때가 엊그제 같다.

6·25사변 후 잡다한 땔감들. 나무껍질, 솔방울, 잔가지, 나뭇잎들은 그나마 여유 있는 사람들의 것이고 장작은 꿈도 못 꾸던 시절이었다. 겨울철 아궁이 안에서 비치는 불빛은 따스한 난로불이었다. 불길이 타오르

는 와중에 가마솥 뚜껑 사이에서 허연 밥물이 김을 폭폭 풍기면 푸드득 푸드득 밥물이 새어나고, 언니는 이 노래의 리듬에 맞춰 풀무질을 해댔다.

노래가 어떻게나 구성지고 슬프던지 나도 감화되어 열심히 듣고 흥얼거렸다. 아궁이 앞에서 불을 쬐면서 턱을 쳐들고 앉아 있으면 더욱 자지러지게 몇 번 반복해서 불렀던 그 슬픈 언니의 얼굴은 정말로 예뻤다.

언니는 이 노래의 사연도 들려주었다. 어느 날 빨치산 부대 처녀가 토벌대인 경찰, 군인들에게 붙들려 처형당하기 직전 마지막 노래 한 곡조만 부르게 해달라고 소원하여 부르게 했더니, 이 부용산을 애틋하면서도 아름다운 모습으로 잘 불러서 차마 죽일 수가 없었다고 한다. 그때 토벌대들이 다시 한 번 더 불러 보라고 했더니 이번에는 애처로운 처녀의 예쁘기 조차한 생명의 외경스러운 모습 때문에 살려주었다고 하니 어떻게 보면 근거 없는 이야기 같지만 그만큼 전라도 사람들의 심금을 울렸던 노래이다.

까마득히 잊었던 이 노래가 방송을 타고 들려오고 신문, 잡지에 그 노래의 사연이 알려지면서 목포음악회에서 발표까지 했다. 반세기만에 듣는 노래는 가슴을 누르는 애절함이 있다. 그 당시 처절한 민족적 비극으로 말미암아 스스로 가난하다고 하며 조금이라도 기쁘거나 슬프면 눈물을 흘리는 것이 미덕이었다. 슬픈 노래는 마음속의 상처를 정화시키는 카타르시스였다. 연극이나 영화를 보고는 눈이 퉁퉁 부울 정도로 울고서 '재미있다'고 말하는 우리 시대의 아픔이었다.

특히 이 노래는 빨치산들이 자기들의 취향에 맞게 개작해서 부른 애창곡이 되었다. 무용가 최승희 남편 안막의 조카 안상현이 작곡을 하였는데 그도 월북했고 작사자 또한 빨치산으로 갔다는 소문이니 금지곡이 될 수밖에 없었다. 그래도 호남지역 사람들의 구전으로 전해졌다. 벌교로 시집와서 사는 누이동생 영애가 스물네 살의 나이에 폐결핵으로 운명하자 부용산에 묻고 내려오면서 지은 시를 안상현이 애제자이던 소녀의 폐병으로 인한 죽음을 추모곡으로 작곡한 가슴 아픈 노래이다. 중고등학교 다닐 때 소풍을 가면 선생님들은 곧잘 이 노래를 많이 불러 우리들의 심금을 울렸다. 아마도 가난하고 고달픈 6·25사변 시대적 배경 때문에 가슴에 맺힌 멍울을 털어버리고 싶었을 게다.

노래의 제목인 「부용산」의 명칭은 산이 섬세하게 아름답다는 데서 온 뜻이다. 전국적인 산의 분포에서 부용산의 명칭이 많은 것을 보면 아름다움과 연관성이 있다.

옛날 중국 성도成都는 온통 부용화가 만발한 도시였다. 임금님은 꽃이 아름다워 이 근처 40리에 걸쳐서 부용화를 심어 그 꽃으로 마을을 장식함으로 태평성대의 영화를 과시했다. 그래서 미인의 아름다움을 '부용芙蓉의 자태'라고 하여 해당화와 함께 동양의 명화(名花)라고 한다.

이 꽃은 8월말에 피기 시작하여 가을에 걸쳐 일제히 피는데 홍자색, 연분홍, 흰색의 꽃이 탐스럽게 함박 열린다. 꽃잎이 무궁화처럼 각 마디가 어긋나게 마주하였다. 그 꽃잎보다 진한 색깔의 선이 꽃 안에서부터 부채살처럼 뻗친데다가 노란 수술이 다소곳이 뭉쳐 있다. 선명하면서 연약한 잎. 바람만 살짝 스쳐도 팔랑거린다. 일몰이 다가오는 때 연분홍이었던 부용화는 저녁이 되면서 붉으레 상기되어 잠자는 듯한 미녀의 은은한 정취를 풍긴다. 그러면서도 서글픈 분위기를 느끼게 하는 빛깔이다.

내 아래 동생은 오뚝한 콧날, 우윳빛 뺨에 얄팍한 보조개, 하얀 목덜미, 서글서글한 눈매가 참으로 예쁘고 맑은 미소를 가진 열 살의 소녀였다. 우리 집안에 웬 미녀가 있느냐고 보는 사람들마다 찬사를 보냈던 이 애는 양지만 찾아서 놀았다. 위로 언니가 다섯이나 되지만 이 언니 저

언니 다 좋아서 졸졸 따르던 동생이 폐결핵으로 어머니의 젖꼭지를 입에 물고서 빤히 쳐다보다가는 사르르 눈을 감아버리며 잠을 잔, 그 발그레한 뺨의 모습은 부용화의 얼굴빛이었다. 아침에 필 때는 흰색이고 낮에는 연분홍, 오후부터는 저녁나절에 걸쳐서 복숭아빛이 되었다가 시든다는 그 연분홍 빛깔을 취부용醉芙蓉, 즉 잠자는 미녀 부용화라고 하듯이 내 동생의 저세상으로 가는, 잠자는 그 얼굴은 취부용이었다.

50년대 중반에는 많은 사람들이 폐병으로 죽었지만 동족상잔의 그 비극적 후유증이 더 컸다. 살아있는 자들은 부용산보다 더 슬픈 노래를 갈구했을 것이다. 이때 지리산 아흔아홉 골짜기에서 쫓기면서 돌아다니는 어느 빨치산 처녀는 어찌했을까? 맞아서 죽고 굶어서 죽고 얼어서 죽은 빨치산 부대원들. 그 차디찬 흰눈발의 지리산 골짜기에서 빨치산 처녀가 마지막 숨을 거둘 때, 공허한 하늘만 푸르렀을 민족의 비극적 아픔이 새삼스럽다.

낭만적인 이 노래를 부른 빨치산이나 폐병으로 저세상에 먼저 간 젊은 여인의 아픔이나 아니 그보다 더한 전쟁터에서 죽었어야 할 비극적 젊은이들은 모두가 애처로우면서도 아름답다. 더구나 작사자 '박기동'은 80평생을 떠돌이생활을 하다가 호주에 머물고 있다는 그 아픈 사연은 두고라도 50년이 지난 지금 이 노래의 2절을 지었을 때 심정은 어떠했을까?

그리움 강이 되어 내 가슴 맴돌아 흐르고
재를 넘는 석양은 저만치 홀로 섰네
백합일시 그 향기롭던 너의 꿈은 간데없고
돌아서지 못한 채 나 외로이 예 서 있으니
부용산 저 멀리엔 하늘만 푸르러 푸르러

풀무질하던 언니의 따스한 그 손길처럼 가슴 속의 불을 태웠던 검은 재는 이미 없어졌지만, 저 푸르른 하늘을 부용화의 연분홍 빛깔로 채색하며 떠도는 해맑은 구름이 아른거려 내 눈시울이 뜨거워진다. 비극의 꽃은 더 이상 없어야겠다.

괴목, 당신은 살아야 한다

가자, 도청으로!

충장로 일가 입구 오른쪽으로 들어서면, 맨 먼저 우리를 맞이하는 괴목槐木 회화나무. 온몸을 비틀고 비비꼬면서 살아왔던 혹독한 세월, 최루탄가스 속에서 아슬아슬하게도 버티면서 견뎌왔던 그 몸은, 이젠 두 갈래로 뻗어서 겨우 지탱하고 있다. 만신창이 몸을 덕지덕지 붙들어 맨 가마니결이 에워싸서 붙잡고 있다. 모래가 수북이 쌓여 보듬고서 땅바닥에 흘러내리고 있다.

'살려야 한다. 살려야 한다'는 광주시민의 애타는 목소리가 들린 양 바람결이 차갑게 스친다.

잔인한 그 세월의 쓰라린 생명, 죽음을 보고 그 아픔들을 가슴에 박힌 채 지켜만 보고 있었던 괴목 회화나무. 이젠 힘없는 고목으로 아사 직전의 생명을 겨우 유지한 채 서 있다. 두 갈래 큰 가지 사이에 싸늘한 바람결이 푸른 하늘을 휘돌고서 내려앉은 듯 가지가 떨고 있다.

80년대 5월 당시만 해도 그 무서운 학살 현장에서도 싱싱하고 파릇했다. 시민과 젊은이들의 사무친 외침소리를 타고 턱 버티고 서 있었다.

무시무시한 총탄소리, 비행기 소리, 고함소리, 아비규환의 최루탄 소음 뒤의 눈물, 죽음과도 같은 상처투성이들 속에서도 끄떡없이 살아난 신목神木이었다. 홀로 도도했다.

5월마다, 그 여름 내내 땀을 닦으면서 당신 그늘 아래 서 있으면, 그림자로 우리를 살며시 닦아주었다. 잔인한 현장에서 바둥거리며 당신 등허리에 기대어 울부짖으면 침묵으로 감싸주었던 분. 이제는 쇠잔하여 생이 얼마 남지 않은 것 같아 가슴이 저려온다. 그러기에 당신보다 못한 몇 대 손자뻘 되는 한 그루가 옆에 있는구려.

통곡의 세월. 30여 년이 지났어도 그때의 모습이 생생하기만 하다. 왜 그럴까? 그 젊은이의 외치는 소리. 시민들의 부르짖음, 총살에 희생된 그들, 무명의 희생자? 아니다. 그때의 비극이 완전히 사라지지 않은, 알 수 없는 무엇이 압박한 것처럼 답답하기만 한 느낌이랄까. 그래서 회화나무 가지의 마디에 옹이가 박혀 볼거져 있다. 그것도 몸통은 감싸서 보이지 않고 두 갈래로 뻗어난 가지에서이다.

이 회화나무 목숨을 힘겹게 지탱하듯이 이곳 사람들은 먹고 살기에 바쁘다. 30여 년 세월 동안 우리가 살기에는 고달팠다. 그 세월에 민주화를 외치면서 스러져간 젊은 생명들의 눈물, 한숨소리가 핏빛 분수로 쏟아져 산자들의 가슴을 때렸다. 얼마나 많은 질책과 아픔의 세월이었던가. 그것이 옹이로 박혀 볼거진 마디마디는 선명하게 돋아나 있다.

이 나무는 세상을 바꾸는 나무란다. 그래서 벼슬아치들이 있는 곳, 관공서나 서원, 마을 입구, 과거를 보러 가거나 합격한 경우 이 나무를 심었다.

30여 년이 지난 지금에 와서 그런 회화나무는, 삶은 개미집 위에서 살아온 것에 불과하다는 것을 말한 것 같다. 5·18 가해자, 그들은 처절한 권력의 무상을 알까? 민주화를 부르짖은 그들의 아름다운 꿈은 살아있을까. 인간의 운명, 숙명이란 아무 것도 아니다. 세월이 흐르면 한 가락 스쳐가는 바람에 불과하다.

햇살도 비켜선 3월의 바람결에 그 많은 사람들이 보이지 않고 듬성듬성 무심히 지나간다. 한낮 회화나무만 그 자리에 시들어진 몸을 겨우 붙들고 숨을 헐떡인 양 가지 끝이 흔들린다. 하늘이 파랗다. 통곡의 소리가 너울거린다. 어떻게든지 살아날 것이라는 그 의지력인 양하여 내 가슴으로 안아본다. 차가웁다. 옛사람들은 이 나무가 학자의 기상처럼 뻗었다고 해서 학자수(學者樹), 관직을 비유했는데 지금의 위정자, 관리들은 이 나무처럼 나랏일에 최선을 다하고 있는가.

옛도청 앞 분수대 그리고 이 회화나무는 자존심을 지키고 있다. 5·18 영령들, 아니 민주화 투쟁의 아픔을 보고 엄숙하게 인내하신 그 의기의 경건한 모습으로 서 있다.

그러나 지금 우리를 질타하는 것 같다. 깨어나라. 현실을 똑 바로 직시하라는 그 뜻. 비록 쇠잔한 몸이지만 말없는, 행동 없는 노병이 우리를 다독이는 것처럼 외경스럽다.

회화나무는 "나를 보라. 난 아직 죽지 않았다. 인생무상 일장춘몽은 도리에 어긋난 헛된 꿈에서 온 것이다." 라고 말하는 것 같아 보기가 부끄러웠다.

회화나무, 당신의 꿈은 살아있다. 정직하다. 그러기에 당신의 몸 한 가지라도 살려내야 한다. 아니 살아야 한다. 가지가 바람결에 부러지더라도 그대로 살아야 한다. 후대 후대까지 영원히 살아야 한다고 회화나뭇가지가 잔바람 결에도 흔들거린다.

초가을이 오는 언덕길에

인간이란 종이요, 감옥문을 열고 도망갈 권리가 없다고 하듯이, 인간은 삶이라는 감옥문을 열고 도망갈 권리가 없이 지구라는 땅덩이에서 쳇바퀴 돌듯이 살아간다.

윤회전생 무에서 유로, 유에서 무로 이어지는 만우주의 철칙은 자연의 힘이요, 자연의 아름다움이다. 이것을 느낄 수 있는 계절은 가을이다.

가을, 가을만 되면 난 언제나 돌아가신 친정어머님이 그리워진다.

무명저고리에 검정바지를 입으시고 늘 눈언저리는 7남매의 끼니 걱정 때문에 충혈되어 있었다. "엄마 눈은 왜 빨갛지?" 뜻 없이 말했던 어린 시절. 배고픔을 메꾸어 주는 것이 그저 좋았다.

긴 한숨을 드리고도 못다한 아픔 같은 것이 초가을만 되면 어머니는 내 가슴에 와 닿았다. 피곤에 지쳐서 푹 쓰러지듯이 방안에 누워버리시고는 잠이 들었다.

생명의 연속을 이어주는 것은 운명이 버린 찌꺼기에 불과하다고 한다. 그래서 인생은 무의미하다. 내가 지금 먹고 자고 느끼고 계획하고 노동하고, 사랑하고, 공부하고 이야기하는 모든 활동은 끝에 가서는 아무 것도 아니다.

그런 수많은 세월을, 생명을 이어온 인간들은 어디로 갔을까? 만약, 한줌의 재로, 흙으로 변하지 않았다면 우리가 설 자리는 없을 것이다. 인간의 존엄성은 상실된 채로, 과거, 현재, 미래라는 시간이 없어졌을 것이다.

봄, 여름, 가을, 겨울이 오고가고, 숱한 세월을 지웠다 그려내는 시간들이 우리 주위에서 변하지 않고 따라왔다. 공간과 배경을 만들어 주고 우리를 변화시킨다. 가장 큰 변화는 늙어서 저 세상으로 가는 과정의 길이다. 죽음의 한 지점으로 가기 위하여, 삶과 죽음을 공존시켜 깨끗한 물방울을 만들어내는 우리의 아름다운 영혼이다. 이 영혼은 우리 어머님들의 생을 향한 순수한 발로에 기인한다.

나의 어머님이 계신 선영은 망월동 언덕이다. 전망이 트이고 잔디가 넓게 깔려 있는 아름드리 소나무 우거진, 외로운 산언덕이다.

선영으로 들어서는 길에 나를 반갑게 맞아주는 작은 냇가 위에 다리가 있다. 그곳의 난간에 기댄 채 한참 동안 서 있으면, 바람과 언덕들의 심호흡이 내 이마를 스치며 갑자기 불러지는 어머니.

이산 저산 봉우리에 맺혀진 하얀 구름들은 가슴에서 뭉클뭉클 터져 나오는 물줄기 같은 것이 있다. 심연의 바닥을 헤이는 방황 같은 방황들이 이제는 사십대라는 나이로 견디어 낼 수 없는 향수 같은 것이 엄습해 온다.

지금은 도로로 변한 후미진 구릉에 어머님은 온갖 채소와 곡식을 심으셨다. 김을 매거나 무엇을 심으실 때마다의 조그마한 언덕에 이름 모를 열매를 내 입에 넣어 주셨다. 무명꽃망울, 산딸기, 까만 포도송이 같은 것들. 땀을 흘리시며 부지런히 손놀림하시면, 난 먹을 것부터 찾았다.

남의 배추밭에서 배추 속 따서 먹고, 무는 입으로 갉아내어 먹었다.

그때가 6·25 직후였기 때문에 먹고 사는 게 힘들었다. 간식이 없어서 이런 것들이 우리에게 알맞았다. 밭에만 가면 배가 불렀다.

이곳은 나의 고향이다. 고향에서 자랐고, 현재도 살고 있지만, 참다운 나의 고향은 어머님을 찾는 이 야산에 가는 좁은 길과 구릉이다.

황톳길로 온갖 푸성귀, 깻잎, 고추, 콩, 감자, 배추들이 있고, 봄에는 보리가 고개를 내밀었다. 이 길은 어머님의 정성이 서려 있어서 애착이 간다.

아직은 설익은 콩을 따서 깡통에 구워 먹다가 머릿카락을 태웠던 일, 덜 자란 고구마를 생으로 먹다가 들켰을 때 어머님은 화난 얼굴을 하셨다가 그만 웃어버렸다.

발길의 흙은 어머니의 과거를 밟고 지나신 실체와 같다. 어머니께 한 잔인한 악덕인의 못된 회의를 묻고 싶어서 한발 한발 내딛었다. 이슬 묻은 풀벌레들의 울음소리 뒤로하고 차갑게 스치는 한기는, 점점 더해가는 어둠을 밝히지 못하는 나의 희미한 생명으로 뭔가 모르게 후회가 스민다.

나를 불완전으로 만든 이 짧은 시간은 오점 투성이지만, 시간을 매달 줄 아는 나그네의 여유 있는 웃음으로 걷고자 했다. 그러나 눈물만 앞섰다. 뭔가 모르게 부족하고 못난 사람으로 어리석기조차 하여 부끄럽다.

어머니! 당신만은 하늘도 나를 바라보듯이, 들녘의 나무들도 나를 바라보듯이 어머님은 이름 없는 풀꽃으로 나를 찾으셨다. 이 길은 바람에 쓸쓸했다.

우리는 혼자이다. 누구나가 혼자이다. 이 언덕길에선 언제나 혼자이다.

내 정신이 잠들어 있거나, 깨어 있거나, 나를 이끌어 주고 채찍질하는 것은 나 자신이다. 그리고 홀로서 나에 이르는 절대자란 바로 '어머니'라는 부름의 음성이다.

어머니는 무엇을 가르쳐 주고, 무엇을 도와주는 것보다는 '어머니'라는 음성으로만 불러주어도 무엇을 풀어주는 편안함이 있다. 무엇인가를 해결하여 줄 수도 있는 여유가 있는 보통명사로 세상 사람들이 공유하는, 우러러 보는 경계선이 없는 것이 '어머니'이다.

사람들은 슬프거나 기뻐도 어머니. 괴롭거나 즐거워도 어머니. 무서워도 어머니. 아파도 어머니. 마지막 죽음을 앞두고도 어머니라고 부른다. 어머니를 불러봄으로 위안을 삼는다.

정오의 가을 하늘이 파랗다. 하얗게 나풀거리는 구름사이에 어머니의 얼굴이 보인다. 어머니를 부른다. 왼쪽으로 굽이쳐 계곡에 이르면 물이 고여 있다. 어머님이 즐겨 부르시던 밤 타령이 들린다. 나에게 주신 인내와 성실의 주머니와 일을 항상 손에 가지고 계셨다. 저녁에는 다듬이질, 바느질, 낮에는 장사를, 하루에 두 세 시간만 주무신 것 같다.

일제 말 너덧 살 적인 때, 아버지께서는 징용으로 끌려 가셔서 생사도 몰랐다. 위로 언니 넷은 어머니와 함께 호구지책을 위하여 행상 나가셨고, 난 남동생과 같이 하루 종일 양지에 앉아 있었다. 햇살이 비치는 큰 가마솥 위에 있으면 방보다 따뜻해서 좋았다.

해가 가물가물 넘어갈 때면 무서웠다. 먼저 배가 제일 고팠고, 빨갛게 물들이는 황혼녘은 더구나 무서웠다. 그저 울기만 했지 무엇을 찾아 먹을 줄도 몰랐다. 싸늘한 공기는 우리를 공포에 떨게 하였다. 울다 울다가 지쳐서 울지도 못하고 있을 때, 갑자기 나타난 어머니. 손에 든 삶은 고구마만이 반가웠다.

그때도 오늘처럼 초가을이었다. 까맣게 부릅튼 손마디로 쥐어주신 먹을 것. 갑자기 힘이 솟아 세상이 환해졌다. 언니들의 새파랗게 떨던 그 얼굴의 발걸음을 알겠다. 일본 헌병들의 고함소리. 한국 사람이 장사한다고 빰을 칠 때 난 마루 밑에 숨었다. 얼굴이 화끈 달아오른 채 어머니는 날 찾았지만 무서워 밖으로 나오지 못했다. "아가 어디 있냐." 나를 찾으시는 목소리를 듣고서도 숨어 있었다.

누구에게나 어머님은 위대하시고 자랑스럽다. 자식을 사랑한다는 것은 어머니의 절대적인 소명이며 조건이다. 나의 어머니는 긴긴 여름의 고통을 이겨내시고 결실을 맺으려는 초가을 같으셨다. 아직은 미완성으로 생의 절정을 신음하시면서도 호구지책에 심혈을 기울이셨다.

계곡을 가로지르는 막다른 언덕에 어머님이 계신다. 산딸기가 말랐고, 까치밥 열매가 유난스레 돋보인다. 풀꽃 잎들, 보라꽃만이 한가롭게 앉아 있다.

밥 한 그릇 못다 채우시고 남기면 우리는 쏜살같이 먹어치웠다. 칠남매 중 셋째 딸만 못 가르치시고 다 가르치셨다. 머리카락이 빠져서 햇살이 뜨겁게 비치면 수건으로 머리를 감싸시며 아직은 다 이루지 못한 일들이 많은데 갑자기 63세에 타계하셨다.

그때는 저승으로 가셨다는 슬픔으로 마음이 아팠는데, 지금은 인생무상이라고 생각하는 것보다는 세상은, 사람은 그냥 그대로 존재하는 것이라는 느낌이다.

잔디 속에서 개미들이 부지런히 움직인다. 우리도 개미와 같은 것. 삶이라는 감옥 문을 열지 못하고, 한줌의 부토로 흙속에 스미는 액체가 인간의 마지막 모습이라면 우리는 아무런 권리가 없는 미물이다고 생각하고 있을 때, 하얀 하늘 아래 오전 11시. 새도 이상한 정적에 놀란 듯 소리가 없다. 어쩌면 나를 비웃는 듯.

너는 아직도 더 살고 싶은 날이 많다고 보느냐? 아직도 젊음과 용기와 능력이 있느냐? 그렇다면 너는 지금 무엇을 위하여 삶을 움직이느냐?

이 허허로운 벌판에서 자기의 소임을 다하고 있는 모든 생물체들. 쉬지 않고 움직이고 있다. 자기에게 주어진 운명대로, 그 운명을 뚫고 지나려는 초가을 같은 어머니. 바로 이것이 나에게 삶의 의무를 다 하도록 한다. (1985.)

30년 넘게 나를 사랑한 그녀

나는 이런 모순에 사로잡힌다. 나는 그 사람을 누구보다도 잘 알고 있고, 또 그에게 그 사실을 의기양양하게 시위한다. "난 당신을 잘 알아요. 나만큼 당신을 잘 아는 사람도 없을 걸요." 그러면서도 나는 그 사람의 마음을 꿰뚫어 볼 수도, 찾아낼 수도, 다를 수도 없다는 명백한 사실에 부딪히게 된다. 나는 그 사람 가슴속 열어젖혀 그의 근원까지 거슬러 올라갈 수도 없는 것이다. 그는 어디서 온 사람일까? 그는 누구일까? 나는 기진맥진해진다. 나는 그것을 결코 알지 못할 것이다. 1) 하지만, 나는 사랑을 안다. 그녀와 나의 사랑만큼은 아름답다.

오늘도 그녀는 내 옆에서 떠날 줄 모른다. 나를 맹목적으로 사랑한다. 그 이유를 알 수 없는 나는 내 감정의 불꽃을 연소시키는 바람을 찾는다. 바람, 바람. 바람과의 만남으로 해서 진리란 무엇인가. 사람과의 사랑, 눈물, 이별, 정념, 조화, 절망, 희망 그 순수에 숨어 있는 참진실은 마법과 같은 것이어서 달콤하면서도 쓰디쓰고, 슬프면서도 기쁘고, 괴로우면서도 즐겁고, 고뇌의 정념에 싸인 것이었다. 그때마다 나를 떠나지

---

1) 롤랑바르트작 김희영 옮김 「사랑의 단상」

않는 그녀다.

그러기에 나는 그녀를 더욱 사랑하였다. 내 마음을 부자로 만들고 소박한 평화와 행복을 주었다. 현실에서 온갖 모순을 물들이고 죄악으로 더욱 아프게 하는 낮과 밤의 이중적인 만남이며 아픔이며 이별이며 꽃이며 열매이며 죽음이 눈앞에 있었다. 죽음의 피를 축적하는 결실의 과일을 녹여서 땅속 깊이 물들이는 탄식의 물이었다. 그럴 때마다 그녀는 내게서 한 번도 벗어난 적이 없다. 30년 이상을 한결같이 비가 오나 눈이 오나 바람이 불거나 뜨겁거나 상관하지 않고 오직 내 곁에만 있었다.

그녀는 나의 눈물과 환희, 긍정과 부정, 절망과 희망 온갖 희로애락을 함께 다하면서 살았다. 이제는 내가 떠나라고 해도 떠날 수 없을 정도로 쇠약하여 쭈그렁망탱이가 되어 고개를 좌우로 흐물거린다. 나는 그녀의 손길에서 한 번도 떠난 적이 없으며 그녀 역시 나의 손길에서 벗어난 적이 없었다.

그녀와 내가 인연을 맺은 건 내 사랑하는 막둥이 동생 때문이었다. 튼튼하고 짱짱한 그녀를 만나서 좀 편하게 살아보라고 동생은 나에게 그녀를 소개시켜 함께 살게 했다.

내 앞에 나타난 그녀는 참 예뻤다. 앞으로 보나 뒤로 보나 어디로 보거나 원만하였다. 내 분수에 딱 알맞은 그녀였다. 키가 크지도 않고 작지도 않은, 품으면 내 가슴에 다소곳이 안긴다. 팔짱을 끼면 아담한 몸짓으로 뿌리치지 않고 소롯이 떨어져 나간다. 그래도 내가 잡으면 적당한 거리의 내 허리에 달랑달랑 붙었다가 일정한 거리를 두고 걷는 운율가락의 밀착형이랄까?

까무잡잡한 갈색 바탕에 하얀 마름모형 얼굴로 지긋이 나를 바라본다. 그 귀여운 얼굴에 내 볼을 부비며 “어쩌다가 너를 만났다냐?” 하며 가슴에 꼬옥 안았다. 내 교양과 품위에 결코 뒤지지 않으며 가까이 벗하기에는 안성맞춤이었다.

권모술수에 능란한 웅변도 없다. 침묵 속에서 그윽한 눈빛으로, 낭낭한 목소리로 조용히 속삭이는 숨결. 그 기운만으로도 세상을 아름답게 하는 힘인 것 같았다. 사랑을 하는 것은 즐겁지만 사랑을 받는 것은 즐겁지 않다고 아리스토텔레스는 말했지만, 사랑하는 것은 현명한 어머니이고 사랑을 받는 것은 세상을 살아가는 법열法悅로써 자기를 정화시키는 달콤한 환희라는 것을 알았다.

사랑. 얼마나 아름다운가. 그녀는 내게 사랑을 주기만 했지 결코 자기가 준만큼 받으려고 하지 않았다. 그녀는 마음의 여유가 있었다. 주머니를 많이 달고 다녔다. 나의 귀중한 물건을 넣고 싶다면 불평 한 마디 없이 금고처럼 고이 간직하고 채워준다. 항상 내가 원하는 대로 다 받아주는 것이었다.

늘 내 곁에 단정한 몸짓으로 있었다. 그런데다가 정직하여 거짓말 한 마디 한 적도 없었다. 욕심도 부리지 않는다. 내가 주는 대로 받아먹고, 나머지를 간직하라면 제 몸에 빽빽이 챙긴다. 없으면 없는 대로 빈 마음으로 내가 준 것만 품속에 넣고는 문을 꽉 닫는다. 그 옆방에 메모장, 수첩, 은행통장, 화장품들이 고이 모셔져 얌전히 앉아 있다. 또 아랫방에 두 줄의 큰 창고와 작은 창고가 있다. 작은 창고에는 명함, 영수증 간직하고 큰 창고에는 볼펜, 작은 책들이 앉아 있다. 이 검은 가죽의 허리둘레를 지퍼가 지나가면 아무 말 없이 공손히 받아들이고 입을 꽉 다문다. 그녀는 조건 없이 나를 따랐다. 그런데 그녀가 나를 왜 사랑하는지 아직까지 모른다. 내가 사랑을 주지 않아도 말없이, 나를 믿고서 지켜만 주는 내 사랑아. 책을 읽거나 글을 쓰거나 정리한 원고를 내 옆에 있다가 두 손 모아 착 달라붙어 내 명령에 움직이는 당신같은 여인이 어디에 있겠는가.

나와 고락을 같이하는 이 벗을 어찌 잊겠는가. 그런데 사람들은 헤어질 때가 되었으니 과감히 이별해야 한다고 한다. 심지어 내 막내 동생조차 명품에 알맞은 교양 있는 새 여인을 내게 보냈지만 오직 한 사람만 사랑하겠노라 하였다.

이 세상에서 이렇게, 정직하게 나를 따르는, 아름다운 미덕을 가진, 선한 사람을 만나기가 어려웠다. 한번 맺은 인연. 30여 년을 같이한 사랑을 쉽게 저버리지 않는 그녀의 정성을 보고 요즈음 사람들은 웃는다, 지금 시대가 어떤 때라고. 너무 늙었으니 스스로 물러나게 하라고 야단한다. 그러나 나는 이 가방을 내 옆에 두고 사랑하리라. 영원히 함께하리라.

시바와 우마처럼

인도 신화이다. 위대한 신 시바는 깊은 생각에 잠겨 성산(聖山) 히말라야에 앉아 있었다. 그의 몸은 온통 재투성이었고 머리카락과 길게 자란 녹색 수염은 텁수룩하고 지저분했다. 그는 허리에 호랑이 가죽을 두르고, 어깨에는 털이 수북한 사자 가죽을 걸쳤다. 그는 미동도 하지 않고 침묵 속에서 시간이 가는 줄도 모르고 여러 날을 그곳에 앉아 있었다.

그의 주위에는 아름다운 숲이 솟아오르고 키 큰 나무들의 꼭대기는 햇빛에 눈부시게 반짝였다. 숲속 깊은 곳에서는 수많은 꽃들이 아름답고 화사하게 피어 있고 새들이 지저귀며 날아다니고 벌들은 쉬지 않고 윙윙거리며 꿀을 찾아다니고 있었다. 공중에는 백단나무의 향기가 나무 사이로 살짝살짝 엿보였다. 웅장한 음악소리도 어디선가 들려왔다. 그러나 위대한 시바는 아무것도 보지 않고 아무 소리도 들리지 않는 듯 무슨 생각인지 골똘히 몰두한 채 모든 행동을 안으로 깊이 침잠시키고 있었다. 주위 풍경에는 신경을 다 끊고 오로지 명상에만 몰입해 있는 것이다.

그런데 그 모든 기분 좋은 숲속의 소리들 사이로 또 다른 소리가 들려왔다. 숲의 요정들은 춤을 멈추고 고개를 쑥 빼고 그 소리에 귀를 기울였다. 새들은 날갯짓을 멈추고 벌들도 윙윙거리기를 멈추었다. 시바를 제외한 모두가 그 소리에 귀를 기울였다. 그것은 가볍고 경쾌하게 산비탈을 올라오는 발걸음 소리였다. 뒤이어 눈부신 햇살 속에 아름다운 여자의 모습이 나타났다. 비록 옷차림은 낡고 지저분했지만 눈부시게 아름다움은 햇살이 숲속을 더욱 환하게 빛내는 것 같았다. 그녀는 시바의 아내인 우마인데 성스러운 히말라야산의 딸이었다. 그녀는 팔에 성수가 든 항아리를 들고 있었고 자매들과 시녀들이 마치 유령처럼 아무런 소리도 내지 않고 뒤따르고 있었다.

우마는 남편을 보고 활짝 웃으며 얼른 그에게 달려갔다. 그러나 시바는 움직이거나 말을 건네기는커녕 아내가 아름다운 자태를 뽐내며 곁에 와 서 있다는 사실조차 깨닫지 못하고 있었다. 우마는 남편의 등 뒤로 돌아가 백옥같이 하얀 두 손으로 남편의 눈을 가렸다.

그러자마자 환히 빛나던 태양이 갑자기 사그라들고 공기는 싸늘해졌으며 사방이 죽음과 같은 정적에 휩싸였다. 요정들과 새들, 곤충들은 두려움에 떨며 몸을 숨겼다. 마치 지상의 모든 것들이 죽은 듯 기절한 것 같았다.

그 숲 속의 소리, 발걸음소리, 햇살속 아름다운 여인은 숲속을 환하게 빛내는 것이었다. 우마는, 아내가 있는 줄도 모르고 명상에 잠겨있는 남편의 두 눈을 가린다. 그러자 환하게 빛나던 태양이 사라지고 죽음과 같은 정적에 모든 것들이 죽은 것만 같았다.

나는 한낮인 지금 양림동 푸른길 숲속 벤취에 앉아서 이런 것을 상상하고 있다. 여기저기 사람들이 걸어가고 건너편 대로에는 차들이 질주하는 곳, 히말라야에 앉아있는 위대한 신 시바처럼 침묵 속 명상에 잠긴 듯, 도시 속 푸른 길 벤취의 환상 속에 앉아 있다. 동굴같은 푸른 숲 길을 뚫고서 사람들은 걸어가고 햇살과 바람은 이것들과 속삭이느라고 바쁘게 이곳저곳에 돌아다니며 비추고 애무한다.

구멍을 뚫고 휘덮인 큰 나무들이 길을 비켜주고, 예쁜 꽃들이 요소요소에 피워 물고 사람들이 명상에 잠기게 한다. 흡사 시바가 히말라야에 앉아 지상의 숲속 환상 세계에 앉아있는 듯하였다.

나는 시바의 아내 우마처럼 남편의 눈을 가렸다. 강렬한 섬광이 온몸을 내비치어 세 번째 눈이 생기어 나를, 나를 똑바로 쳐다보는 것 같았다. 게다가 새빨갛게 타오르는 눈길, 늘상 묵상에 잠긴 것처럼 말 없던 그이는 순식간에 나를 불태워, 세상이 환하게 빛나는 듯했더라면….

여기저기 햇살이 숲속을 뚫고 들어와 새소리, 구름소리, 하늘소리로 내게 속삭였다. 그 강렬한 빛은 나에게 생명의식을 주었다. 빵빵 울려대는 저 쇳소리 소음도 생소하게 들렸다. 살아야겠다. 살아야 한다. 내 가슴을 자극한다.

자꾸만 숨소리가 거칠어져가는 그이를 시바의 왕처럼 명상에 잠기도록 휠체어로 그이를 데리고 푸른 길 숲속으로 가야겠다. 그리고 우마처럼 아름다움을 가꾸어야겠다. 그래야만이 퇴색되어가는 나도 사랑을 받으리라. 푸른 나무처럼 소생하는 힘, 그 힘이 그이에게 옮겨져 건강을 찾게 하리라.

시들어져가는 숲속의 작은 꽃들처럼 내 조그마한 미의식의 꽃길과 같은, 이 꽃길을 그이와 함께 항상 찾으리라. 시바의 사색하는 탐미정신을 깊숙히 젖어보고 싶어 푸른 길속에서 오늘도 휠체어와 함께 걷고 싶다.

팽목항 맹골수도의 아버지

누구를 탓할 게 아니다. 우리를 탓해야 한다. 우리 자신을 보아야 한다고들 말한다. 그러나 이런 말은 낭만이다. 일인칭 주체 '우리'가 아니라 '너, 당신'을 탓해야 한다. 그 개인적인 학살자가 분명히 존재한다고 생각하면서 이곳까지 단숨에 대절택시를 타고 왔다.

차에서 내리자마자 유가족 천막으로 갔다. 시간과 공간의 낯선 세계에 온 꿈속과 같았다. 방문자들을 외면하는 저 아버지, 어머니. 널브러진 이부자리, 물건들이 흩어져 있는 채 어수선했다.

더는 있지 못하고 밖으로 나왔다. 이슬비가 날아들어 물안개들만 온 바다를 덧씌워 어둑어둑하다. 갑자기 검은 안개가 후비친다. 맹골수도 파도가 천지를 단단히 휘덮치고서 흐물거렸다. 그곳의 도깨비들이 바다 위에서 걸어 이곳으로 온 양 물안개 그림자만 너울대는 귀신같았다.

사람들의 음울한 표정이 나를 질식시켜 한 동안 서 있었다. 그때 갑자기 안개의 칼이 온몸을 샅샅이 도려내고 갉아대어도 바닷물은 칼자루를 쥐고서 오그라들고 펴졌다하는 망나니의 춤처럼 또 물칼을 댄다. 그래도 구조선들은 아이들의 흔적이 없는 파돗길에서 이리저리 돌아다니고, 작은 섬은 얼굴도 다 내밀지 못하고 몸만 겨우 지탱하느라고 흔적만 가물거렸다. 바다는 그곳 파도를 붙잡는다. 맹골은 말하지 않는 섬만 무수히 때려댄다. 섬은 매만 맞고 있다.

오후 두 시인데도 너무 어두웠다. 그 생때같은 생명들이 구름 속에서 곧장 튀어 내려와 이곳에서 떠나라고 나를 밀치는 것 같아 아찔했다.

그때도 그랬다. 34년 전 광주 5·18 희생자가 잠들어 있는 망월동 묘지에서였다. 공포에 질려 사람들이 선뜻 찾아오지 못하는 그곳으로 덜덜 떨면서 들어섰을 때, 파랗게 돋아난 묏등허리의 잔디가 내 가슴을 콕콕 쑤셔대었다. 햇살은 창창히 빛나고 잔바람만 통곡의 쉰소리를 자지러지게 쏟아내고 새 소리만 점점이 찍어대었다. 적막으로 짓눌리는 압박감에 숨이 멈추었다. 아니 살아있는 자들의, 원한의 눈물에 짓뭉개어진 풀잎들이 녹아서 누워있는 것 같았다.

묏등들 사이에서 두런거리는 사람의 목소리가 들려와 깜짝 놀랐다. 대여섯 어머니들이 묏등허리를 어루만지면서 울고 있었다. 울음이 자지러지게 쏟아졌다가 멈추곤 하더니 말들을 했다. 울음과 말문이 막힐 때까지 기다렸다가 그녀들과 이야기를 하였다. 내가 직접 본 것보다 더 무서운 소문, 유언비어라고 체포하겠다던 것 사실이라는 것을 나는 듣고 자지러지게 놀랬다. 두려웠다. 권력이란 그렇게 잔인한 것인가. 언론의 앵무새, 권력에 억눌린 음흉스러운 눈빛으로 입술을 뱀처럼 날름거리는 것처럼 보였다.

나는 민주인사 그리고 청년의, 주검의 비극을 도청 앞에서 노제를 올릴 때마다 보았다. 그리고 망월동 묘지까지 따랐다. 어느 청년이 5·18 후유증으로 죽어 묘지에 안장했을 때, 50대쯤 보이는 허름한 아버지는 하늘에 대고 큰소리로 질렀다.

"하느님! 하느님! 내 새끼 죽인 놈! 죽여주시요!"

처연하게 소리를 지르면서 엎드려 울다가 앉고, 앉았다가 서서 하늘에 대고 고함을 지르는 그 아버지의 절규가 내 가슴을 때렸다. 돌덩이가 철렁 박히어 숨을 쉴 수 없을 정도였다. 그때의 묘지를 감싸 안은 절규, 통곡이 지금 귀에 생생하다.

5·18 참상으로 병상생활을 하다가 죽은 젊은이의 도청 앞 노제에서 그의 어머니는 상여를 부여안고서,

"병신이라도! 병신이라도! 살아만 있으면…. 병신이라도 살기만, 병신이라도 살기만…."

망월동 묘지까지 목이 쉬어 소리가 가늘어질 때까지 울면서 소리를 질렀다. 아들의 아픔을 토하는 어머니의 질린 목소리였다. 그의 아버지는 울지도 못하고 휘청 휘청 걷기만 했다. 그 뒤를 따르는 시민, 학생들 눈물을 흘릴 때 젊은 상투군 요령의 방울소리만 처량히 울려대었다.

광주시민과 학생들, 시골 사람들, 두 눈으로 똑똑히 보았다.

금남로에서, 중앙로에서, 신역광장에서, 도청에서, 광주천변에서, 대학교 앞에서…. 젊은이들을 무조건 구타, 총질. 무서워 도망가는 젊은이가 잡힐 때까지 뒤따라가서 총질했다. 잔인한 살육 현장의 중무장한 군인들을 보고 미처 버렸던 시민들, 그 처참한 붉은 피를 목격하고서 공포에 떨면서 한잠을 이루지 못했던 날들. 억울하여 분노의 소리를 제대로 내지 못하고 무등산까지 올라가서 소리소리 지르니 가슴이 덜 아프다고들 했다.

- 80년대 민주화 과정에 희생당하거나 스스로 목숨을 버린 그 숱한 젊은이의 생명, 분노를 타고 전국 대학생, 민중의 눈물이 마를 날이 없이, 죽어서 도청을 지나 망월동 묘지까지 왔다. 그때 정의를 찾고자 하

는 대학생들, 시민들 묘지에 와서 주검을 보고서 숙연히 앉아 하늘만 보았다.

그 젊은이들의 속울음소리를 들었다. 질곡으로 젊은 가슴에 못이 박힌 한숨소리가 뜨겁게 들려왔다. 망월동 묘지에 와야만 응어리를 녹였을 20대초 젊은이들, 그 희생자. 흙속에 누워있는 그들을 보고 망연자실했다. 눈물도 멈추고, 언어도 없었다. 젊은 청춘 의기로 분통의 눈물도 사치에 불과했다고나 할까.

- 90년대까지 전국의 대학생과 민중들의 투쟁과 상처로 끈질기게 추구하여 민주주의 정석을 쌓았다고 학살자들을 잊으려 했다.

그때의 젊은이가, 젊은이가 지금의 50대 아버지가, 어머니가 되었다.

- 90년대 젊은이가, 40대 어머니가 되었다.

치열하게 투쟁한 민주화 정착으로 해서 부지런히 살아온 아버지. 그때의 젊은이처럼 거짓을 모르고, 착하게 자라온 아들, 딸들이 아버지 같을 거라고 어른을 믿었다.

그 악마가 하라는 대로 위기를 탈출할 준비를 하고, 기다렸다.

그런데 그 아이들이 갑자기 타살당했다. 바닷물로 참살당하는 게 아니라 바다에 숨어있는 그 그림자 기층세력의 질긴 물뿌리로 참혹하게 학살당했다.

그 악마들이 우리 아이들을 바다 밑으로 끌고 가는 물결로 치장한 물그림자를 TV에서 정말 보았다. 바다 깊숙이 뿌리박은 무리들. 아무도 모르게 바다를 움직이고 붙잡고 끌고 가는 뿌리들. 그들은 경제성장 20% 이내의 기득권층으로 신자유시장주의 입안자들이다.

민주화의 정의에 청춘을 불태운 아버지는 순수했다. 그럴 때 그 뿌리들은 물그림자로 흔적을 감추고 관피, 해피, 수피, 언론, 지연, 돈연, 학연, 정치연… 등으로 조직하여 거미줄처럼 연결고리로 튼튼히 하였다. 그 구속에서 젊은이들은 민주화, 정의를 부르짖으며 국가를 생각했다. 그때 그들은 바다 깊숙이 숨어서 부자의 뿌리를 튼튼히 심었다.

그 잔뿌리를 몰랐던 순수한 젊은이. 지금 50대 초 아버지가 되었다. 아버지만의 수입으로는 도저히 가정을 꾸려나갈 수가 없어 - 90년대의 20대 청춘이 40대 어머니로 계약직, 비정규직, 청소부, 파출부, 마트, 식당, 점원 등 닥치는 대로 일을 해서 자녀들을 고등학교에 보냈고, 대학까지 진출할 수 있게 하였다.

그런데, 그런데 그들의 막 피어나려는 꽃봉오리 자식들을 꺾어버렸다. 무너진 공동체의식의 신자유주의 원리는 바닷속까지 그 뿌리를 박아 기층세력을 형성하여 그들만의 전유물 뿌리인 세월호로 순수한 300여 생명을 앗아가 버렸다.

그들이 바닷속까지 어떻게 질긴 뿌리를 박아 키웠는지 밝혀내야 한다. 그 뿌리의 근원을 찾아 제거하자는 문제점을 말하면 좌파세력 종북자, 정치선동꾼, 색깔론자라고 병적인 행동을 서슴없이 말하는 언론이, 기층 정치인의 몰골이 뻔뻔스럽다. 바다여, 바다여 그 근원의 뿌리를 없애라.

"시체장사 한두 번 당해보았는가. 세월호 참사는 이를 위한, 거대한 불쏘시개다. 세월호 참사는 이런 도박을 알리는 신호탄 제 2의 5·18 폭동이 일어날 것이라고 확신하여 대통령은 반드시 대비해야 한다"는, 지만원 씨의 발언. 광주 5·18을 아직도 '폭도'라고 말하는 당신은 - 80, 90년대 상시에 무엇을 보고, 무엇을 하였는가? 당신같은 최소한도의 윤리도 없이 권력에 아부하는 철면피에게, 바다는 깊숙히 박혀 사는 문제의 뿌리를 파헤쳐 제거해야 한다.

바다여, 바다여!

바다를 어머니라고 하는데, 그 어머니보다 진한 아버지의 피눈물로 얼룩진 바다여!

5·18 정권탈취 쿠데타보다 더 잔인한 맹골수도 뿌리로 숨어있는 기층민들이여. 진도 앞바다 팽목항의 절규를 듣고 있는가. 언론빌붙이꾼, 종복몰이꾼, 정권해바라기꾼, 신자유주의 경제꾼들의 질긴 뿌리가 살지 못하도록 바닷물을 퍼내라. 그 야만적인 학살의 뿌리가 뽑힐 때까지 바닷물이 마르도록 힘껏 퍼내라. 그리하여 오늘날의 비극을 책임질 기층민들을 지구 끝에까지 가서 파헤쳐 없애도록 하라. 바다여! 그 뿌리를 뜨겁게, 짜디짜게 절여 더 이상, 더는 싹이 자라지 못하게 아버지에게 정의와 용기와 힘을 주라.

2014년 4월 16일! 그날 진도 팽목항 앞 맹골수도의 바닷물 같은 눈물의 진실과 의미를 잊어서는 안 된다.

세상은 돌고 도는 것, 바닷물은 영원히 흐르며 회전한다는 원리를 돌릴 수 있는 것은 아버지의 힘이다.

장흥임씨 아지에서

전라남도에서 여섯 번째로 산지山地가 많고 길이 험하다는 장흥은, 백제 때 오차현이고 고려 때 영암군 소속 정안현인데 고려 제17대 인종왕비 공예태후임씨의 탄생지라고 하여 '길게 오래도록 흥하라'는 뜻으로 부(府)로 승격시켜 장흥長興으로 개칭하였다.

장흥임씨任氏 시조 임호任顥는(1035-1046)년 경 중국 송나라에서 이주하여 천관산 아래 임씨도任氏島에 정박한 후 관산읍 옥당리 당동 마을에 터를 잡고 살았기에 그 후손들이 본관을'장흥'이라고 하였다. 그 장흥임씨 선조들이 봉안되어 있는 천관산 기슭 정안定安祠에 들어서니 야트막한 평지에 아름드리 모셔져 있다. 천년 세월의 고즈넉한 선조의 위엄에 고요한 정적이 흘러 나를 압도하였다.

시조 임호를 위시하여 그의 아들 임의任懿, 임의의 큰아들 임원숙任元淑, 둘째 아들 임원후任元厚, 막내아들 임원준任元濬이 모셔졌다. 모두가 인물이 출중하시고 학문에 뛰어나 입신양명하신 분들이었다.

이 중에서 내게 가장 눈에 띈 것은 임원후의 두 딸에 관련된 전설과 역사이다. 그 임씨의 정착지 관산읍과 대덕읍의 경계지역 천관산 아래

기슭 옥당리 당동마을에 이르렀다. 「동국여지승람」에서는 천관산은, 산이 높고 험하여 가끔 흰 연기와 같은 이상한 기운이 서린다고 하였다. 오르면 남쪽으로 다도해가 굽어보이고 부처를 닮은 형태의 기암괴석이 많다고 했다. 이 상서로운 천관산의 배경 아래 전형적인 농촌지역의 평화로운 곳이다. 이 풍수가 수려한 곳에서 임씨의 가문이 지금까지 번영한 것은 당연하다고 느껴졌다.

장천동 기슭 평지에 있는 둥그스름하고 조그마한 아지娥地라는 연못 앞에 섰다. 그 주위는 날씨가 흐리어 흰 연기가 서린 양하다. 전날 억수같이 쏟아진 빗줄기가 오늘 멈추고 안개의 무리들이 스멀거리며 깊어가는 가을을 잔잔하게 다듬는다. 그 연못의 혼탁한 물결위에 이름 모를 낙엽들이 재색 구름결을 움켜쥐고 질펀하게 젖어 둥둥 떠 있다. 그리고 이곳저곳에 널브러져 있는 그 몸을 지탱하느라 하늘을 무겁게 이고 있다.

눈이 퉁퉁 붓도록 흘러내린 눈물 자욱히 지금까지 검청색 나뭇잎을 축축하게 반사시키는 듯하다. 이곳에서 언니는 사랑과 소망의 꿈은, 고통이며 모두가 사라지는 허망한 것이라는 것을 아셨기에 연못 속으로 가셨는가.

그러니까 언니는 꽃바구니를 옆에 끼고 친구들과 함께 산나물 캐러 나섰는데 천관산 구룡봉에 올라서 소변을 보았더니 천관산 땅 아래 전체가 바다로 변하여 푸른 물결이 넘실거렸다. 이윽고 일곱 색깔 무지개 구름을 타고 하늘로 올라갔다. 언니는 그 용을 붙잡으려고 몸부림치다가 깨어보니 꿈이었다. 꿈이 하도 이상하여 동생에게 말했더니, 동생이 그 꿈을 자기에게 팔라고 하여 팔았다고 한다.

동생은 현명하였다. 용은 임금님, 물은 생명과 소생과 정화, 구름은 이상세계에 대한 소망, 꿈. 무지개는 화려한 영화라는 것을 알았을 것이다. 그 꿈은 상서로운 이상의 세계였다. 그 후 17대 인종 왕비로 간택되었다. 그녀가 공예태후 임씨이다.

언니는 그때부터 이 조그마한 연못에 와서 아픔을 삭였을 것이다. 사랑하는 사람이 누구인 줄 모르고 있다가 그 행운을 늦게서야 알고 연못가에서 설운 눈물방울 떨어뜨리는 당신의 숨소리가 지금까지 들리는 양하여 나의 발끝이 무거웠다. 꿈을 잃어버리고 비탄에 잠겨 시름시름 앓다가 결국에는 물에 빠져 저 세상으로 갔다. 당신의 영혼이 있는 이곳을 '아지, 각시소'라고 하며 사람들은 천년 세월이 흘렀어도 지금까지 찾아오고 있다.

부처를 닮은 기암괴석이 많은 천관산. 그리고 탐진강의 훈기는 동생에게(인종황후) 전이되어 5형제 4궁주(공주)를 두었다. 18대 의종, 19대 명종, 20대 신종 3형제가 왕위에 오르게 한 것이다. 그야말로 만복으로 영화로웠다.

그러나 이상적인 꿈은 절망과 고통과 허무를 가져오기도 한다. 신묘한 영기로 뻗어온 천관산, 탐진강 언저리에 어우러진 용은 불과 연기로 하늘을 향해 소용돌이쳤다. 꿈, 그 꿈은 한낱 허무한 이상의 세계에 불과하다고나 할까? 아니면 고통이라고나 할까?

인종과 공예태후 임씨는 큰 아들 의종의 사람 됨됨이가 놀기를 좋아하여 유흥을 즐겨 걱정하였다. 이러한 일로 둘째 아들을 임금으로 내세우려 하자 고려 충신 정습명의 만류로 그만 두었다. 갑자기 일어난 정중부의 난, 무신 집권으로 해서 얼마나 많은 아픔으로 처절하게 왕실을 지켰겠는가. 의종이 무신들에 의하여 비참한 죽임을 당하는 경황에도 그 동생들이 무사함은 천관산의 서기가 어린 어머니의 정성과 사랑에서 우러난 것이 아닌가 한다. 무신들의 얽히고설키는 무서운 다툼 속에서 명종, 신종이 허수아비처럼 살아온 세월은 비가 되고 바람이 되어 섧기만 하였으리라.

꿈은 희망과 허무를 안겨준다. 그 꿈의 이상과 무상의 세계를 오늘날까지 반복 순화하면서 장흥임씨의 후예들이 탐진강을 비롯하여 천관산 영지의 자락에서 살아가고 있다.

천관산 기슭의 울창한 숲속 그 길에는 지금도 그때의 산나물이 자라고 있는 양 낙엽 속에 푸르게 피어나는 이름 모를 풀들이 자잘한 바람에 고개를 떨구고 있다. 듬성듬성 피어 있는 으악새 꽃결이 한들거리며 흐르는 세월을 이야기하는 듯하다. 꿈은 영화며 환상이며 아픔이라고.

나는, 지금도 악녀다

8·15해방 당시였다. 우리 집 뒷골목에서 "저 놈 죽여라!" 급박한 고함 소리가 들려와 밖으로 나오니, 한 사람은 도망치고, 뒤에서는 몇 사람이 몰려오자, 도망꾼은 포위되어 발을 헛디뎌 도랑에 빠졌다. 그때 뒤에서 따르던 사람들이 도망꾼을 발로 지근지근 밟는 것이었다. 나는 무서워 대문 안으로 들어가 버렸다. 두근거리는 가슴을 안고 한참 있다가 밖으로 나와 보니 시궁창 물만 길바닥에 질펀하고 그 죽은 사람은 보이지 않았다.

해방 후 좌익이, 우익이 무엇인지도 몰랐다. 그때 큰언니와 둘째언니가 격렬하게 싸우는 거였다. 날마다 공산주의와 자본주의는 어쩌고 저쩌고 논쟁을 하는 것이다.

동생과 나는 아침부터 광주공원 공터에 올라가서 놀았다. 그날도 그곳에 놀러갔는데 밥태기나무 아래 나뭇가지에 우리 동네에 사는, 사범학교 학생이 목메어 있었다. 우리는 놀라 도망쳐 그 집으로 갔다. 그 어머니는 대성통곡했다. 어제 저녁 친구가 데리고 나가더니 이렇게 됐다며, 그 친구 이름을 대면서 목 놓아 우는 거였다. 무섭기만 하여 덜덜 떨면서 눈물이 한 방울도 나오지 않았다.

6·25사변 때 리어카에 살림을 싣고 화순으로 피난을 갔다. 한참을 걸어서 화순 너릿재 부근인 것 같다. 총을 둘러 맨 군인들이 우리를 빨리 가라고 안내하는 거였다. 그 사람이 우리 국군인지, 공산군인지 모르지만 한참 가는 길에, 뒤에서 총소리가 탕탕탕… 들렸다. 옴짝달싹 못하고 밭에 엎드려 숨어 있는데, 울음소리가 천지를 울렸다. 다른 사람들 모두 숨죽이고 있다가 조용히 피난길에 올랐다. 화순에서 배가 너무 고파 살 수 없었기에 광주로 다시 오는 길에 죽음을 보았다.

너릿재 지나는 길 공산군이 검색하여 사람을 잡아 일렬로 세워 현장에서 총살하는 거였다. 총알을 아끼기 위해 한 줄로 세워서 사살했다. 우리는 무서워서 밭에 한참 숨어 있다가 검색에 통과되어 무사히 광주로 왔다. 하늘에는 비행기소리, 땅에서 포탄 떨어지는 소리, 사람 죽이는 소리, 도랑굴속에서 신음소리들이 진동하였다.

어느 날 갑자기 폭탄, 총소리가 적막을 깨뜨리더니 광주 천지는 불바다가 되었다. 비행기 소음과 폭탄소리, 총소리가 어울려 불은 시장, 교회, 관공서, 형무소 등 공산군이 퇴각하면서 불을 지르고 도망갔다. 우리 국군이 들어왔는데 시가지 전체가 쑥대밭이었다. 특히 인민군들은 형무소에 갇힌 우국지사들을 미리 골라 뽑아, 수원지에 산 채로 수장시키고 나머지 사람들은 형무소 바깥에서 자물쇠로 잠그고 불을 질러 버렸다. 사람들의 아우성 소리가 광주 천지를 울려댔다. 사람들은 도끼로, 괭이로 문을 부수어 살려냈다. 천지가 아수라장이었다. 산림조합, 농협 곡식창고 불을 질러 타고 남은 곡식을 주우려고 사람들은 벌떼처럼 몰려들었다. 도청 안은 아수라장이었다. 책상, 걸상, 전화기 등 물건들을 가지고 돌아가는 시민들, 심지어 먹다 남은 쇠고기 덩어리도 주워가는 무법천지였다.

앞집 언니네 집에서는 아버지를 수원지에서 건져와 장례를 지내면서 우는 통곡소리가 들려오는데도 우리는 아무 말도 못하고 떨고만 있었다.

사람들은 시장, 공원, 형무소, 전남대병원, 수원지 숲 등으로 잃어버린 사람들을 찾아다녔다. 사직공원에 시체매장이 가장 많다는 소문을 알고 땅을 파보니, 이곳저곳에 사람들이 묻혀 있었다. 시체를 즐비하게 늘여놓고 임자 찾아오기를 기다리는 거였다. 나는 땀을 펄펄 흘리며 사람들이 몰려다니는 곳을 맨발로 따라다녔다. 그리고 보았다. 많은 죽음을. 심지어 다리 밑에도 시체가 즐비했다. 큰 길가 구석진 곳에도 가마니로 덮여 있었다.

1950년대 중반, 우리는 학교에서 이승만대통령 글짓기 대회도 하고 이승만만세도 불렀다. 그리고 애국자라고 존경했다. 조봉암을 보고 공산주의자라고 하여 선거벽보를 까맣게 칠한 그를 나쁜 사람이라고 우리도 벽보를 찢었다. 김구가 저격당했을 때 사람들이 아까운 사람 죽었다고 슬퍼하는 모습이 이상했다. 잘못이 있으니까 그렇게 된 것인데 왜 슬퍼할까? 하고 의심했을 뿐이었다.

1960년대 마산 김주열 학생 최루탄에 맞아 물속에 떠 있는 신문 속 사진을 보고 희생된 학생들. 4·19학생혁명 때 비로소 알았다. 진정한 민족주의, 민주주의란 무엇인가를. 광주교육대학, 광고 앞, 도청 앞 뛰어다니며 이승만 물러나라 외쳤을 때 "국민이 원하면 물러나겠다."는 대통령의 하야 성명을 들었다. 그때 나는 기쁨의 눈물도 없었다.

5·16군사혁명이 일어났다. 인혁당 주모자를 골라 그들을 공산주의자라고 하여 사형시켰다. 나는 생각했다. 공산주의자들은 끝까지 공산주의자가 아니라고 주장하면서도 마음은 진짜 공산주의자라는 것을. 신문에서 보고 판단했다. 그리고 믿었다. 그런데 육영수 여사 저격 사건, 박정

희 대통령 저격사건을 보고 뭔가 모르게 내 의식이 깜박거렸다.

1970년대 내 동생이 서울대 데모 주동자로 몰려, 전국으로 떠돌이 생활하는 처절한 모습을 보았다. 안기부, 경찰 요시찰인물로 감시당했던 동생은 항상 공포에 떨었고 억압당하는 환청에 시달렸다. 세상 사람들을 무서워하는 동생. 누가 이렇게 만들었느냐? 하는 질문도 없이 나는 부끄럼도 없이 동생에게 그만 혁명의 환상에서 깨어나라고 나무라기만 했다.

1980년대 5·18때 군부독재 공수부대 진압으로, 느닷없이 광주가 개머리판 총칼의 아수라장이 되었다. 목이 없는 시체, 죽어 길바닥에 누워 있는 시민, 가슴에 총구멍 뚫린 사람들, 전남대학교병원 응급실 피투성이 환자들을 돌보는 의사들은 분노의 소리를 지르면서 치료했다. 그런데 그 이튿날 공수부대원들은 병실 이곳저곳 돌아다니면서 그 희생자들을 찾아내어 차에 던져 실어서 어디론가 가버렸다. 그 주검들은 어디로 갔을까? 나는 이곳저곳 미친년처럼 돌아다녔다. 어느 시체 얼굴에는 하얗거나, 붉은 페인트칠을 해 놓고 널브러져 있었다.

지금, 전국 100만 촛불함성이 들려오고 있다. TV 암흑 속에서 가냘픈 촛불들이 전국의 땅을 진동시킨다. 나는 그 소리들을 들으며, 보면서도 꼼짝 않고 있다.

그때는 악녀였는데, 지금은 더 지독한 악녀가 되어 내 살 궁리만 생각하며 떳떳이 TV시청을 하고 있다. 그런데 누가 나를 이렇게 통큰 악녀로 만들었을까?

아니 나보다 더 지독한 악녀가 또 있을까?

있을 것이다. 그렇기 때문에 촛불이 활활 타오르고 있는 게 아닌가?

나는 악녀다.

삭발공주의 가발

요즈음은 남녀 구분 없이 몸을 장신구로 치장한다.

젊은 청년의 가슴에 비치는 14k 목걸이, 실반지만한 귀고리, 이상한 모양의 팔찌, 심지어 발고리까지 하여도 낯설게 보이지 않는다. 오히려 혈기 왕성한 먼 옛날 이집트 남성처럼 보인다.

자신을 특출하게 돋보이게 하기 위해서 장신구로 꾸미고 멋을 부린다. 그런데 옛날에는 지배계급의 권위를 상징하였다. 아주 먼 옛날 태고 때부터 몸을 장식하여 지배 권력을 과시하고 싶은 마음은 인간의 기본 속성이다. 그리고 권력자가 위세를 부려 세력을 강력하게 지탱하기도 했다.

민중의 숭배사상과 지배자의 권력을 저 세상에까지 가지고 가고 싶어서 장례습관에 많은 장신구를 썼다. 죽어서 저승으로 가면서까지 권위의식으로 꾸미고 가는데 살아서는 오죽했겠는가?

뼈, 돌, 금속, 곡식알, 조가비, 동물 이빨 등을 몸에 걸쳐서 멋을 부리기도 하고 또는 부적으로 사용하여 화를 물리치고 복을 불러들이기도 했다.

죽어서도 지하에서 살 수 있다고 믿어 온갖 장신구로 꾸미고 묻고, 벽화를 그렸다. 그리고 유물까지 남겼다. 이것은 기원전 3000여 년 전부터 남부 메소포타미아 수메르 문명 왕묘에서 볼 수 있다.

사자와 시조, 호위병, 음악가들을 화려하게 꾸며 순장시켰다. 이집트 묘의 죽은 자는 여유롭게 가게 하였다. 살아생전처럼 화려하게 치장하여 장식과 의복을 갖추어 입히고 가난한 자라도 관에 금을 입히고 금선을 두르고 목걸이, 귀고리 등의 꾸밈새 효과를 넘어 주술적, 종교적 의미의 부적 효과를 기대했다.

예로부터 장례의식은 엄숙하였다. 그와 동시에 사자死者의 가는 길에 특히 부장품의 온갖 모양과 그 색채를 화려하게 하였다.

색채가 강렬한, 짙은 파랑으로 밤하늘을 상징하여 초록으로 새로운 성장과 부활을 기구했다. 빨강색은 피를 의미하며 죽은 후에도 에너지가 있는 강렬한 생을 원한 것이다.

이 장신구들은 다 만들어낸 것 같다. 금, 벨트, 반지, 매듭, 풍뎅이, 문자, 신, 매듭, 꽃, 열매, 동물 등 어떤 형태의 것이든지 보석과 금과 쇠로 만든 것들이다.

기원전 1850년 경 이집트의 '시트하토르유네트' 공주는 삭발하고 장식 가발을 썼다. 두툼한 머리카락을 여러 갈래로 나누어 갈래마다 수많은 금고리로 꾸몄다. 머리 꼭대기부터 꼰 것 같은 머리카락을 손가락부피만 한 반지 모양의 금고리로 띄엄띄엄 연결지어 어깨에까지 늘어뜨렸다. 머리에 금관처럼 쓰는 서클렛에는 세팅한 장미꽃 문양을 두르고 왕의 수호자인 코브라를 정중앙에 곧추세웠다.

권위와 위엄을 상징하는 코브라를 앞에 세우고 그곳에 띠를 두른 장미꽃 문양, 이것은 분명 젊은 공주는 저 세상에 가서도 향기로운 여성으로 아름답게 살라는 뜻일 것이다. 사랑과 정열의 염원이다. 또 지혜의 뱀

코부라에게 먼 나라에서도 젊은 공주를 잘 지켜달라고 기구했을 것이다.

이 생명이 없는 것들이 그 많은 세월을 거쳐서 다시 살아났다. 그들이 바라는 주술적 의식에서 태어난 새 생명, 죽음이라는 것은 영원히 산다는 인간의 삶을 의미하기도 한다.

섬세하고도 화려한 장신구로 장식하고 저 세상으로 가는 길. 장미꽃이 안내하는 저승의 세계, 죽음을 두렵게 하지 않는 향기가 너울거리는 길로 가는 젊은 공주, 지하에서 4천 년이 흐른 세월인 지금도 늙지 않고 젊게 살아있다니, 인간정신의 그 염원은 옛사람들의 기막힌 발상에서 충분히 알 수 있다.

인간의 생각과 삶은 땅속에서도 죽지 않고 멋지게 꾸미고 잘 살고 있다. 이렇게 인간의 삶과 미의식은 영원불변하다.

그러므로 인간으로 태어나 인간답게 살다가 인간의식으로 가는 인간정신의 소유자 인간은 만우주에서 가장 가치 있고 아름답고 행복한 게 아닐까?

황금덩이

나는 다섯째 딸로 이 세상에 태어나자마자 차라리 죽는 게 낫겠다고 어머니가 차디찬 윗목에다 내팽개쳤다고 한다. 한참 동안 캑캑거리는 소리가 들리다가 잠잠하여도 모른 척하셨단다. 그런데도 자꾸만 눈길이 그쪽으로만 가서 보니, 기저귀로 말아싸멘 아기가 꿈틀꿈틀하였다.

그 죽음의 공간에서 살려고 바둥거리는 생명, 무섭고 불쌍하여 기저귀를 풀어보니, 아기가 혀끝으로 마른 입술을 날름거리더란다. 가슴을 열어젖히고 젖을 물렸더니 쉬지 않고 쪽쪽 빨다가는 스르르 잠들더란다. 일제 압제하 혹독한 가난시대에 저지른 당신의 죄 때문에 아기가 병치레를 자주 하는 것 같아서 아기를 보기가 부끄러웠단다.

잔병들이 진드기처럼 줄기차게 달라붙어 편할 날이 없었다. 열감기로 인하여 중이염에 심하게 앓다가 건강을 찾았더니 그 후유증으로 갑자기 눈이 어두워졌다. 오랜 치료를 하여 눈이 보이지만, 가까운 거리에서도 헤매었다. 심지어 부딪치고 넘어지기가 비일비재하였다. 학교에서 칠판 글씨는 읽지 못하고 책상에 엎드리고만 있었다. 노트 필기는 꿈도 못 꾸었고 남의 노트를 빌려서 정리하였다.

가슴이 꽉 막히고 현기증이 일어나 걸음을 제대로 걷지 못하여 다리 골절상을 당한 지가 한 두 번이 아니다. 이러니 청소년 시절에는 내성적 성격으로 우울증을 앓았다. 그 육체적, 정신적 고통 속에서 책을 가까이 하여 아픔을 삭여낼 수 있었다고나 할까?

대학은 국문학과에 갔다. 잘 보이지 않는 눈으로 힘들게 독서에 몰입하면서 내 몸을 겨우 지탱하였다. 그런데 고혈압으로 심장혈관이 탁하여 숨쉬기가 곤란하고 가슴을 압박하였다. 누워서 잠을 잘 수가 없어 벽에 기대어 앉아서 자야만 했다.

게다가 알레르기가 심하여 온 몸이 가렵더니 눈, 귀, 코, 항문 등에서 진물이 쉴 새 없이 흘렀다. 미친 사람처럼 여기저기 긁어대니 붉은 상처가 곪았다. 후두염과 축농증을 수술하여 숨을 제대로 쉬지 못하고 입을 벌려야만 숨을 쉴 수 있었다. 심지어 무좀에 발가락이 무디어 발톱이 새까맣고 가려워서 발을 동동 굴렀다.

이 병원 저 병원으로 들락날락하던 어느 날 길가에서 갑자기 쓰러졌다. 대학병원 응급실에서 의식불명 숨결로만 연명하다가 죽어서, 하얀 천으로 나를 덮어 영안실로 옮기려는 순간, 천 사이에 비친 발가락이 꼼지락거렸다고 한다. 어머니는 "오메 살았네!" 큰 소리를 질렀단다. 의사는 이제까지 보지 못한 기적의 생명이라고 하였다. 어머니는 그 길로 나를 가마니로 똘똘 말아서 마당에 놓고, 무당이 칼춤을 추며 귀신을 쫓아내게 하였다. 나는 그 무당의 칼춤 소리를 듣고서야 살아야겠다는 의지를 가졌지만 늘 혼자 고독하였기에 그 외로움을 독서로만 이겨내려고 하였다.

교사 생활을 시작하자 기관지천식에다 심장혈관이 응고되어 고통스러웠다. 가슴을 답답하게 억눌려 숨 쉬기가 어려웠지만 신통하게도 잘 견디어냈다. 이 병고에 외로운 나를 벗해주는 것이 유일한 독서였다. 책속에는 온갖 길흉화복 생로병사가 있기에 거기에서 삶은 개미처럼 하찮은 거라고 믿었다.

독신자주의자로 있다가 염세주의자가 되었는데 어찌하다가 그이를 만나 결혼을 하여 두 아이를 둘 때까지 건강하더니, 갑자기 어지럽고 소리가 들리지 않았다. 의사가 수술을 해야 생명을 건질 수 있다고 하여 수술하였다. 그때 오른쪽 눈에 흑점이 덮여 시력이 떨어졌다. 고도근시로 황막변성에다 녹내장 만성질환으로 수술도 할 수 없었다.

이제는 식도염, 위궤양, 장출혈까지 있어 암으로 전이될 가능성이 높으니, 최선을 다해서 치료를 해야 한다고 의사는 말했다. 그런데 이상하게도 나는 두렵지 않고 마음이 차분해지며 그러려니 하고 아무렇지 않다.

나는 희한하게도 지금까지 살고 있다. 그리고 후학을 가르치는 영광속에서 글까지 쓰고 있다.

병원에 입원해 있는 내 옆에서 수발하는 큰아들이,

"어머니 몸은 황금덩이요."

라고 말하자, 남편은 나를 빤히 쳐다보며

"황금 지키기 어려웠네. 요즈음은 도둑놈이 틈만 나면 당신 옆에서 설쳐대니 그놈한테 빼앗길까 봐 두렵네."

"……."

고개를 돌려 천정을 바라보니, 희미한 형광등 빛살이 나에게 깜박거린다. 도둑놈 지킬 사람이 옆에 있으니 당신 살아가는 걱정은 하지 말라고 한 것 같다.

나를 지켜보는 브람스

새해이다. 겨울답지 않게 포근하다. 햇살이 사방을 쏘아대는 빛결. 정말 오랜만에 맛보는 상쾌한 기분으로 푸른 길을 걸었다. 도심 한가운데 꽉 다문 터널을 뚫고 들락날락하는 숲이라면 숲, 아니라면 도로, 그 도보길을 사람들이 걷는다. 나도 힘든 발걸음으로 걷는데 두 청춘남녀가 힘차게 걸어간다. 검정 하이힐에 검정스타킹, 무릎까지 올라간 폭 좁은 치마가 찰싹 붙어서 엉덩이와 함께 움직인다. 어깨에 바이올린을 메고 잠바의 깃을 올린다. 긴 민머리를 한 묶음으로 짜악 묶어 머릿결이 찰랑대자 그 옆의 청바지 청년이 아가씨의 머릿결을 바르게 잡아준다. 그리고 녀석의 어깨에 둘러진 악기가 들썩거린다.

20대 한창의 그들 얼굴은 세상의 때가 묻지 않은 눈이 맑은 숲속의 청춘들이었다. 그들은 말없이 걷지만 마음으로 주고받는 대화를 한 채 숲길을 바삐 걷는다. 순수하고 그 선명한 인상의 운치가 사라지지 않는다.

조수미가 부른다. 슈만의 「르테의 꽃」을, 결혼 전날 자신의 마음을 담아서 그녀에게 헌정했다. 그 20대 청춘 사랑의 꽃을.

당신은 나의 영혼, 나의 심장
당신은 나의 기쁨, 나의 고통
당신은 나의 세계, 그 안에서 나는 살아가네
하늘인 당신, 그 속으로 나는 날아가리
오, 당신은 나의 무덤, 그 안에
나는 영원히 나의 근심을 묻었다오.

슈만은 피아노 교수 프리드리히 비크의 제자가 되어, 그의 딸 클라라 비크와 사랑하였다. 이들의 사랑을 받아들이지 않는 장인에 대항하여 오랜 소송 끝에 결혼한 세기의 커플이다. 클라라와 사랑을 할 때 불타오르는 감정을 가곡으로 쏟아냈다. 신혼의 단꿈에 젖은 행복한 도취감을 표현한 「봄」이라는 표제를 단 피아노 듀엣 연주곡에 소품, 가곡의 천재성 있는 작곡가이다. 문학적 재능을 음악과 다각적으로 결합하여 시를 가사로 하여 가곡으로 했고, 영혼으로부터 흘러나온 듯한 느낌을 준다. 사랑을 갈구하는 소리에서조차 비장미가 있다. 이 낭만적 고전주의적 피아노를 통해 시적 상징을 형상화했다고 한다.

슈만은 클라라를 사랑해서 사랑의 정열 속에서 많은 곡을 완성했다. 그런 와중에 라인 강에 두 번이나 투신했다. 그래도 슈만은 오직 클라라의 사랑으로 해서 많은 곡을 완성하였다. 클라라는 피아니스트로 그의 남은 일생을 좌우할 정도로 한창 피어날 때였다.

1853년 리스트는 브람스를 슈만에게 추천하여 부부는 따뜻하게 맞아 20대 청년 브람스를 칭찬하며 함께 여행을 하였다. 자신의 첫사랑이자 마지막 사랑인 슈만은 작곡가, 음악잡지 병행했지만 정신병세가 깊어졌다. 클라라는 그의 남편을 극진히 보살폈다. 22살 청년 브람스는 슈만의 집에 머물면서 자신도 모르게 36살 클라라에게 사랑의 감정을 품는다. 혼자서 앓는 애정이었다.

1856년 슈만이 정신병으로 죽자 청년 브람스는 슈만의 아내 클라라와 7명의 아이들을 돌보았다. 클라라를 연모하며 숨죽이며 흐느끼는 첼로와 섬세한 바이올린 리듬의 '브람스의 눈물'이라는 부제가 붙은 현악 6중주 2악장을 작곡했다.

'독일 레퀴엠' 21년 역작 '교향곡 1번(단조)' 교향곡 22살에 시작하여, 43세에 완성 '베토벤 교향곡 10번'이라고 칭찬한 낭만주의 특유의 목가적, 전원적 분위기의 곡이다.

브람스는 투박하지만 섬세하게, 지극히 인간적이면서도 무심한 듯 흐르는 자신만의 개성, 옛이야기와 현재 공존하는, 베토벤의 '운명교향곡'과 쏙 빼닮았다고 한다. C단조의 어둠에서 출발해 C장조의 광명으로 나아가는 여정이다.

선배이자 은인의 아내에 대한 헌신은 연민, 한 남자로서 클라라에 대한 연정을 품은, 40여 년간 클라라의 곁을 지킨 브람스는 63번째 생일에 「네 개의 엄숙한 노래」를 완성, 가사는 성서에서 가져온 것으로 세속적인 모든 것들의 덧없음을 노래하고, 근심과 고통에서 우리를 구해줄 구원자로서 죽음을 맞아들이는 내용의 마지막 곡 믿음, 소망, 사랑이 항상 있을 것인데, 그 중에 제일 '사랑' 노래하면서 사랑의 힘을 열렬히 찬양하였다. 병세가 깊어가는 클라라를 위해 작곡한 이 곡을 완성한 지 클라라는 13일만에 눈을 감는다.

마음을 드러내지 않고 평생을 그녀 곁에서 머물었던 사랑, 그 중심에는 언제나 클라라가 있었다. 클라라가 저 세상(1896년)으로 간지 몇 달 안가서 1897년 64세 일기로 그녀의 뒤를 따른다.

'독일 레퀴엠'은 신·구성어에서 브람스 지신이 택한 가사이다. 이 동기는 슈만 1856, 1869년 아름다운 합창의 울림 속에 인생의 무상 고뇌에 대한 위안의 희구가 통절한 이 노래는 인간적 레퀴엠이었다. 일생 동안 사랑한 그녀를 보내고서 죽음까지 함께 한 사랑의 집념. 만인의 가슴에 살아있는 사랑이다. 브람스 자신의 진실한, 참사랑의 기쁨과 슬픔의 레퀴엠이다.

피아노의 신동, 시인 쇼팽에게 1836년 소설가 조르쥐 상드는 그에게 마음을 빼앗겨 자기감정을 32페이지 편지를 보냈다. 쇼팽 청년을 사랑하는 연상의 여인 상드는 쇼팽을 극진히 사랑했다. 1838년 쇼팽이 건강이 좋지 않자 그녀는 자신의 두 아이를 데리고 스페인으로 요양 갔다.

1839년 전주곡 발라드 「폴로네이즈」 피아노소나타 프레데릭 쇼팽, 이별곡 음울한 빛을 연상시키는 곡이었다. 나는 이 곡을 이유없이, 무조건 좋아했다. 항상 내 머리맡에 이 곡을 틀어 놓았다.

연인이라기보다 간병인, 상드의 아들과 마찰, 1847 『루크레치아 플로리아니』 소설발표, 돈 많은 배우와 병약한 왕자가 등장, 상드와 쇼팽으로 오해, 10년 걸친 우정관계를 청산하고 1849년 39세로 떠났다.

아름답고 로맨틱한 멜로디로 널리 사랑받았다. 그의 '이별곡'은 내 옆에서 떠나지 않았다. 왠지 슬프면서도 슬프지 않은 이별, 뭔가 모르게 마음속 깊이 담겨있는 여운, 그 아쉬움에 나는 「빗방울 전주곡」 A플랫음을 일정한 간격으로 계속 반복 연주하여 빗방울이 똑똑 떨어지는 것 같다는 이 곡을 좋아했다. 특히 비 오는 날이면 유난스럽게 내 귀청을 자극했다. 처음 순하다가 갈수록 커지고 격렬하게 쏟아지는 빗방울이 쏟아지다가 평정을 되찾고 고즈넉하게 끝맺는다. 요양과 절망의 기분 빗방울로 표현한 이 곡은 내 가슴을 사로잡았다. 나는 항상 빗방울이 가슴속에서 튕겨오듯이 살아왔다. 까닭 없이, 이유 없이 그 비를 맞으며 살아온 세월이었다. 병든 자의 압박, 그걸 두드려 씻어주는 듯했다. 그러기에 빗방울은 내게 안식을 주었다고나 할까?

「이별의 노래」는, 이별 후에도 더욱 그리워지는 연인에 대한 사랑으로 밤을 지새우는 쇼팽, 「즉흥환상곡」 마지막 곡을 완성하고 죽을 때까지 상드를 잊지 못하고 눈을 감았다.

나도 깊은 사랑을 받고 멋지게 사랑하고 싶다. 그러나 흘러가버린 세월은 그것을 만들어 줄 수 없다. 그런데 아름다운 상상이라도 할 수 있으니 얼마나 다행인가? 그대와 함께 살아있다는 자체가 행복이요, 사랑이요, 예술이다. 저 맑은 하늘을 보고 새소리를 듣고 숲속에서 이렇게 앉아서 환상적으로 상상하는 나의 예술세계의 길을 터주고 있다. 아, 나의 사랑이여, 예술이여 영원하라면서….

오랜 심장병으로 가슴이 꽉 조여와서 잠을 이룰 수 없어 흔들의자에 앉아 잠들었다. 눈을 떴다. 캄캄한 응접실이다. 그때 검은 그림자가 내 앞에서 어른거린다.

'아, 휠체어에 앉아서 나를 바라보시는 브람스여!'

메르테의 꽃 음향이 내 귓전을 가물가물 스친다. 당신의 평화로운 숨결이 소로로 내 눈을 감겼다.

우리를 살게 하는 따뜻한, 한 올의 햇볕,
사늘사늘한 몇 줄기의 바람, 하늘빛을 천지에 뿌리며,
메마른 목을 축여주는 몇 방울의 이슬이
허기증을 채워주는 추억들을 찾아서 봄바람을 쐬었다.

4 부

한 방울의 이슬소리

우리 집의 소리

우리 집은 정원 바로 앞에 있어서, 밖에서 보면 숲 속 깊은 곳에 있는 오두막집 같다. 온통 초록으로 덮여서 그린 하우스라고 이름을 붙였지만 안으로 들어서면 평범한 한식집 고가古家이다.

언제부터인가 우리 집에는 친구들이 많아졌다.

아침에 눈을 뜨면 참새들이 입을 쫑긋이 내밀고 짹짹째~액…. 노래를 부른다. 누구 집에나 참새가 있지만, 우리 집에는 유난스럽게 많아 나무에, 땅에, 지붕에, 전깃줄에, 마루에 사방에 흩어져 앉아 있거나 날아다닌다. 사람이 옆에 있어도 도망갈 줄 모르고, 꼬리를 치켜 올려 흔들흔들 마당에서 걷는다. 대야를 쾅쾅 두드려대면 그제서야 마지못해 날아간다.

새들은 텃새노릇도 한다. 침엽수에 집을 짓고 옹기종기 논다. 이곳은 항상 많은 수의 새들 놀이터로 번창한다. 무슨 새인지 몰라도 이 텃새들 때문에 다른 새들은 접근을 못하고 날아간다.

이른 아침부터 새들은 마루 위에 올라와 유유히 걸어 다닌다. 그뿐인가. 그것도 부족하여 때를 지어 부엌까지 쳐들어와 생존경쟁을 벌린다.

부지런히 입을 쪼아리면서, 고개를 흔들어대고선 무엇을 먹는다. 쉬지 않는 이들은 근면성실하다고나 할까? 빗자루로 내리치면 일제히 소리를 지르며 조금 떨어진 곳으로 날아간다. 내가 지나가도 눈 하나 까딱하지 않는다. 먹이도 주지 않는, 사랑이라고는 없는 우리 집에서 사시사철 떠날 줄 모르니 다른 집보다 먹거리가 많아서인지 아니면 주인에게 매력을 느껴서일까? 이것들이 내게는 즐거운 친구이다.

이른 아침 언제나 새소리를 들어야만 새벽인 줄 안다. 다만, 나의 잠을 깨워주는 파수꾼은 고맙게도 우리 집 그이지만, 열심히 목청을 돋우는 새소리는 아침의 기분을 시원하게 해준다. 아름다운 깃털도 없이 몽통한 몸매의 참새들이 좋다. 사방천지에서 새들을 불러 모아들이게 한다. "예 여기 밥 있다. 모두 모여라" 소리 지르는 것 같은 새 소리들이다.

새벽공기에 푸드덕 날개를 펴면서 이러 저리 움직이는 모습들은 나의 하루를 채찍질하듯이 요란스럽다. 나도 이것들과 함께 놀고 싶어서 부지런을 떤다.

살기가 좋아져서인지 옛날의 날씬한 쥐들보다 근래의 쥐들은 뚱보가 많다. 사람을 보고도 눈만 말똥말똥 쳐다보며 먹을 것만 찾아 먹는다. 도망갈 몸짓도 안한다. 옛날 쥐들은 제비같이 날씬하였는데 어적어적 엉덩이를 흔든다. 우리 집 근처에 식당들이 많이 있기 때문에 쥐들은 번식력이 좋아 자식들을 대동하고 온 정원을 쑥대밭으로 만든다. 그러고도 찌익찍 찌익찍 노래까지 부른다. 우리 집은 골목 끝이기 때문에 사방이 십여 채의 집으로 둘러 쌓여 있다. 잔칫날은 동네 쥐들이 출장 온다. 음식장만을 하면 쥐들도 바쁘다. 그래서 음식 단속령이 내리고 쥐덫을 설치하랴 신경이 쓰인다. 정원 귀퉁이에 찌꺼기를 모아 두어 그곳으로 쥐들이 가도록 일시적으로 후퇴시킨다.

이놈들은 배짱이 두둑하다. 고양이가 있어도 아랑곳하지 않는다.

버리기 아까운 음식은 고양이에 주었다. 새끼 때는 제법 날렵하더니 커가면서, 퉁배가 되어 둔하다. 한 곳에만 웅크리고 앉아 있다. 멍한 모습에 어그정 어그정 걷는다. 매력이라고는 하나도 없을 것 같지만 목소리만은 가냘프다. 듣기가 좋았다. 암놈이 야옹, 야~옹 하면 수놈이 야옹 야~옹거리는 한밤중 코러스이다. 쥐가 고양이의 밥그릇 뒤쪽에서 살짝 머리를 내밀고 먹이를 나꿔챈다. 그리고는 옆에서 먹고 있다. 고양이는 움직이지도 않고 눈만 멀거니 뜨고 보고 있다. 알아서 많이 처먹어라는 듯이 무관심이다.

다윈의 진화론이 정설인지, 고양이와 쥐의 견원지간도 차차 무너져가는 시대가 와서 평화스러운 세계가 오려는지, 고양이는 평소의 임무를 다하지 않아서 음식을 배고플 정도만 주었다. 쥐들은 부지런하니 지가 알아서 잘 찾아 먹기 때문에 신경을 쓰지 않는다.

고양이 울음소리가 커지고, 활동도 순조롭더니 어느 날 갑자기 죽었다. 정원에 묻었다. 그 고양이들이 정원을 어슬렁거리는 모습이 눈에 밟히어 삼삼했다. 시대에 맞게 순리적으로 살아가는 것이 이들의 세계에서도 통하는가 보다. 한 생명이 사라지면 다음 생명들이 이어주고…. 생사의 순환관계가. 하물며 인간세계는 오죽하겠는가.

잔칫날이 끝나고 쥐 소탕령이 내려 쥐약을 놓으면, 몇 개만 먹고 먹지 않는다. 쥐들도 지능이 발달하여 먹혀들지 않는다. 어쨌든 피해를 우리에게 주지만 미운 정이 들지 않으니 이상하다.

여름 내내 쓰르라미의 쓰라린 아픔의 소리 속에 하루살이는 방안에까지 와서 생의 막바지를 노래한다. 혈육없이 돌아가신 큰어머니의 말씀, "니가 내 제사 지내주라 응" 내 손목을 잡고서 실명하신 눈을 껌벅껌벅

하셨다. 마루에 앉아서 쓰르라미 소리가 듣기 싫다며, 한숨을 내리쉬셨던 소리가 하루살이 소리 같았다. 자식도 없이 우리 집에 얹혀 사셨던 큰엄니. 이 하루살이처럼 끝까지 생의 책무를 다하시고 돌아가셨다.

으응~ 으응~ 위~잉 위~잉…. 방안이 아수라장이다. 모기향을 피워서 그들을 쫓아낸다. 그때 아직 살아남아 마지막 생을 다하려 몸부림치는데 사마귀가 쳐들어와 공격을 한다. 그이는 분사기로 사정없이 이것들을 격퇴시킨다. 무수한 무리를 지어 나무둘레에 위~잉 위~잉 돌면서 하루를 끝까지 부지런히 보내는 하루살이 삶. 짧은 생을 책임 있게 보내는 마지막 삶의 의지는 우리가 본받을 만하다. 몇 십 년을 살고도 자기 책임을 다하지 못하는 사람들이 얼마나 많은가. 하루살이! 때를 알아도 살 때까지 살아야 하는 그 의무감이 대견스러웠다.

믿음직스럽고 복을 담겨준다는 두꺼비는 어디서 왔는지 온 집안을 돌아다닌다. 몸을 움츠리고 엉금엉금 기어 다닌다. 상당히 큰 것으로 보아 꽤나 늙었다. 어깨 죽지를 떡 벌리고 노익장을 과시하듯 소리도 크다. 비가 오려면 소 울음소리처럼 우렁차다. 우~엥 우~엥, 그래서 옛날 사람들은 떡두꺼비같은 아들만 있으면 복이 있다고 한다. 겸손한 자세로 짝도 없이 부지런히 돌아다닌다. 잊을 만하면 불쑥 나타났다가 사라지는 우리 집 복덩이다.

아이들에게 두꺼비를 잘 보살피라고 했다. 아이들은 TV를 보니까, 개구리, 지렁이를 약이라고 하여 잡아서 판다고 하니, 우리 집 뒷마당 도랑에서 아빠의 낚싯밥 지렁이도 시장에 가지고 가서 팔자고들 한다. 정력제니, 건강제니 하면서 지렁이탕, 뱀탕은 고사하고 개구리가 수난을 당하여 논에서 울음소리가 사라졌다고들 한다. 그런데 그 개구리는 비가 올 때쯤이면 우리 집에서 개골개골…. 노래 부른다. 참 묘했다. 개구리가 어떻게 이곳에 살고 있는 것일까? 어디에서 도심 한 가운데 여기까지 와서 생명을 유지하는가? 혹시 우리 집이 명당자리가 아닐까? 나도 모르게 입가에 미소가 흘렀다.

굼벵이의 처마 밑 보금자리도 빼앗긴지 오래라고 한다. 재래 화장실에서 굼벵이를 보다니. 구물거리는 유충이 약발에 좋다니 수난을 당했다. 아무리 독한 짐승이나 곤충이라도 고향이 있고 삶의 의미가 있을 것인데 잔인하게 잡아먹어버리는 인간존재여. 그 생명을 압살하는 인간들도 결국 자기 생을 다하지 못하고 간다. 분수에 맞게, 우리에게 배당된 만큼 살아가는, 자연의 이치로 사는 게 자연 속 생물들처럼 인간존재 의의가 아닌가 한다.

개똥벌레가 오색의 빛을 발산하여 밤무대를 화려하게 장식한다. 나무들과 벌레라는 관객이 숨을 죽이고 귀뚜라미의 오페라를 듣는 계절이, 이 가을밤의 맛과 멋이다.

우리 집 성악가는 귀뚜라미이다. 몸통에 온 힘을 주어 두 장의 날개로 비벼서 노래 부른다. 귀뚜라미는 시간에 따라 여러 가지 소리로 희로애락의 감정을 노래한다. 초저녁에는 소리가 크다. 아마 암컷을 부르는 소리이기 때문에 정열적이고, 비장하고, 애원하는 소리인 것 같다. 아무리 불러도 암컷은 소리를 내지 못하고 듣기만 한다. 암탉이 울면 집안이 망한다는 말이 이것들에게도 통하는지 암컷은 다소곳이 듣고만 있는 태도가 맘에 든다.

한밤중 영시에는 수컷끼리 격렬하게 싸우는 전쟁으로 요란하다. 암컷 쟁탈전인지 모르겠지만. 전쟁이 끝나고, 왕귀뚜라미의 수컷이 텃세권을 알리는 승리의 찬가가 화려하며 산뜻하게 새벽녘까지 울려 퍼진다. 아침 네 시 경의 귀뚜라미 소리는 한가하고 처량하다. 그 구슬픈 울음은 어려운 일을 혹은 즐거운 일을 끝마치고 난 뒤의 짧은 생의 아쉬움 같은 소리랄까?

그러면서도 황금빛 찬란한 정오. 가을의 결실을 예찬하는 귀뚜라미 소리는 박진감이 있다. 파란 하늘에 온갖 악기로 연주하는 가을의 왕자는 귀뚜라미이다. 생의 절정기에는 소리로 정령을 갈구하는가. 그 중 다른 것들은 코레스로 합창을 부를 뿐, 주어진 생명을 끝까지 다하고 자연으로 되돌아가는 귀뚜라미는 생의 의무를 다한다. 짧은 생을 즐겁게 사는 것들. 그 생을 다시 찾기 위하여 긴 세월 동안 지하에서 조용히 잠드는 것들. 새 생명의 세상은 아름다워서 노랫가락이 슬프고도 찬란한가 보다.

우리 집 특급 가수는 우리 아이들의 웃음소리, 싸우는 소리, 우는 소리, 글 읽는 소리이다. 낙엽이 지는 가을밤의 가장 즐거운 소리이다. 나를 깨끗하게 순화시켜 주는 우리 아이들의 뒷소리들이다. 하고 들려오는 할머니의 웃음소리가 정원을 환하게 한다.

막걸리 익어가는 소리

막걸리 익어가는 소리, 뽀골 뽀골 거푸거푸 거품이 터져 스르르거리다가 딱 멈춘다. 그 소리가 신기하고 재미있어서 한참 동안 보았더니 몽롱해졌다. 냄새에 취한 채 흐리멍텅 앉아 있었다. 어머니는 옴박지에 퍼서 담았다. 손으로 한참 주물러대다가 물러지면 옴박지에 막대기를 두 줄로 걸치고 그 위에 체를 얹혀 문지르면 좌르르 좌르르 좌악 좌르르 술 거르는 소리가 났다. 걸른 술을 다른 장독에 담고, 푸고 주무르고 해서 마지막까지 똑똑 뚝뚝 술 내리는 소리가 들렸다.

그 막걸리 거르는 소리가 목구멍을 얼큰하게 하고 콧가를 스멀스멀 자극하였다. 똑 쏘는 느낌이었다. 이것을 식초로도 담고, 밥상머리에서 간혹 소화제로도 먹었다.

큰언니가 시집가던 날 항아리에 술을 익혀 방 아랫목에 놔두고 술 익는 것을 살피고 어머님이 덮어두셨다. 나는 술익는 냄새에 젖어 어떻게 익어 가는가 궁금하여 열어봤다. 냄새가 온 얼굴에 화악 스쳐 똑 때리어서 화급히 닫았다. 그곳에 한참 앉아 있으면 몽롱하였다. 또 다시 독을 열었다. 이번에는 자세히 살폈다. 거품이 뽀골뽀골 소리를 내며 뽀골 터지면, 거품덩이가 쫘악 깔리면서, 내 콧등을 타악 때리면서 온 방안에 술 냄새가 화악 퍼져 나갔다. 나는 그 신기함에, 술독 주위를 얼쩡거리기를 좋아했다. 아마 탁 스쳐 드는 냄새에 취하고 싶어서였는지도 모른다.

큰언니가 시집 갈 날이 며칠 남지 않았을 때였다. 체에 술을 받치고 손으로 주무르고 걸렀다. 술 거르는 소리가 빗방울 소리처럼 쫙 쫘악 쫘악 흘리더니 끝에 가서 또옥 또옥 피아노 소리로 마무리 하는 것이었다. 나는 언니가 시집간다는 사실에 설레어서 이방 저 방 넘나들어서 식구들에게서 방정맞다는 핀잔의 소리를 들었다.

어머니와 언니들
휴~우 휴~우 한숨소리
시댁식구 드릴 옷
재봉틀 소리 드르륵 드르륵
신혼 이불 바느질 소리
이웃들 도란도란
술익는 소리 뽀골 뽀골
파다닥 술 터지는 소리.

아버지는 가게에서 막걸리를 사오라고 하셨다. 동네 사람들과 평상에 둘러 앉아 주거니 받거니 들이키면서 말씀들이 많았다.

커억커억 술잔 바닥까지 휘액 털어내는 거였다. 그리고는 양은주전자를 주시면서 또 사오라고 하셨다. 술은 마술의 힘이 가득 차서 아버지는 꽤나 호기를 부렸다. 아버지는 술기운이 어느 정도 들면 천하장사 호령 소리보다 기골장대한 장군 목소리였다. 술상 앞에서 한잔 두잔 오며가며 유년시절 고생담, 청춘시절 아픔, 일제 강점기 고통, 딸들이 많다는 한…의 소리들을 고래고래 지르시는 거였다. 드디어 육자배기 가락이 흘러나오다가 술트림 소리 꺼억 꺼어억 트르륵 트르륵 하시다가, 잠시 쉬고서 깔꾹 깔꾹 터지는 소리에 온 방안이 술 냄새로 너울거렸다. 잠시 동안 뜸을 들였다가 뒷골목 동네 주막집으로 갔다. 그곳에서 또 한판 걸판지게 먹다가 아낙네가 우리 집에까지 아버지를 모시고 왔다.

아버지는 평상에 드러눕거나 앉아서 육자배기를 부른다. 술이 힘을 발휘하여 오장육부를 출렁대어 육자배기를 힘차게 튕겨나오게 하였다.

사람이 살면은 몇 백 년이나 사드란 말이냐/ 죽음이 들어서 남녀노소가 있느냐/ 살아생전 시절에 각기 맘대로 놀거나 해

계면조 허튼 가락으로 진양조 남도민요 육자배기 잡가소리. 느린 박자의 한과 서정이 흐르는 느낌의 억양이 강하면서도 슬프고 구성진 가락. 변화를 다양하게 꺾으면서 떠는 목소리의 그 아버지는, 가락을 읊으면서 비틀비틀 치깐(화장실)에서 술소변 쉬~짝 쉬~짝 소리가 한 바탕 나면 입에서는 우~액 우~액 술의 아귀다툼소리가 한참을 벅적거리더니 추루루 추루루 쫙짝 술의 잡탕소리가 진동했다. 그 틈새를 타서 육자배기는 가슴을 후비듯 간장을 녹이면서 심금을 울린다. 육자배기 음조의 술 익는 소리는 당신 한의 소리. 우리 민족 외세의 억압의 소리였다고나 할까?

아버지 술버릇의 육자배기는 언제 없어지나 했는데, 한 여름날 갑자기 돌아가셨다. 이제는 그 술익는 소리, 술 취한 소리도 추억의 한 토막이 되었다. "어~이 좋다! 어~이 시상에 좋다! 시원하다 꺼억 꺼억…." 어깨 들썩였던 당신의 가슴 속에서 막걸리가 익어갔던 좌르르 좌르륵 쫘악 뚝! 꼬올딱 뽀골거리며 넘어가는 막걸리 소리가 들린다. 그때가 그리웁다.

바가지소리

예전에는 박의 종류가 다양하여 아내들이 남편에게 바가지 긁는데도 여러 양상이 있어 제법 가정에 리듬을 주었다.

남편에게 아양을 조롱조롱 떠는 조롱바가지, 두루뭉술 둥근 마음씨로 남편의 아픈 곳을 둥글둥글 긁어주는 둥글바가지, 잘못을 끝까지 길게 긁어주는 긴 바가지, 이웃집 잘된 꼴을 못 보아 남편의 무능을 탓하며 얽은 바가지를 빡빡 긁는 곰보빡바가지, 남편의 사랑을 몽땅 차지하고 싶어 함빡 웃으며 긁는 함박바가지, 젊었을 때 바람피워 집나간 남편이 늙어서 돌아오니 천대하여 쪽쪽 긁으니 쪽바가지, 너무나 팍팍 긁어대어 집안의 불화를 일으키는 팍바가지 소리…. 여러 가지 형태의 바가지를 긁었다.

아내들의 바가지 긁는 소리는 일정한 리듬이 있어 깨어지지 않고 남편들에게 먹혀들어 가정에 생기를 주었다. 그러나 조금만 도를 넘으면 깨어지기 쉬운 것이 바가지이다. 그러니까 바가지는 적당히 긁어야 그 소리가 활력을 준다.

나폴레옹은 전쟁에만 시간을 뺏겨 조세핀과 같이 있을 시간이 없었다.

그 치열한 전쟁 속에서 조세핀의 아름다운 모습만 상상하며 빨리 만나야겠다는 일념에 속전속결하여 전쟁을 승리로 이끌었다. 이것은 여자의 지나친 바가지 소리가 없었기 때문이었다. 만약 나폴레옹의 귀에 조세핀의 바가지 긁는 소리가 쟁쟁 울렸으면 행동의 의지력을 잃어 전쟁을 승리로 이끌지 못했을 것이다. 그러나 조세펜이 히스테리적으로 바가지를 긁어대자, 그 자신은 이혼당하고, 나폴레옹의 러시아 원정은 실패로 끝났다.

고대 이집트 크레오파트라와 안토니오의 행복한 생활이 빨리 마감된 것은 크레오파트라의 영리한 두뇌로 안토니오를 사로잡아 바가지를 씌었기 때문이었다. 전쟁터에까지 따라가서 사랑을 만끽했다. 그리하여 로마의 시나이반도, 중동연안, 사이프러스 섬 등이 크레오파트라의 수중으로 들어갔으니 로마의 원성이 얼마나 높았겠는가? 옥타비아스와의 전쟁패배로 두 사람은 자살로 끝났다. 클레오파트라가 욕심을 부리지 않고 자기 행복을 원만히 지키면서 적당히 바가지를 긁었으면 사랑이 비극으로 끝나지 않고 세계적인 사랑의 대명사가 되었을 것이다.

그런데 바가지는 여자의 전유물인 것으로 상당한 위력이 있었다.

조선시대 성종비 윤씨는, 성종이 다른 후궁을 총애하여 자기 침실에 들지 않으면 바가지를 긁었다. 아무리 바가지를 긁어도 먹혀들지 않으니 비상약까지 들고 대들었다. 거기다가 성종 용안에 손톱자국까지 남겼으니 사약을 받을 수밖에 없었다.

성종 윤씨의 바가지는 자신을 죽이고 자식(연산군)까지 망치는 결과를 가져왔다. 그만큼 바가지는 조심스럽게 긁어야지 약간이라도 정도에 어긋나면 쉽게 깨어지는 것이 바가지의 생리가 아닌가 한다.

'바가지 긁다.'는 아내가 남편이나 가족에게 불평이나 불만의 말을 늘어 놓는다는 뜻인데, 『史記列傳』에 제나라 재상 안자(晏子)가 외출할 때부터 마부의 아내가 문틈으로 내다보니 남편은 재상의 마부로 만족하여 의기양양하였다. 그날로 남편에게 친정으로 보내달라고 하면서 그의 부인은 "안자는 허한 태도로 우러러 볼 만한데 당신은 8척 거구 대장부로 마부에 만족하니 할 수 없습니다." 고 하였다. 그 바가지를 긁은 뒤부터 마부는 대장부로서의 행동과 겸손을 갖추어 벼슬에 올랐다고 한다.

마부는 부인의 적당하게 긁는 바가지 소리를 받아들였기 때문에 대부大夫로 변신을 하였고, 성종비 윤씨의 바가지 소리는 너무 팍팍 긁으니 팍바가지로 깨어져 신세를 망치는 결과를 가져왔다.

그런데 요즘에는 바가지 긁는 소리의 힘이 약하여 도무지 남편들에게 먹혀들지 않는다. 옛날 바가지는 생활필수품으로 조심스럽게 다루었는데, 지금은 장식용으로밖에 쓰이지 못하고 쓸모가 없어졌기 때문인지 순수한 재래종이 사양길에 접어들어서 바가지에 리듬이 없다.

지금 바가지 소리는 플라스틱이어서 아내의 바가지 소리는 득~득 바악바악, 귀청을 자극하며 깨어지지 않고 질기다. 하다하다 못해 발로 밟고, 가위로 자르고 불로 태워야만 쪼그라든다. 그만큼 여자의 잔소리가 먹혀들지 않는다. 설사 먹혀든다고 해도 부부 싸움으로 가정이 시끄러울 뿐이니, 아예 바가지 긁지 않는 게 상책(?)이라고 한다. 바가지 긁는 것보다 자기 자신을 위하여 밖에서 활동하며, 자기의 부족한 곳을 긁는 것이 훨씬 보람 있다고들 한다.

증권투자, 합창단, 서예학원, 미술학원, 세미나, 문학회, 곗방, 동창회, 땅투기, 자선단체 등에 관심을 두고 보면 귀가 시간이 늦어지고, 남편에게 관심이 부족해질 수밖에 없다. 그러다가 불만이 누적되면 잔소리가 많아지니, '남자가 바가지 긁는다'고 한다.

남자의 바가지 소리는 요란하고 리듬 없이 드르륵 드르륵, 파악 파악

소리만 진동할 뿐 가정에 불화를 일으킨다. 플라스틱이라도 한 번만 남자의 주먹으로 치면 파악! 깨지고 만다. 이혼, 가출, 살인, 집단자살, 등 잔인하고 처참한 말로가 우리 주위에 많이 있다.

바가지는 여자가 긁어야 생활의 활력소를 주고 남자에게는 어울리지 않는다. 여자들의 알맞은 바가지 소리를 음악적으로 들어주는 남편의 아량이 있어야 가정에 리듬을 주지 않을까.

보리방아소리

높고도 높은 보릿고개를 넘기가 힘든 가난에 휘둘러 밥 한 그릇 제대로 먹지 못해 배를 곯았다. 그 고개를 넘어 보리가 솟아나서 한들거리면 얼마나 반가웠던가. 보릿단을 이고 가서 마당에 널렸다. 모가지를 뜯어 도구통에 넣고 찧어 키에 널려 까불면 보리가시랭이는 온몸으로 달라붙는다. 그래도 아랑곳하지 않고 보리를 찧어 알갱이를 토해내면, 입맛을 다시며 다시 보리방아를 찧는다.

쿵덕쿵 쿵덕쿵 찧어/ 언제 배부르게 먹나
쿵덕쿵 쿵덕쿵 찧는 방아/ 언제 다 찧고 밤마실 가나

이러한 배고픈 서러움 속에서 탈출하자마자 임을 찾아가겠다는 마음의 여유, 낭만을 지닌 우리 민족은 아무리 어려운 속에서도 여유를 만끽할 수 있었다.

쿵더쿵, 쿵더쿵 도구통에서 보리방아를 언니가 땀을 흘리면서 찧고선 구슬땀을 닦으며 잠시 쉬는 거였다. 뻣뻣한 보리껍질이 벗겨지려면 것

껍질이 짓뭉겨진다. 처음에는 쿠웅 쿠웅 박자를 맞추며 한참을 찧고서 손으로 보리를 문질러 본다. 가락을 멈추고서 다시 도구질을 하면 궁덩, 궁덩, 궁덩 어깨죽지와 함께 온몸을 움직이다가 허리를 한참동안 두둘겨 대다가 또 찧는다.

박자 맞추는 게 재미가 있어서 나도 방아를 찧으려고 도구대를 들고서 서너 번 하다가 무거워 그만 절구통에 놓는 찰나 그것이 땅바닥에 떨어졌다. 다시 힘들게 겨우 세워 두들기면 무거워 더 이상 하지 못하고 포기했다.

보리밥도 못해 먹을 정도로 곡식이 없으면 생보리로 보리죽을 쑤어 먹었다. 보리를 확돌에 넣고 가알~ 가알 갈고서는 잠깐 쉬고서 허리를 펴고 서 있으면 나도 갈아야겠다고 확돌로 문지르니 내 손가락이 확독과 확돌에 부딪쳐 피가 흘렀다. 그때 둘째 언니는 땍~ 땍~ 땍끼~ 땍끼…. 돌 부딪치는 소리처럼 때리는 것같아 무안했다.

그 보리밥을 석작에 넣어두었다가, 마지막 다 걷어먹으려고 밥석작 속에 숟가락을 대어 득~득 득~득 긁어서 입에 넣으면, 누룽지처럼 굳어서 제법 씹히는 맛이 있어서 한 톨도 남기지 않고 목구멍에 넘겨, 바구니를 깨끗이 씻는 것 같았다.

신라 때 백결선생의 섣달 그믐날 방아타령을 거문고로 찧는 흉내라도 내어 배고픈 서러움을 달래고 있을 때 부인은 춤까지 추면서 가난의 울림을 우리 가락으로 승화했다.

그러나 벗어나기 힘든 가난의 굴레를, 그 보리로 대신하여 쿵쿵 쿵당 쿵당 찍어대는 소리, 가난하기에 그 배고픈 불만을 쿵쿵 찧어서 큰소리 나게 쿵쿵 배고픔의 스트레스를 풀어냈다고나 할까?

도리깨질 보리타작 소리 철썩~ 철썩~ 하늘 끝에서 내리치면 또 철썩~ 철썩~ 가슴속 배고픈 서러움 응어리를 때려서 녹아내는 소리, 철썩 철썩 하고서는 키에 싸악 싸악 보리 까시래기를 날려 보내면, 보리알갱이는 키에서 딩구루 딩구리 굴러 모아진다. 그러면 보릿동 고개도 넘어간다.

밥그릇에 고봉으로 채워진 보리밥에다 열무김치 아삭아삭 씹고 물 한 모금 마시고 보리밥 고봉숫갈 입에 물고, 풋고추에 된장 얹어 씹으면 푸드득 아삭 푸드득 아삭아삭 시원하면서도 매운맛이 그 묘하게도 배고픔을 싸~악 싸~악 씻어버렸다. 그것도 모자라면 보릿겨수제비 죽을 물 위에 홀랑홀랑 뜨게 하여 허기진 배를 채우면 방방한 뱃속은 출렁거렸다.

- 쿵더쿵 쿵더쿵 초여름 땀방울 곱게 씻어준다. 에헤야 데헤야 닻이나 감아라. 떡갈잎 퍼질 때에 뻐꾹새 자로 울고 보리이삭 패어나니 꾀꼬리 소리한다. - 농가월령가 소리에 발맞추어 쿵더쿵 쿵더쿵 아이고 허리야 쿵더쿵 쿵더쿵…. 아이고 팔다리야.

어느덧 배고픈 서러움의 보릿고개는 넘어가고 살맛나는 세상이 되어갔다. 고창 청보리밭 사잇길을 걷고 싶다.

부엌소리

화창한 봄날 조용한 밤중에 정지문 여는 소리가 삐그덕 삐그덕 가만 가만 들려온다. 문턱을 넘어선다. 캄캄했다.

나뭇단이 한쪽에 세워져 있고, 아궁이 속에서는 여전히 뜨뜻한 김이 부엌 안을 스미어 제법 따뜻했다. 나는 손으로 가마솥을 더듬고선 한참 앉아 있다가 살강에서 숟가락을 찾아들었다. 솥뚜껑을 잡은 찰나 쎄르륵 쎄르륵 피잉 소리가 난다. 가슴이 두근두근 한참 앉아 있으면 캄캄한 부엌의 윤곽이 제법 잡힌다. 따뜻한 숭늉이 있는데 그 밥 몇 숟가락을 떠서 먹는다. 보리밥, 콩밥, 무밥, 콩나물밥, 나물밥…. 쌀이나 보리가 몇 알 들어 있어도 단맛이었다. 밥뚜겅을 덮고 솥뚜겅을 가만히 밀어 덮는 순간, 세르륵 세르륵 쓰익 소리가 났다. 그때 부엌문을 가만히 밀고서 나가려는 찰나 쁘그덕 삐그덕 소리와 함께 문턱에 걸려 넘어져버렸다.

이 소리에 방안에 있는 언니의 목소리가 들려온다. "먼 놈의 쥐새끼가 설치고 들락날락한다냐?" 방문 여는 소리에 이어 비글비글 빙글 바깥 여닫이 문소리가 들렸다. 그때 나는 잽싸게 부엌 옆으로 도망쳐 땅에 풀썩 앉아 덜덜 떨었다.

밥 도둑질에 더욱 배가 고파왔다. 겨우 참고 참으며 한참을 앉아 있다가, 항아리에서 물 한 바가지 떠서 꿀꺽꿀꺽 마시니까 뱃속이 방방하여 제법 배불렀다.

삐그덕 삐그덕 들락날락/ 삐그덕 삐그덕 따끈따끈 밥/ 비~잉 비잉 솥 뚜껑 밀기/ 사르르 사르르 솥문 내려 앉아/ 냐암냐암 손가락 밥훑트는 소리/ 가슴 속 가망가망 쿵당쿵당/ 쥐들은 찌~익 찌익/ 발소리 귓속을 후비어/ 심장을 녹인다./ 딸그락 달그닥 살강소리

나는 방안에 소리없이 들어와 후미진 구석에서 잠을 청했다. 맛있게 잠이 들어서더니 해가 중천에 떠 있다. 언니는 나를 깨우고 세수하라면서,

"아이 어저께 우리 집에 쥐도둑이 들었나 봐?"

"으응, 도둑?"

"그 도둑놈이 솥 안에 있는 밥을 묵고 뚜껑까지 덮어 두었어…."

우리는 부엌에 갔다. 부엌바닥에 상을 놓고, 아궁이 속 군불땐 훈기를 쬐면서 밥만 먹었다. 참 오랜만에 배불리 먹은 것 같다.

김치를 아삭아삭 씹으며 물 한 그릇 들이리키면 세상사가 다 내 것 같았다. 틈만 나면 부엌문 소리 안 나게 비~잉 비~잉 열고 들어가 이 반찬 저 반찬 도둑질해 먹고선 물 한 모금 먹고 나오면 오지게 풍만에 젖었다. 그때는, 어쩌면 그렇게 밥이 맛있었을까?

놀이소리

예로부터 여유롭고 평화로운 마음으로 생활감정을 놀이로 해서 얽매어 있던 마음을 확 풀어내 시원하고 즐거웠다. 가슴속에 맺혀 있는 불만을, 아픔을 털어내는 놀이는 한 순간만이라도 순화시킬 수 있어 즐겁기도 하고 마음을 정화시킨다. 그리하여 평화롭고 풍요로운 생활감정의 놀이로 해서 매양 즐겁다.

나의 유년시절 놀이는 길가에서, 냇가에서, 공원에서 종일토록 노는 것이었다. 특히 따스하게 늦은 봄날, 풀이 돋아난 것을 풀각시를 만들어 살림살이를 하면서 맛있게 먹는 시늉이 재미가 있었다.

감나무집 아래 그늘진 길가에 땅을 파서 부엌을 만들고 사금파리 큰 것으로 솥단지, 나뭇가지 꺾어 불을 지피고 상을 차린다. 언니가 말을 한다.

"어미가 밥상 들인다!"하면 동생은 "어험, 밥 무거라!" 하면서 언니와 나는 몰려가 맛있게 쩝쩝 입맛 다시고 밥 달라고 아우성이었다. '밥 줘!' 소리치다가, 안준다고 '어엉, 어엉' 땅바닥에 질펀 앉아서 "아이고 배고파, 아이고 배고파" 쩝쩝거리면, 꺄르르 꺄르르 웃는 소리가 합창소리처럼 들리는 양했다. 그때는 배고픔이 일상사의 생활감정이었다. 그러기에 봄날에는 사직공원에 올라서 삐비를 뽑거나 말풀의 하얀 부분을 손바닥으로 탁 털어서 입으로 아삭아삭 씹으면 달콤하였다. 우린 또 먹거리를 찾았다. 잔디밭 풀뿌리를 뽑아서 꼭꼭 씹으면 단물이 나왔다. 어쩌다가 용돈으로 칡뿌리 사서 딱딱 윗입술과 아랫니 사이로 오랫동안 껌처럼 짭짭 씹으면 입술이 거무스름하게 물이 들었다. 오랫동안 입안에 오물거려 씹기 때문에 간식거리를 찾을 필요가 없었다.

그러다가 소나무 아래 등을 기대고 서 있는 사람 붙잡고 엉덩이 내민 말타기 놀이를 한다. 등허리 굽은 술래의 등을 올라타고 "이랴! 이랴!" 엉덩이를 아프게 두드리면 와그르르 무너져 모두가 한꺼번에 쓰러지며 아우성소리가 천지를 진동한다.

동생과 언니 그리고 나, 동네 조무래기 몇 명이 실컨 놀다가 소나무 껍질을 벗겨 허옇게 살을 드러낸 나무기둥에 혀를 대고서 핥아먹었다. 미끄르르 미끄르르 혓바닥에 닿는 순간 좌~악~할, 좌~악~할 소리가 다음 차례 아이들 소리에 먹혀 들리지 않았다. 다음 아이가 핥아먹고 나무껍질 하얀 부분을 또 핥으면, 나무껍질 송진 냄새는 우리의 배고픔을 메꾸어주었다. 배가 불렀다고나 할까? 배고픈 줄 몰랐다. 종일토록 노느라고 배고플 틈도 없었다.

사직공원 숲에서는 놀기가 좋았다. 전망대 아래 그리 넓지 않은 광장에서 벚꽃 버찌를 주워서 쪽쪽 소리 내며 빨아먹기에 바빴다. 한참을 먹다가 얼굴을 보면서 하하하, 허허허허, 후후후후 데굴데굴 구르며 웃느라고 배꼽을 쥐었다. 버찌 열매가 우리들의 입을 검게 칠하여 흑인 같았다.

우리는 이곳에만 오면 배고픈 줄 몰랐다. 새소리 짹짹 짹짹거리고 우리들의 말소리가 숲을 울려대고 청명한 하늘은 우리를 감싸고 돌려대니 즐겁기 한없었다.

그러다가 우리가 살 집을 지었다. 양손으로 흙을 뭉쳐 탁 쳐서 문질러 다져 초가집, 기와집을 멋지게 지었다. 앞마당에 감나무 심고, 장독대를 만들고 샘터까지 지어 한 가정을 이루었다.

> 두껍아 집지어라/ 황새야 물길어라/ 두껍아 집지어라/ 황새야 물길어라// 소가 밟아도 딴딴/ 까치 밟아도 딴딴/ 무너질라 생각 말고/ 잘도 잘도 지어져라/ 동무들 다// 이곳에 모래성 쌓아/ 흰진주로 기둥하고/ 호박으로 들고하고/ 청옥으로 도리하고/ 황금으로 벽마르고/ 수정으로 문을 달아/ 부모형제 모셔다가/ 재미있게 살고지고/ 천년만년 살고지고

모래흙을 집안 곳곳에 장식해 놓고 우리는 소리를 질렀다. 엄마~ 엄마~. 오냐 오냐 오냐 오냐의 노래, 이놈아 이놈아 동생 부르고 순이야 순이야 나랑 놀자 소리가 사직공원 천지의 숲으로 메아리쳤다.

숲길 깊숙한 곳에 큰 나무들이 즐비하게 서 있었고, 전망대 아래 큰 나무에는 그네가 있었다. 큰애기 총각들이 다 타고 나면 우리 조무래기 차례였다. 그네를 잡고 하늘로 휘잉 휘잉 오르다 아래로 호웅 내리는 스릴, 참 재미 있었다. 우리는 널이 있는 곳으로 가서 한참 구경하였다.

댕기머리처녀 아가씨들이 쿵덩 쿵덩 오르락 내리락 하면, 옷자락이 치솟으며 댕기가 하늘 위로 올랐다가 내리는 찰라 쿠웅 덩, 쿠웅 덩 널뛰기를 한다. 우린 한참 동안 구경하고 있다가 그들이 다 끝나면 우리 차례다. 우리는 널판으로 시이소 게임 놀이를 하였다. 잘못 미끄러져 땅에 엉덩방아를 찧고선 엉엉 울어대고 콧물을 흘리면, 옷소매로 쓱싹 문지르면 콧물을 다 닦은 것이다.

"니 다리 내 다리 새다리 왔다 갔다 새다리 딱!" 소리 속에 우리들의

공동체 낭만의식이 숨어 있어서 생활에 고달픔을 잊게 하는 것이었다고 할까? 한 바탕 큰소리로 웃는다. 맞는 사람 "아이고 아파, 아이고 아파" 때리는 사람 "아나 맞아라 쿵, 아나 맞아라 쿵" 하고선 큰 이불 하나에 우린 다 들어가 잠을 청하면 방귀소리가 '포옹, 푸웅, 타닥타닥' 들리면, 모두가 소란을 피우다가 잠이 들었다.

실줄기로 다섯 손가락에 끼워서 놀다가 그게 지루하면 밤에는 종이로 만들어 전등불 아래 그림자놀이를 한다. 손등에 삿갓모자, 손가락 사이에 젓가락 노를 끼워 가락 맞추어서 놀았다.

뭐니 뭐니 해도 풍악놀이이다. 동네 사람들은 북, 소고, 장구, 징, 꽹과리를 치며 동네를 돌아다니면 우리 조무래기들은 그곳에 끼이지도 못하고 풍각쟁이들의 꼬리를 만들어 이어준다. 신나고 재미있어서 뛰어다녔다. 두리둥둥 두리둥둥, 깽기랑 깽기랑, 부웅부웅, 찡찡 찡찡찡, 부욱부욱 정말 이 소리에 젖어서 한참을 뛰놀다가 어느 집 평상에 한 상을 차려놓으면 우리는 얻어 먹는 재미에 떠날 줄 모르고 따라다녔다.

우리들 최고 절정의 놀이는 추석날, 설날, 대보름날 강강술래 놀이다. 신나게 놀기에 가장 좋은 놀이이다. 둥근달이 하얗게 천지를 물들이고, 시원한 저녁바람이 한결 우리를 들뜨게 하였다. 우린 광주천변 공원광장에 모여 강강술래놀이를 하였다. 언니들 뒤에서 우리는 남녀 따질 것 없이 같이 놀았다.

한가위 날 휘영청 달 밝은 밤이 이슥하도록 처음에는 느리게 돌다가 진양조에서 중머리, 중중머리 소리하다가 빨라져 폴싹 폴싹 뛰어다니다가 숨이 가파져서 땅에 풀썩 주저앉아 큰 숨을 돌리고 땀을 닦는다.

나는 달밤의 처녀 총각들 틈에 끼어 약한 다리로 따르려다가 자빠지고 넘어져 도중하차를 하곤 했다. 그래도 놀고 싶었다. 무슨 뜻의 노래인 줄도 모르고 '강강술래, 강강술래, 강강술래….' 소리만 질러댔다. 그 소리 소리들 소리들, 강강술래 강강술래…. 치맛자락 휘잉 돌아치는 짝짝 발닿는 소리, 노랫가락 소리.

새야새야 파랑새야/ 너 뭐하다 나왔느냐/ 솔잎댓잎 푸르길래/ 하절인중 알았더니/ 춘하추동 낫세기시/ 달떠온다 달떠온다

내가 노래 부르는 것은 '강강술래'다. 나보다 나이 많은 동네 언니는 꼭 나만 빼고 언니만 데리고 놀았다. 그래도 나는 그 언니 뒤꽁무니만 따른다. 나중에는 귀찮아서 놀이에 끼워주었다.

우리들의 가장 즐거운 때는 명절날이었다. 흰쌀밥에 소고기국을 먹는 날, 바로 일 년에 딱 두 번 설날, 추석날이었다. 생일잔치 날이 필요 없었다. 그러니까 형제부모 생일이 언제인지도 몰랐다.

세뱃돈 탈 욕심으로 아침 일찍 일어나 세수하고 아버지를 기다린다. 아버지도 그날은 헛기침을 하시며 마당을 쓸고 어슬렁거렸다. 어머니와 언니들은 상 차리느라고 바빴다.

어머니는 무명에 노랑, 빨강 물을 들여서 옷을 만들어 우리에게 입혔다. 이제 생각하니 무명이기 때문에 맵씨가 없었다. 풀기가 있어서 뻣뻣한 감촉의 통치마 저고리로 구김살이 많아 펴지지 않았다. 그것을 최고로 멋지게 생각했다. 나는 천사옷을 입은 것처럼 자랑스러워 뽐내고 동네를 돌아다녔다. 특히 재미있는 것은 윷놀이였다. 윷놀이 규칙이 무엇인지 모르고 어른들, 청년들이 와! 개다, 모다, 소리를 지르며 한바탕 감탄사들을 연발하면, 난 어른들 틈에 끼어 앉아 보고 있었다. "아니, 먼 가시네가 어른들 틈에 끼어 앉았다냐. 쩌리 가! 땍!" 무섭게 눈을 부릅뜨면서 나가라고 하면 섭섭했다.

오록조록 모로런가/ 오실보실 앵도런가/ 공부자의 승도런가/ 맹부자의 장도런가/ 산천초목 분명하니/ 철도 적실하고/ 인의 예지 분명하니/ 지도가 적실하다

우리들 소리는 인의예지가 뭔지 맹자 공자가 뭔 뜻인지 몰랐다. 그저 그저 웃음소리, 먹는 소리, 즐거운 소리뿐이었다. '오메, 오메 우스워 죽겠능거. 오메 환장하게 재미있네. 요건 징그렇게 맛있어, 오메 징그렇게 재밌어. 오매 오사하게 재밌는 거. 오매 진짜로 오지게 좃탕께….' 이런 소리를 듣는 것도, 이제는 과거의 추억의 소리로 바뀌어가고 있다.

사직공원 광장에서 달리기 놀이, 딱지치기, 나무타기…. 누가 제일 높은 곳에 오르는가였다. 욕심을 부리다가 떨어져 엉덩방아 찧어 큰코를 다친다.

종일토록 놀다가 뜨뜻한 온돌방에서 논다. 피로를 풀기 위해서인지 몰라도 평소에 습관적으로 하는 놀이었다. 마주 앉아 이불 위에 다리를 얹혀 사이사이 뻗었는데, 그 다리를 하나하나 세면서, 박자를 맞추면서 노래를 불렀다.

-'니 다리 내 다리 새 다리/ 닭다리 개다리 원숭이 다리/ 하나둘 셋'-

자리에 멈추면 죄인이 되어 군밤을 맞거나 손목을 두들겨 맞는다.

하늘에서 달려온/ 달 위에는 별도 총총 / 구름 속에 숨은 달을 해만 삣쭉 무었구나/ 꽃도 단포 화단치마/ 맵시 좋게 살라 입고/ 마당 좋고 동무 졸 때/ 신명털이 하고 가세.

노래를 메기는 앞소리꾼에 따라 '강강술래, 강강술래, 강강술래, 강강술래….' 4음절 강강술래 유년시절의 소리가락, 나는 오직 '강강술래'노랫가락 소리뿐이었다.

지금 나의 놀이는? 걷지를 못해 유원지도 못가고, TV도 나와 멀어지고 눈도 잘 보이지 않아 영화관에도 못가고, 노래도 모르니 노래방에 누가 데리고 가지 않아 안가고, 춤도 못추니, 콜라텍에 데려가지 않으니 오직 생물학적 놀이 뿐이다.

먹고 화장실 가기, 자고 일어나 TV보기, 먹고 화장실 가기, 자고 일어나기 TV보기….

자장가소리

황금의 잠이 너의 눈에 키스하고/ 미소에 잠이 깨어 네가 일어날 때/ 자거라 예쁜 장난꾸러기야, 울지 말고 그러면 내 자장가를 불러주마

– T 데거 「페이션트그리」에서

엄마의 자장가 소리에 포근히 잠든 아기천사. 새근새근 새액새액 푸욱 내리 쉬다가 잠깐 엄마냄새를 맞고 입을 오물거리며 눈을 감은 채 새근새근 들리는 숨소리는 아기천사 노랫가락이다.

세상에 있는 무서운 것을 날려 보낼 듯이 엄마의 자장가가 아기의 잠귀를 포근히 감싼다. 엄마의 품안에 따스하게 안긴 채 새액새액 소리 내며 입술을 짭짭거리다가 고개를 돌리는 아기. 예쁘게 만들어 놓은, 살아있는 인형 같다. 그 아기를 다독거리며 가만가만 부르는 자장가 노랫소리

자장자장 우리 애기/ 선녀 같이 이쁜 애기/ 샛별 같은 맑은 눈 / 조롱조롱 맺히거라 / 엄마 품에 푹 안겨서 / 칭얼칭얼 잠 노래를 / 또 했다가 그쳤다가/ 새근새근 잘도 잔다/ 자장자장 우리 아기 / 예쁘게도 잘도 잔다.

아기의 잠자는 예쁜 모습에 엄마는 노래한다. 이 세상에서 가장 순수한 그 엄마의 얼굴! 그 엄마의 음성. 아기들은 눈을 지긋이 감고 그 천사를 만나려고 새근새근 숨 쉬고 눈을 감는다.

그런데 지금의 엄마들은 이런 노래가 아닌 온갖 노랫가락의 종류에 따라 아기에게 들려준다. 클래식, 팝송, 동화, 동요, 외국어 노래, 등 아기들이 알지 못하는 먼 세계의 꿈나라 이야기를 들려준다. 그런데 아이들은 그 이야기의미를 모른 채, 그 소리에 따라 혼자 고개를 끄덕거린다.

아기들은 편안하게 잠들기를 좋아한다. 잠버릇이 심한 아기에게는 엄마의 선녀같은 마음의 숨소리를 들으면 저절로 잠이 들고 꿈속에서 즐겁게 노느라고 깜박깜박 웃는다. 그러기에 아기들은 아무리 무서운 사람이 공포스럽게 해도 사람을 보면 반짝반짝 웃는다.

아기는 잠을 많이 잔다. 그러나 시끄러우면 설치어 잠을 이루지 못하면서 아기는 운다.

> 자장자장 우리 아기/ 은자동아 금자동아/ 만첩산중 옥포동아/ 칠기천금 보배동아/ 오색비단 채색동아/ 억조창생 의택동아/ 무하자의 백액동아 막대같이 실하거라/ 그림같이 어질거라/ 하늘같이/ 높으거라/ ~은자동아 금자동아/ 자장자장 잘도 잔다

시어머님은 우리 아기를 무척 예뻐하셨다. 아기가 보고 싶어서 잠을 이루지 못하시고 신새벽부터 우리 집에 오셨다. 아기를 당신의 가슴에 꼬옥 안겨 볼을 부비며 … 아가야 아가야 어디에서 내게 왔냐/ 아가야 아가야 천사가 보냈냐. 마리아님이 보냈냐/ 아가야 아가야 우리 아가야 ….

방아 찧기를 하면 할머니 손에서 폴딱폴딱 뛰고 무릎을 구부렸다가 쭈욱 편다. 한참을 방아개비 춤을 추다가 우유병 우유를 쪽 쪽 쪽 쪽 빨아먹고 잠이 들면, 시어머니는 또 애기 보러 올란다고 하시며 가셨다. 자장가에는 할머니의 절대적 사랑과 엄마의 정성과 소망, 무한한 기대의 사랑을 가락으로 북돋우어 아이들 성정을 곱게 성장시켜 안온한 성격으로 만드는 간절한 기쁨이 있다.

나라님께 충신동아/ 부모에게 효자동아/ 일가친척 우애동아/ 형제간에 화목동아/ 친구간에 의리동아/ 서당가면 재주동아/ 은자동아 금자동아/ 자장자장 잘도 잔다.

어느 날 새벽 갑자기 오셔서 아기를 먼저 당신 가슴에 안거나, 등에 업으셨다.

시어머니는 내 아들을 업고서는 은자동아 금자동아 박자 없는 가락으로 어깨를 들썩이면서, 고개를 돌려 아기를 보고서 하는 노랫가락이 떠들썩했다. 그리고는 다음에 또 올란다고 아기를 두고 가셨다.

부모는 자식에게 모든 소망을 건다. 자신의 분신이다.

친정아버지는 내 동생이 세상에 태어날 때 처음으로 크게 웃으며 춤을 덩실덩실 추셨다고 한다. 아기가 누워 발길질하며 손을 움직이면 훌쩍 보듬고서는 등허리에 업고 고개를 돌려 아기를 보면서 한참을 걷다가 아기를 손바닥에 올려 놓고서는 쿵덩쿵덩 방아를 찧었다.

방아야 방아야 찧어라/ 방아야 방아야 쿵쿵 찧어라/ 우리 애기 잘도 논다. 우리 애기 잘도 논다/ 쿵 쿵 쿵 쿵 방아 찧어라….

온 희망을 다 걸고 두 팔로 가슴에 안고 노래 불렀던 그 따스한 가슴으로 내 동생을 안고서 마당에서 … 어와 두둥실 어와 두둥실, 어와 두둥실 어와 두둥실…. 한참을 자장가를 부르면 아기가 잠이 들자 따스한 이불로 덮고 함께 잠을 잤다고 한다. 언니들은 아버지가 내 동생을 얼마나 사랑했는지 나는 모른단다.

아버지의 자장가 소리가 불현듯 듣고 싶다. 그이가 우리 두 아이들 업고서 한잠도 이루지 못하고서 자장자장 흥얼거렸던 젊은 아빠의 목소리로 그이가 자장자장 등허리 흔들거리며 아기 재우는 소리에 나도 편안하게 잠들었다.

그 아기는 아버지가 되어 딸을 손바닥에 올려 세우고 어깨에 엎드려 잠을 재운다. 토닥토닥 두드리는 토닥토닥 음향소리가 온 방안을 따스하게 감싼다.

방귀 뀌기 대회

옛날 옛적에 전국에서 유명한 전라도 방귀쟁이와 경상도 방귀쟁이가 있었다. 하루는 전라도 방귀쟁이가 팔도에서 제일가는 방귀쟁이가 경상도에서 살고 있다는 소문을 듣고 머나먼 길을 걷고 걸어서 경상도 방귀쟁이 집을 찾아갔더니 주인이 없었다.

방귀를 잘 뀌니까 잘 먹고 잘 사는 부자인 줄 알았는데 초가 오막살이집에서 가난하게 살고 있었다. 한참을 망설이다가 기왕에 여기까지 왔으니 연습 삼아 방귀를 한 방 끼었다. 그때 경상도 방귀쟁이의 초가집이 순식간에 어디론가 날아가 버렸다.

경상도 방귀쟁이가 동네에 와서 보니 자신의 집이 없어져 버렸기에, 그 연유를 동네사람을 통해 알고서는 몹시 화가 나서 그 마을에서 제일 크고 무거운 돌절구를 궁둥이에 대고 서쪽 전라도 쪽으로 방귀를 한 방 힘껏 쏘아대니 절구통은 하늘 높이 솟아 지리산 꼭대기를 넘어 전라도 방귀쟁이 집에까지 날아와 방귀쟁이 이마에 떨어지게 했다.

그 순간 전라도 방귀쟁이는 동쪽 하늘을 향해 방귀를 힘껏 한 방 쏘니 날아온 절구통은 방향을 바꿔 경상도 쪽을 향해 지리산을 넘어 되날아갔다. 경상도 방귀쟁이는 전라도 녀석이 틀림없이 절구통에 맞았을 것이라고 믿고 통쾌하게 웃고 있는데 서쪽하늘에서 돌절구통이 되돌아오는 것이었다. 화가 몹시 난 경상도 방귀쟁이는 돌아서서 온 힘을 다하여 방귀를 뀌었다. 그 절구통은 다시 지리산을 넘어 전라도 쪽으로 날아갔다. 그리하여 절구통은 방귀의 힘으로 지리산을 넘어 전라도와 경상도를 몇 번 왕래 하였다.

그러나 두 방귀쟁이는 서로 지지 않으려고 번갈아가며 방귀를 뀌어대니 절구통은 하늘에 떠서 오지도 가지도 못하고 벌벌 떨다가 석 달 열흘 만에 지상에 떨어져 무승부로 끝났다.

형제가 많은 우리는, 어렸을 때 곧잘 방귀 뀌기 대회를 열었다. 여름밤 꽁보리밥을 배가 부르게 먹고 땀을 식히며 평상 위에서 방귀를 뀌면 부붕, 소리가 크고 냄새가 고약하였다. 아무리 소리가 나지 않게 방귀를 뀌어도 냄새가 코를 찔렀다. 그래서 그 많은 도둑 중에서 방귀도둑만은 들키기 마련이었다고 한다.

추운 겨울 따뜻한 방안의 이부자리 위에서 10여 명의 식구들이 방귀 뀌기 대회를 열었다. 소리의 크기에 따라서 우승의 순위가 정해졌다. 상품으로는 삶은 고구마나 감자, 차디찬 무, 볶은 쌀, 볶은 콩이었다.

방귀소리로 우승한 사람들은 이것을 먹으면서 온 방안을 뒹굴었다. 방귀의 독가스가 방에 풍겨 아수라장이었다. 그러면서도 뱃속이 시원하여 즐거웠다. 그런데 요즘은 방귀소리가 피식거리거나 살짝 들리고 냄새도 느끼지 못할 정도이다. 음식이 바뀌져서인지 몰라도 독하지 않고 은밀히 코끝에 다가온다. 방귀다운 낭만적인 냄새가 나지 않고 비린내로 불쾌감만 준다.

전라도 방귀는 풀만 먹어 영양부족으로 냄새가 약하다가도 홍어를 먹으면 톡 쏘는 것으로 구린내가 얼큰하단다. 경상도는 먹는 것이 다양하여 영양가가 있어 퓨전방귀로 냄새가 진화되어 있는 듯 없는 듯 은밀하게 코끝에 유람하며 방귀냄새를 풍긴단다.

방귀 뀌기 시합은 지금도 알게 모르게 하고 있다. 19대 국회의원 선거 때 A당은 경상도 B당은 전라도로 확연히 갈라져 빨간색, 노란색 방귀바람으로 전국에 너울거렸다. 경상도의 성추문 잘못을 알면서도 왜 그 사람을 국회의원으로 찍었냐고 하니까 A당은 경상도 당이어서였다고 한다. 전라도에서 A당 한 분이라도 당선되어야 하는데 왜 안 되었냐고 하니까 경상도당을 찍어주면 전라도 사람들 줏대가 없다고 손가락질하기 때문이란다.

뱃속에 가득한 소화불량의 찌꺼기. 바람에 불과한 가스냄새. 하찮은 이것이 전라도 경상도로 왔다갔다 누린내를 뿌리고 있다.

그런데 요즈음에는 전라도, 경상도 할 것 없이 서로, 오순도순 살자고 하는지 전라도 경상도 냄새가 없다. 확연히 드러나지 않는다. 방귀도 진화하여 냄새도 통합 협치하여 슬며시 사라지려는가?

한 방울의 이슬소리

수평길이 소용돌이쳤다. 발자국도 남김없이 이길 저길로 돌이질했다. 정육면체의 사각 모서리 어두운 한옥 방에서 갇혀 아니 정육면체의 맨바닥에 상하좌우로 고개를 돌려대면 허허벌판에 혼자 외롭게 서 있는 기분이었다.

물안개처럼 피어오르는 물체의 움직임, 도무지 읽혀지지, 보이지 않는 어두운 구름결에 허덕이며 나 홀로 문을 두드렸다. 그때 가느다란 음성이 귓속을 간질이며 속삭였다. 고함을 쳐라. 악을 쓰라. 벽을 두드려라. 너의 몸속 곳곳에 메스로 그어진 그 칼자국 흉터를 감추어라 아니 다시 네 가슴에 대어라 하는 거였다.

내가 예상치 못한 충격, 내 자식보다 내 남편보다 애정을 쏟아 흘렸던 그 핏자국의 흉터는 여전히 남아있는데, 그것이 내 손안에 잡힌다.

그 가슴이 떨린다. 얼마나 많은 시간의 아픔을 견뎌냈던가, 네 진실을 상대편에게 줬다고, 그 정성을 줬다고 그 것을 찾으려고 했던 어리석음은 네 가슴에 핏자국으로만 남았다. 아무리 털어도 자국이 사라지지 않는 끈질긴 흔적은, 숨을 쉬지 못하게 했다.

우리가 살아가는 길은 너무나 짧다. 그리고 좁다. 나는 방안에서 걸었다. 마루에서 걸었다. 막다른 골목에서 걸었다. 그리고서 대문을 열고 들어서면 울창한 수림은 나를 맞이한다. 하얀 동백과 백목련의 소리 없는 속삭임, 선홍빛 동백꽃 아래 노란 수선화의 흔들거리는 영적 바람소리, 붉은 철쭉꽃과 구봉화가 벙글거리는 무언의 소리 지르며 활짝 가슴을 펼 때 하얀 백목련은 꽃잎을 날리고 연둣빛으로 사뿐히 나를 안아 준다. 지천에 난초들이 다소곳이 내게 고개 숙이고 한들거렸다.

아, 이 아름다운 생명들. 때가 되면 어김없이 자신의 미적 경지의 세계를 유감없이 발휘하여 내게 미소를 보냈다. 하얀 치자꽃 향기가 나를 유혹한다. 그 은은한 향기, 조용한 몸매로 나를 바라보면 눈물이 났다. 너의 진실한 그 이슬방울은 내게 보내는 자연의 정서였다. 한 5여 년 동안 눈물이 없었는데 그저 이유 없이 한참을 살아내고서야 치자꽃 너를 보다니. 그 고요한 색채의 몸매로 정원의 사방으로 퍼져가는 향기로 물방울이 튕기면, 노란 싹을 돋아내 부지런을 떠는 오엽송이 연둣빛 침엽도 고개를 내민다.

가벼운 옷차림으로 골목길을 왔다갔다 하였다. 그러다가 막다른 길에 도달하여 멈추었다. 벽이 턱 버티고 있다. 되돌아가는 길이 혼미하여 보이지 않는 것 같았다. 네 가슴의 칼자국을 대어라고 한다. 어서, 어서 대어라. 감추지 말고 활짝 열어라. 가슴을 펴라.

지금, 생명의 길이가 짧아졌다. 걷다보면 금방 막다른 길에 부딪치어 멈춘다. 멈춰 있으면 되돌아가는 길을 비켜주지 않았다. 당신의 등 뒤에 생명이 있고, 그것이 뒤따르며 메꾸기 때문이다. 그래서 순환이 있는 것 같지만 인생은 순환길이 없다고들 한다.

꽉 막혀있는 고독의 길. 그 길을 견디지 못하는 사람이 있을까? 고독은 멋스럽다. 거기에는 환상과 사상, 상상과 심상, 철학과 과학, 심리학과 나만의 예술적 환영이 있기 때문에 외출을 하고 싶었다. 아니 외출을 해야 했다.

우리를 살게 하는 따뜻한, 한 올의 햇볕, 사늘사늘한 몇 줄기의 바람, 하늘빛을 천지에 뿌리며, 메마른 목을 축여주는 몇 방울의 이슬이 허기증을 채워주는 추억들을 찾아서 봄바람을 쐬었다.

나는 무조건 조선대학교 뒤 산길을 갔다. 거기에는 내 학업이, 내 청춘이 있고 내 첫사랑의 소리가 있었기에 오롯이 구부러진 뒷길을 걸었다.

그때 휘잉 지나가는 빗살무늬의 광휘에 놀라 가슴이 두근거렸다. 또 햇살이 몰려들게 하는 저 나무 사이사이 바람몰이꾼이 쉬잉쉬잉 질타했다. 구름결이 보이지 않는 구름결의 감각이 온몸을 움츠려들게 한다는 사실을.

진정으로 무겁다고 느낀 것은 가벼운 무중력이었다. 그것은 아무것도 아닌 그 자체만으로 은밀한 통곡의 소리인 것이었다. 사방을 휘둘러보았다. 그때 갑자기 내려오는 빗줄기. 소낙비라도 쏟아지면 시원하랴만 어정쩡한 빗줄기가 나를 만지작거렸다. 그래 이런 비를 맞으면 맞을수록 매력이 있다. 옷에 떨려앉는 것, 전신을 적시지 않고 도닥거리는 빗줄기, 큰소리도 없이 자작자작거리는 가느다란 소리, 이런 것은 맛이 있는 물결, 멋이 있는 물줄기이다.

그때 15여 년 세월의 밤이 내 눈앞에 다가왔다. 어두워서 아무 곳에도 갈 수 없었던 시력 장애자, 많은 소리들이 귓가에서 맴돌아 들리지 않는 귀머거리, 굳어질 대로 굳어진 사지의 심줄기 가닥이 매어 있어서 옴짝달싹할 수 없는 그 무기력이, 전신에 물길이 스민 감각으로 스며드는 것이었다.

소리 없는 환청, 질책의 손짓을 하는 환시(幻視) 이상한 그것들이 몸서리치게 움츠려드는 찰나! 빗줄기는 가랑가랑거리는 거였다. 그것은 바로 '나'라는 '욕망'의 중력을 가물거리게 하는 잿빛이 허공을 질타하는 거였다.

그때 참새가 푸드득 푸드득 나뭇가지를 넘나들고, 나는 촉촉한 날개깃으로 온몸을 팔락거렸다. 바람결도, 물결도 멈춘 허공으로 오르는 비상, 무언(無言)의 소리가 쏟아졌다.

'한 방울의 이슬소리를 들어라!'

위문공연

겨울답지 않게 포근하다. 맑은 햇살이 따뜻하게 유리벽을 뚫고 우리를 감싼다. 알맞은 온실에 빛살까지 하얗게 쏟아내니 마음이 편안하다.

여섯 분의 병실 환자들이 아침식사를 끝내고 말들을 한다. 신세타령, 젊은 시절의 고생담, 돈, 섭섭한 자식들…. 가슴에 쌓인 온갖 이야기들을 시원하게 토해낸다.

해남댁은 당신처럼 고생한 사람은 없을 거란다. 식구는 많고 땅 한 뙈기도 없는데다가, 먹을 게 없어서 밥이라도 얻어먹으려고 시집을 갔더니 친정집보다 더 가난해서 도망치고 싶었단다.

"동네 집집마다 돌아댕기면서 품팔이해서 밥 얻어먹고 자식 가르치고 돈도 모아 논밭 사서 포도시 살만 헝게 영감탱이 바람났어. 오매 징그럽등거. 그년하고 헤어지려면 우리 땅을 줘야한다고 허드랑께요. 그래서 내가 돈 벌어서 3년 안에 갚을 테니 서약을 쓰고, 남의 집 품팔이해서 자식들을 가르쳤어라우. 그동안 모은 돈을 그년에게 주었더니 떨어지더랑께요."

두 다리를 쭈욱 뻗어 발목을 만지면서 눈물을 철철 흘린다. 이때 그녀의 남편이 들어온다. 작달막한 키에 구릿빛 얼굴의 깡마른 체구이다.

"어째 왔당가?"

"자네 보러 왔네."

해남댁은 입을 삐쭉 내밀고 눈물 콧물을 닦으며 고개를 돌린다. 병실 환자들은 찬찬히 쳐다보면서 웃기도 한다.

갑자기 10여 명의 연로하신 어른들이 광주댁 할머니 앞에 빙 둘러 서서 음료수, 과일, 빵봉투, 비닐봉지 등을 그녀에게 내민다.

그들은 크게 웃는다. 또 키가 크신 어른이 말하자 더 큰 웃음소리가 만발했다. "머드러 왔는가? 나 잘 있는디." 흐뭇한 모습으로 오지게 말한다. "머시당가. 자네가 없응께 살맛이 안 나데. 어서 일어나소." 온갖 말들을 하면서 파안대소한다. 만담대회를 열고 한 바탕 떠들썩하게 웃는 것 같다. 한 분이 우리들에게 붕어빵을 하나씩 나누어준다. 빨리 쾌차하라면서 등굽은 어르신들이 우르르 몰려 나가자 대여섯 명의 노인이 그녀의 침대 옆에서 한참 동안 이야기를 하면서 웃음이 끊어지지 않았다. 문병을 오신 분들이 대부분 남자들이었다.

"왜 남자만 오셔요?"

"40년 동안 나의 담뱃가게 동네 친구라우."

젊었을 때부터 지금까지 담뱃가게 단골이다. 어려운 일이 있으면 서로 돕고 허물없이 친구처럼 지내 와서 형제 같단다.

J 교수가 들어온다. 반가웠다. 문을 열고 그는 환자분들을 보면서 눈물을 글썽거린다.

"내 마누라 뇌졸중으로 누워서만 있는지 3년이 넘었습니다." 하면서 당신 어머니를 부른다. 한분 한분 보면서 꼭 어머니가 살아계신 모습 같다고 한다. "어머니를 보고 싶습니다." 눈물을 손끝으로 닦는다. 양로원에 계실 때 맛있는 음식 직접 먹이시지 못하고, 놀아주지도 못하고 부둥켜안고 울기만 하였습니다. 어머니는 나의 얼굴만 멍하게 쳐다보시며 내 손을 꽉 붙잡았습니다. 어머니, 우리 어머니. 불효자식 후회합니다." 환자들은 유심히 바라보고 있다. 콧날이 시큰한 사람도 있다. 숙연하다. 침묵이 흐른다.

J 교수는 갑자기 상의를 벗더니, 운동을 하셔야 건강하다며 가벼운 운동 시범을 직접 보인다.

병실바닥에 누워서 손운동, 발운동을 하더니 몸을 양옆으로 몇 바퀴 딩굴린다. 그리고 앉아서 허리 굽히기, 펴기 운동을 보이더니 깍지낀 두 손으로 모가지를 좌우로 흔들더니 앞뒤로 움직인다. 날마다 이렇게 가벼운 운동을 하시라며 또 긴 한숨을 내쉬며 돌아가신 당신 어머니를 부른다. "우리 어머니, 마음대로 잡수지도 못하시고…." 하면서, 건강관리는 자기 자신이 해야 한다며, 얼굴에 땀이 맺힌다. 아니 눈물인 것 같다. 나이 드신 할머니를 보니 어머님이 그리웁단다.

점심 먹고 두어 시간이 흐른 뒤 H 여사가 들어오더니 나를 보자마자 눈물을 철철 흘리면서 서럽게 운다. 간이의자에 앉는다.

"당신들도 나처럼 고생을 많이 했는갑소. 나 양쪽다리 관절 수술하였지만 제대로 걷지 못하고 구루마(수레) 밀고 다녀요. 나 같은 고생은 암도 몰라라우. 하도 일을 많이 해서 손톱이 닳아지고 다섯 손가락이 굽어져 펴지 못하고, 관절에는 구멍이 뚫어져 걷지 못해 인공관절 수술했어도 아파요. 심장판막으로 내 가슴을 찢어 수술했소!"

갑자기 웃옷단추를 풀고 브래지어를 걷어 올리더니,

"내 가슴 좀 보시오!"

심장수술 자국을 보인다. 당신의 젖가슴을 그대로 노출한 채 상처를 만지면서 운다.

"80객이 얼마 남지 않았소. 너무 억울해요. 이대로 세상과 이별할 날이 오니께 맨날 눈물만 나요. 영감도 없지, 자식도 쓰잘데 없으니 먼 맛으로 살아요."

양쪽 무릎 수술자국을 보이고선 가슴을 퉁퉁 치고 문지른다.

"오메, 징그럽게 고생했능거."

환자들 이구동성으로 나도, 나도 고생고생 했다고들 말한다.

오늘따라 유별나게 문병오신 분들의 눈물이 많았다. S시인이 왔다. 문우를 만나니 반가웠다. 내 손을 잡고서 문옆 보조의자에 앉는다. 모든 환자들이 본다.

"내 두 다리 관절 수술하고, 꺾기를 제대로 하지 않아 지금도 걷기가 불편해요. 무던히 고생들 하셨지요? 오죽했으면 관절이 닳아져 걷지를 못하겠어요. 나는 부잣집 아들 잘 생긴 외모만 보고 시집을 갔지요. 영감은 가족은 통 모르고 한량으로, 정치판으로 돌아다녔어요. 남들 좋은 일만 해주었지요. 시골에서 염전을 힘들게 하다가 4남매 데리고 광주로 왔어요. 살 길이 막막했어요. 그때 친정집 가정부가 있었는데 내가 대신 일을 할테니 그 돈을 달라고 했더니 그렇게 하라고 하여 3남 1녀를 의과대학에 가르쳤어요. 지금 모두 의사예요. 근데 고생을 많이 했으니, 내가 더 호강을 해야 하는데 영감님한테 용돈이 더 많이 간다니까요. 원없이 친구들과 놀고 여행하고, 먹고 싶은 것 다 사먹고, 보약 먹고, 병원에 가고…. 재미나게 살아요. 복이 있는 사람은 따로 있는갑데요."

환자들은 그녀만 쳐다본다. 양다리 바지를 걷어 올리고 하얀 무릎을 보인다. 수술자국 줄이 선명하다.

내가 관절꺾기 쇼를 하자고 S시인에게 제안했다. 그러자 벌떡 일어서더니 "꺾기 쇼를 하겠습니다."하면서, 병실 한 가운데서 한발 한발 천천히 걸음을 떼자 환자들은 걸음걸이에 맞춰서 박수가락을 친다. 짝짝! 한 발. 짝짝! 두 발…. 왔다갔다 한다. 동작에 따라 리드미컬하게 손바닥을 치면서 와~ 함성까지 지른다. 그리고 그녀가 병실문가에 서서 노래 한 가락을 쭈욱 빼자 환자들도 따라 부른다. ~ 해당화가 피고 지는 섬 마을에 ~ 병실이 생생하게 울린다.

저녁 식사가 들어오자, 모두 한 숟가락씩 밥을 그릇덮개에 담아 그녀에게 준다. 맛있게 먹는다.

"오늘은 소화가 영 잘 당긴땅께요."

무대는 사라지고 관객들의 말소리가 오순도순 들린다.

내 두 다리도 이제야 들썩거린다.

레퀴엠과 향두가香頭歌

레퀴엠은 라틴어의 전례문에 의하는 것이 보통이지만 『독일 레퀴엠』은 루터가 독일어로 변역한 신·구두 성서에서 브람스 자신이 선택한 가사에 의한 것이다. 성당의 장례미사에 사용되는 곡이다.

존경하는 슈만의 정신질환 비극적 죽음(1856)에 창작 동기가 되었는데 좀처럼 풀리지 않더니 9년 후에 어머니가 돌아가신 뒤에 본격적으로 작곡했다

전곡을 통해 아름다운 합창의 울림 속에 인생의 무상과 고뇌에 대한 위안의 희구가 통절하여 인간적인 레퀴엠이 되었다고 한다. 소프라노, 바리톤의 독창과 혼성 합창, 그리고 2관 편성의 관현악이다.

이 곡을 듣기 위해 인터넷을 열어봤더니 애통하였다. '눈물을 흘리며 씨를 뿌리는 자는 기쁨을 거두리로다(시편126:5)며 울며 씨를 뿌리려 나가는 자는 정녕 기쁨으로 그 단을 가시고 돌아오리라(6절)' 가사로 낮은 음현의 어둡고 조용한 전주를 타고 합창이 '애통하는 자'는 전곡으로 시작하였다. 이어서 합창과 관형악이 효과적으로 교차하여 비탄의 정을 고조시켜 2부에서 '눈물을 흘리며' 이하로 들어가 악상의 밝음을 보여준다.

다소 몇 번 들으니 장송곡의 가락이 내 마음도 울리었다.

합창이 '복이 있도다.' 연발하며 행복을 빌듯이 온화하게 전곡을 마친다. 마지막 주 안에 겪는 자는 행복하다고 했다.

눈물이 없는 눈물, 죽음의 무상에서 우리 인간에게는 죽음이라는 게 필연이다. 반드시 가야하는 길이다. 그래서 자연은 인간에게 죽음에 대한 준비기간을 준다. 내 주위의 사람들과 이별, 육체적 노쇠현상으로 눈을 어둡게 하고, 귀를 들리지 않게 하고, 이를 빼고, 허리를 구부리고, 기억을 멀리 보내고, 걷지 못하게 하고, 병으로 수족을 못 쓰게 하여 죽음이 내 눈 앞에 다가오게 한다. 그런데 프로이드는 자기 스스로 죽음을 받아들일 수 없다고 했고 괴테도 모든 사람은 스스로의 안에서 자기 스스로의 불멸이 증거처럼 행동한다고 했다.

심지어 쇼펜하우어는 본질적 세계를 하나로 보면서 세계를 WELT 라고 했다.(Wed고뇌, Elend 비참, Leid 고통, Tod 죽음을 의미한다) 인생은 고통이고 욕망은 고통을 초래하며 욕망을 제거하는 것은 고통을 제거한다. 욕망은 성자와 같은 삶에서만 제거될 수 있는데 이는 순결, 몸 낮춤, 극빈을 요구한다고 보았다. 이것은 니체에 영향을 주어 『신은 죽었다』가 나왔다. 그는 프로이드 심리학 개념 형성에 영향을 주었지만 쇼펜하우어는 염세주의자였음에도 죽음을 택하지 않고 70넘게 살았다.

죽음을 생각한다는 것은 죽음을 우리에게서 현상학(phenomenology)을 빼앗아 갈 뿐, 포기하지 못하고 살아가는 길을 안내한다. 고난과 고통 속에서 살아가는 것이 진실로 삶이란 무엇인지를 깨닫고 살아있음의 소중함을 느끼게 하고 그리고 살아간다. 만약 현재 죽음이 존재한다면 그것은 존재가 아니다. 이미 생명이 없기에 아무것도 아니다.

고통 속에서의 죽음이라는 느낌은 생물학적 느낌에 불과하며 그러기에 죽음에 도달하는 나이에 이르면, 피핏의 말처럼 '나의 죽음은 나에게 그다지 나쁜 일이 아니다'라는 것이 사실이다. '모든 것을 초월해서 열반으로 가는 길이다.' 라고 하였다. 그런 것을 알면서도 사람들은 죽음을 보면 슬퍼하고, 마지막 가는 길을 애도하면서 눈물을 흘린다.

나는 '심청가' 중 곽 씨 부인이 심청이를 두고 갑자기 죽어 저 세상에 가는 길의 상여소리를 요즘 즐겨 듣는다. 저승으로 가는 노래를 들으며 산으로 산으로 가는 장송곡, 그 가락은 나를 슬프게 하지 않는다. 당연히 우리가 가야할 길이기 때문이다. 그러기에 계면조의 슬픈 가락은 가슴의 응어리를 풀어준 것만 같아서 라디오 테이프를 튼다. 슬프고 처절한 양악의 단조와 비슷한 단음계 계면조의 곡이다. 가슴에 절절히 스며들어오는 곡, 저승 가는 길에 슬픈 노래 한 곡조라도 불러주는 것이 예의가 아닌가?

어느 어 혀으으 너 엄차 어이 가리 니엄차 너와와/ 북 망산이 어디더냐 건너 안산이 북망이로다/ 어느노어 허으 언엄과 어이가 엄염차 너와와/ 여보소 상두꾼 말을 듣소 너도 죽여어길이요/ 나도 죽어 어서으 걸어라 인간 세상 떠나는 것을/ 우리가 모두 다 일반이로구나 어 노어허 어 노어 혀으/ 어엄차 너이가리니 팽기랑 팽기랑 팽기랑 어넘와/ 너화너 남부를 열고 화부를 ….

이러한 만가는 온 마음 사람들이 못 다한 생전 모습의 말들을 하며 광장을 이루고선 뒤를 따른다. 온갖 슬픔의 구성진 너름새로 요령을 흔들며 상여머리 꿰고서 소리 메기는 사람의 요령소리에 따라 가는 상두꾼들의 소리, 구경하는 사람들의 탄식소리, 저 먼 산으로 산으로 가는 길 장송행렬은 꽃을 짊어지고 가는 산길 속 장송가무처럼 보인다. 청춘은 생명이요, 인생은 바람이요, 죽음은 구름으로 떠다니는 빗방울이라고 한다면 레퀴엠은 죽음에 이르는 길을 행복으로 안내하는 산사람들의 기쁨으로 영혼을 안내하는 모습이다.

나의 마지막 가는 길은 레퀴엠으로 할까, 향두가로 할까? 아무리 경건하고 엄숙한 길이라도 죽음의 길은 가고 싶지 않으니 이 곡들과 인연을 끊어야겠지만, 자연이 날 데려가겠다면 향두가 쯤이야 어쩌랴.

5 부

장편수필

임자도에서

7월의 섬

풍요를 향하여 둥둥 걸어가는 아픔, 아직 덜익은 시간이 멈추어 푸른 옷자락을 입고 황색 유리벽에 부딪힌다. 바다를 찾는다. 바다는 파란 줄로 하늘을 끌어당겨 물결을 잠잠히 잠재우며 파도를 불러낸다.

그때 물결에 떠오르는 작은 분재같은 섬들 사이에 조용히 앉아 있는 정원. 그 임자도를 파도가 밀어내고 쓸어내고 있다. 푸른 하늘과 구름바다가, 안개 자욱한 적막만 보듬고 있다.

그녀는 언제나 혼자였다.
푸른 바다가 감싸주고
붉은 햇살이 쓸어주고
하얀 바람결이 닦아줘도
그녀는 언제나 혼자였다.
파도 위로 걸어가면
푸른 별무리가 붙들어주고
회색 고요가 다독여줘도
그녀는 언제나 혼자였다.

이른 새벽 아침바다는 견고한 미립자로 파도의 지문을 단단히 감고 바람결 가시를 녹여버리고 그곳을 비켜가고 있다. 점점이 둘러선 분재섬들이 몸의 칠할을 파돗결에 맹목적으로 맡긴 채 진실을 다듬고 있다. 말없이 있다.

하늘을 온몸으로 이고서 몸부림쳤던 세월이 얼마나 무거웠던가. 절망과 고통을 부지런히 붙잡고, 버리곤 하였다. 이런 곳에는 눈물이 있다. 아니 그 많고 많은 세월의 바다에는 눈물이 멈춰버렸다. 가슴속 물결만 팔딱거렸다. 거기서 섬은 살았다. 살을 튕기며 뜨거운 태양을 거부하지 못하는 7월의 바다. 물결만 소용돌이치는 세월은 헉헉거렸다. 거기에서 섬은 용케도 살아있다.

배 한 척도 없는 평평한 물결 위, 누구도 돌보지 않는 자연의 섬, 그 작은 정원은 파도 위에 자리를 깔고 고개를 하늘에 대고 누워 있다. 그리고 바람을 먹는다. 숨이 칼칼 막힌다.

그런데 오늘은 하늘빛살이 파도를 조용히 색칠한다. 푸른 듯하면서도 재색빛, 희면서도 푸르스름한 결, 온통 회색칠을 한 수평선, 그 위에 조금 진한 선을 단단하게 그어 탄탄하다. 이따금 비치는 흰구름결에 물고기들이 비늘을 털며 팔딱거린 양하다. 바람이, 바람이 그것을 받아서 정원에 뿌린다. 그 섬이 바다에 갇혀 있다.

숲도 이루지 못하고, 바위의 웅장함도, 사람들의 그림자도, 새떼들의 노랫소리도 없다. 그 삭막한 정원에 파도소리만 고요를 적신다. 햇살이 제자리에 있지 못하고 얼굴을 가리고, 불그스름하고 푸르스름한 피부를 간직한 채 모두우고 있다.

이렇게 후딱 지나가버린 7월의 세월.

삶과 죽음의 그림자만 있는 것 같다.

미래를 위한 절망의 과정을 거치는 줄달리기. 그것은 고독의 몸부림이었다. 부지런을 잃지 않으려고 처절한 외로움을 받아들이며, 매몰차게 파도를 치면, 7월은 신에게서 축복받은 성스런 휴식을 주었다.

바람의 소묘

바다 위에서 철벅철벅 돌아다니는 섬들의 숨소리를 바람이 몰고 왔다. 해변가에 살짝 앉거나 서서 등허리를, 얼굴을 매만지는 손결은 유년시절 어머니의 손길처럼 따스하고 시원하였다.

회색빛 물결에 묻힌 파르스름한 섬 둘레에 신안 앞바다의 분재같은 그 작은 섬들이 바람의 정교한 손길에 숨결을 겨우 고르고 있는 양 검은 카키색 섬이었다. 영양이 부족하여 빼빼 마른 검은 갈매기들만 드문드문 바람들과 떠돌아다니고 있다.

바람은 파도의 머릿결을 살며시 만진다. 눈을 바다에 씻을 때 소금물은 티끌을 씻어내어 후후 분다. 충혈된 두 눈동자로 은빛 물비늘을 겹겹이 파헤쳐도 깊이를 알 수 없는, 소리 없는 언어로 파란비늘을 반짝반짝 문지른양 하다.

허구헌날 가슴을 절인 돌덩어리를 새모래로 갈아 어머니의 거북등허리의 살결을 만들어냈던 바람자락이, 그 많은 세월을 불러낸다.

가슴 시리게 하는 바람은 하얀 포말을 불러내고, 쉬지 못하는 기나긴 세월의 아픔을 토해내게 온몸을 때리는 채찍으로, 아리고 아려내어 그 아림을 속내에까지 들어가 품어내는 바람. 갑자기 파도의 뺨을 때려 내게 온다. 머릿결이 온통 세모래로 쌓여있어 얼굴에 흘러내려 분칠한다. 눈이 보이지 않는다.

바람소리가 들린다. 나를 알리는 침잠의 소리. 눈물을 몰아 창문을 때리는 소리로 풀잎을, 나무를, 바위를, 모래를 흔들어대는 음영陰影이어라. 그 속에서 꿈틀거리는 소망의 소리를 바다에 뿌렸다.

웃음소리, 울음소리, 비꼬는 소리, 절망과 질타의 소리, 분노와 슬픔의 눈물소리, 원망과 화내는 온갖 소리, 잠드는 숨소리, 생명을 잉태하는 소리, 죽음의 길을 가는 적막의 소리, 삶의 소리, 산을 갈고 닦는 소리, 작은 풀숲, 이슬을 줍는 소리, 바다를 애무하는 소리, 퍼즐놀이로 속삭이다가 수만 가지 무언의 음향과 음성….

바람, 당신은 하늘의 섭리, 자연의 진리를 말하는 도인道人의 소리였다는 걸 이제야 알았다. 인간들의 삶과 감정에 따라 풍부한 형상으로 교감하는 우주의 모습, 눈에 보이지 않되 가슴속에 존재하는 미지수. 그것이 존재하는 모든 것의 아름다운 상극에 의한 조응인 것이다.

아직도 난, 내가 누구인 줄 모른다
살았다는 것 그 사는 것을
왜 바람처럼 휘말려야 했는지 아직도 모른다
푸석한 파도의 발걸음 포말끝에 너울대며
저물녘 붉은 불길에 있는
허공의 파도 위
그곳은 평화로운 안식처
이승의 문을 열고 들어오는
파도이랑이
꼴짝 바람을 부른다.

바람은 별빛살을 천지에 뿌리고 바다 깊숙이 내려앉는다. 파도가 하얀 거품을 몰아내도 끄떡없는 별무리들이 바람 몇 점에 출렁댄다. 침묵을 깨뜨리려고 소술거린다. 밤바람은 저녁 내내 잠을 이루지 못하였다. 파도를 옭아매어 팽팽히 맞서있는 두 줄기의 검은 선자락. 끊어질 듯 끊어질 듯 이어지고, 흩어질 듯 흩어질 듯 모아드는 인연의 손목을 잡고 뒹굴다가 다시 붙잡는 질긴 실가닥을 굳게 맨다. 밤바람은 그렇게 수평 바닷가닥을 잡으며 침묵으로 날을 새운다.

세월이, 점점이 저 길로 다가갈 때, 바람이 뒤따라 호곡소리로 물방울을 튕긴다. 신의 말씀을 따라 저만치 간다.

파도의 꽃밭

바다를 바람이 어깨에 짊어지고 걸어도 걸어도 그 자리에 있을 뿐 멀기만 한 꽃밭, 그 꿈같은 길을 지금도 바다는 걷고 있다.

바다와 파도와 섬이 하늘 속에 들어오고, 바다 속에 하늘과 섬과 파도가 들어간다. 여기서 갑자기 튀어오르는 물무지개 빛살이 사방을 찬연히 물들인다. 그 영적인 것과 세속적인 것의 무상을 아무르는 물살이 꽃밭을 일구는 순간, 나는 보았다, 삶의 아름다움을.

어떤 때는 하얀 눈밭에 눈꽃을, 따뜻한 봄날에는 노오란 유채꽃을, 한여름에는 푸르른 보랏빛 꽃을, 가을에는 붉은 꽃을 피우는 꽃밭이었다가 하루아침에 무지개 포말의 꽃밭이 파도 위에서 바람에 살랑거렸다. 그 파도의 발자국이 모래 위 결무늬의 꽃밭으로 와서 서로 부딪치며 유혹한다.

촉촉 뒤척이는 소리로 무지개를 타고 추억이 이랑의 골을 판다. 철석 때리는 꽃피는 소리의 아픔을 소금으로 절여 얼룩진 바닷결을 씻어낸다. 꽃들은 그 고통 속에서 심신을 다듬느라고 한들거린다.

갑자기 햇살은 재색구름 속에 갇혀 일곱별의 밤하늘에 혼과 육체의 신비로운 꽃밭을 찾았다.

새소리, 사람소리, 바람소리가 푸두득 물살에 너울거려 낡은 섬마을 정원에, 꽃들이 응어리를 아물린다.

바다 위에서 산책을 한다
한여름을 가슴에 안고
파도의 골짝마다 별무리들
기러기를 파도의 꽃밭에
소리 없이 보낸다
고요가 달무리를 치면
일제히 일어서는 꽃무리들
꽃향이 조심스럽게 지나가도록
온몸으로 비켜선다.

고독의 성장인 양 뜨겁게 녹여내는 불루, 나부끼는 파란 하늘의 침울함을 걷어내고 청색조의 명도와 채도로 어두운 꽃밭을 에워싼다. 우주의 빈 공간에서 내리꽂고 솟아오르는 푸른 별무리의 비수를 꺾어내고 황혼결 나부끼는 꽃밭을 다독인다. 그래서 파도의 가슴에는 늘상 온갖 푸른 색조의 꽃이 피는가 보다.

파도는 숲처럼 일어서서 꽃밭의 꽃씨를 여물도록 빛살을 온 몸으로 받아먹는다. 그리고 빗줄기를 쏟아낸다. 씨앗을 간직한다.

바닷마루

수평선에 대롱대롱 매달린
섬의 심신心身
질긴 실핏줄로
유연하게
세월의 흐름을 잡고

구름끝자락 휘감으며
밤과 낮을 움직이는
새벽이 말을 한다.

뜨거운 햇살을 등에 지고, 우거진 파도의 수풀을 헤치고선 말을 한다.

"당신은 이제까지 어떻게 살았습니까?"
"바다처럼 살았습니다."
"남이 준 영양을 받아먹고만 살았습니까?"
"내 스스로 물과 공기와 흙과 바람을 찾아 헤매었습니다."
"당신은 바닷마루에서 지금도 그 무엇을 찾고 있습니까?"
"아무것도 찾지 못하고 부평초처럼 파도 끝 마루에 있습니다."
"오, 너의 어리석었던 생명…."

모래사장길이 푸른빛으로 뭉게구름 피우며 익어간다. 바닷물이 잠깐 쉬었다 가는 바닷길에 돋아난 파도의 지문이 꿈틀거린다. 눈부신 바닷결의 그 허물을 버리고 또 다른 영혼의 간색비밀을 가슴으로 녹아내며 바닷마루에 오른다.

멀고도 가까운 저 하늘.

찬란한 황금빛으로 여물어가는 빛살로 가슴결의 멍울이 녹아내린다.

신화나 전설의 존재가 되어 떠도는 무명의 풍선발. 변명도 할 수 없이 저 물결 이 물결 위에서 아슬아슬하게 용케도 살아왔던 세월들.

이제는 땅과 하늘과 바다가 소통하여 미세한 모랫가루로 바닷마루에서 삼신산 계곡을 찾는다. 파도의 숲에 들여오는 적막의 숨소리로 바닷마루를 적신다. 삶은 그렇게 바닷결의 마루에서 용케도 아슬아슬하게도 사는 게다. 과정만 있지 정답이 없다.

함께한 50년, 함께할 50년

만 남

나는 무엇을 알 수 있는가?
나는 무엇을 하여야 할 것인가?
나는 무엇을 바랄 수 있는가?
인간이란 무엇인가?

이 네 가지 근본 문제에 답하는 것이야말로 철학이라고 칸트는 말하였다. 이들 모든 문제는 결국 인간학 문제라고 한다.

인간에게는 아무리 노력하여도 알 수 없는 세계가 있다. 그 깊은 곳에 있다고 생각되는 물자체에 대해서는 영원히 원리적으로 아무것도 없다는 회의이고, 이성을 통해 이것을 알 수 있다면 독단인 것이다. 즉, 인간 이성은 이제 더 이상 어떠한 의미에 있어서도 절대자와는 아무런 관련자도 가질 수 없다는 것을 의미한다.

우리 인간이 알 수 있는 세계는 눈앞의 현상계에 한정되어 있다는 순수 이성 비판을 통해 '나는 무엇을 알 수 있는가' 근본 문제 해결하려 한다. 인간 이성은 절대자와 아무 관련성이 없다. 경험을 아무리 쌓아 올려도 거기에서는 보편타당성을 가진 인식은 태어날 수 없다고 보았다.

그러므로 세계는 어떻게 존재하게 되었는지 이성으로 답할 수 없기 때문에 느낌으로 답한다. 선한 행동은 우리 내부에서 우러나오는 절대적 명령이다. 대우주자연이 무한히 단순하면서도 복잡하고 철두철미하면서도 질서정연하게 존재하고 돌아가듯이 우리 마음속에도 그 법칙은 있다. 그것은 절대적 권위와 보편타당성을 갖고 만인에 동등하고 엄연하게 다가오는 것이어야 한다. 이것은 감성, 오성(悟性), 이성의 직감과 사유(思惟)의 느낌으로 알 수 있다. 이 자연법칙은 일종의 도덕법칙으로 보편적이다. 그 길을 가슴으로 찾아야 한다. 왜냐하면 느낌, 즉, 실천이성의 본성이 초월에 있다는 것이기 때문이다.

자기 초월적 존재로서의 인간이야말로 도덕계의 입법자이고, 인간의 존엄은 인간 본질로서의 자기 초월 속에 정초되어 있다고 본다.

이 판단적 비판은 나를 두고 말한 것 같다. 나는 학생들 성적만 무조건 올려서 성적 우수반을 만들려고 머리에 지식만 주입시켰다. 아이들을 가슴으로, 감성으로 스스로 절실하게 느끼지 않게 했다. 지금, 나를 부끄럽게 비판한다. 인간 이성, 실천이성의 본질이 초월에 있다는 당신의 정언명령(定言命令). 심층관념에 고개가 숙여진다. '나는 무엇을 하여야할 것인가?' 선량하고 이성적인 존재로서 모든 사람들이 하리라고 기대할 수 있는 행동만 하라. 누구에게나 통용될 수 있는 것으로 도덕법칙만 행하라는 이 말씀이 내 귀가 뱅뱅 도는 것같다.

우리는 시간, 공간, 범주에 의하여 형성되는 선험세계를 거쳐 경험세계에서만 인식할 수 있기 때문에 이것을 벗어난 초경험적인 것은 신앙의 대상에 불과하다고 본다. 인간성의 존엄은 인간본질로서의 자기 초월 속에 있다고 한다.

나는 지금도 나를 초월하지 못하고 있다. 뭔지 모르게 억압하는 구속에 현재의 나를 추스르지 않고 나와 또 다른 나와 이야기 한다. 안정과 방황, 슬픔과 고독, 괴로움과 불안 등이 엄습하여 잠들지 못하고 나를 시달리게 한다. 그렇다면 '나는 무엇을 해야 할까?' 나를 계몽해야 한다. 초월적 의지로 나를 지키고 나를 찾아야 한다고 당신을 만남으로 안 것이다.

칸트 당신은 「에밀」에서, 루소를 만났다. 죽을 때까지 헤어지지 않고 벽에 루소의 초상화를 걸어놓고, 만나고 대화하였다. 어린이는 오직 자기 소질과 감정에 따라 성장하라는 주장에서 어린 시절 아버지에게 매맞고, 학교 분위기에 숨이 막힐 지경이었던 것이 생각나 오싹했단다. 그리고 루소가 무지의 어둠 속을 뚫고 용감하게 싸우는 모습에 당신은 감동을 받았다. 루소가 혼자서 핍박당하면서 자기 사상을 과감히 피력하면서 경제적 어려운 생활을 이겨나가는 고통은 칸트 자신의 살아온 생과 같았다.

루소의 철학하는 외침이 칸트가 철학으로 나아갈 수 있는 기초를 닦게 도와주고, 삶의 이야기, 신비로운 사고뿐만 아니라 느낌으로 완전히 이해할 수 있게 하였다.

루소와 뉴턴과의 만남. 그리고 대화. 과거와 현재와 미래가 한 덩어리로 움직여 시간적 흐름을 바꾼 선험적 추론에 의한 철학적 그 만남은 신비적으로 체험하여 참된 자기를 발견하는 경험으로 해서, 고대 그리스 관념론 철학 창시 이래 근세까지 모든 철학에 큰 영향을 끼친 당신의 정신세계는 지금까지 이어오고 있다. 이 위대한 철인을 만나 내 관념세계의 이성을 비판하는 회심을 가졌으니 기쁘다. 나는 무엇을 바랄 수 있는가. 내 이성으로 나의 이상세계를 새로이 개척하는 길이다. 그것은 사람을, 지혜를, 진리를 만나 대화를 하며 순수한 나를 찾는 것이다.

소크라테스는 길거리에서나 처음 본 사람, 장터, 동네사람, 제자 등 만나는 사람마다 대화했다. 심지어 길을 걷다가 갑자기 멈춰 서서 다이몬(신성한 정령, 혼 양심의 소리)과 만나 한 시간 넘게 대화한다. 이렇게 오직 만나서 대화함으로 진리를 발견하였다. 맘속에는 '나'라는 하나 속에 '나' 하나와 대화하는 자기 자신과 끝없는 대화를 하는 나와 나의 '만남'의 이야기를 통해 진리를 찾았다. 모든 사람들은 이 세계에서 나는 무엇을 찾을까? 하고 이 철인을 따랐다고 한다.

플라톤은 가장 훌륭하고, 가장 현명하고, 가장 고상하고, 가장 정의로운 스승 소크라테스를 만나 신비주의를 깨달았다고 한다. 그 의식의 변화를 통해 참된 자기를 발견하는 것을 경험하여 소크라테스가 모든 철학적 사고의 원천임을 알았다. 소크라테스야말로 타인의 영혼을 신적인 아름다움으로 이끈 진정한 종교와 진정한 철학을 맺어주는 큰 구실의 신비주의 교리로 모든 종교의 심층이라고 하였다.

플라톤의 제자 아리스토텔레스는 17세 때 플라톤의 아카데미에 들어가 그의 제자가 되었다. 플라톤이 이상 국가 관념론적 이상주의자로 스승의 진리를 기록으로 남겼고 아리스토텔레스는 스승 플라톤 사상 옹호하면서도 자기만의 철학을 형성했다. 플라톤이 아카데미 학교를 열어 제자들과 냇가나 올리브 나무 아래 천천히 거닐며 철학을 대화하면서 논했다. 아리스토텔레스도 리세움 학교를 세워 숲을 한가롭게 거닐며 공부하며, 제자들과 대화를 하며 소요하였다. 사람들과 만나 끊임없이 대화함으로 세 철인은 탄생했다.

플라톤이 수학, 천문학 연구를 하였다면 아리스토텔레스는 '걸어 다니는 백과사전'이라고 하듯이 인간의 지적 모든 분야 학설을 수집 연구 비판하였고 논리학 독창적 체계를 세웠다. 세계 최초의 도서관을 설립하여 엄청나게 많은 자료를 수집했다. 그래서 그를 모든 학문의 아버지라고 한다.

지혜는 중용을 지키는 것이 생존의 지름길이라고 하였다. 진정한 행복은 인간 삶을 완전하게 만들어 주는 미덕을, 스스로의 존엄성을 자각해야 한데서 온다고 보았다.

나는 지금까지 가르친다면서, 글을 쓴다면서 이처럼 체계적으로 제대로 공부를 하였는가. 스승의 말씀, 학문을 긍정적으로 섭렵했는가. 나는 나답게 살면서 중용을 지켰는가. 나는 지금 어떤 존재이며 타인에게 어떻게 비춰졌는가.

오! 50여 년 나의 실체여. 인간이란 무엇인가?를 모른다는 사실로 뻔뻔스럽게 치장하고, 중용을 지켜야 한다는 사실을 모른다는 것도 모르고 인간세계를 아는 것처럼 살아왔다.

이 문제들을 나에게 준 제자들과 만나 이야기를 하며 내 자신과 만나고, 자연과 만나서 대화를 하며 얼마 남지 않은 생에서 '나는 누구인가?'를 과연 찾을 수 있을까?

처음

그래서 봄의 소리는 젊음 그 자체다. 손끝이 저리고 가슴은 두근거리며 머릿속은 몽롱하다. 한마디로 야릇하다. 그러나 세상을 흔들어 깨우는 힘의 상징이기도 하다. 한마디로 신비하다.

부드럽고 맑고 아름답다. 만지면 금방 물방울로 스러질 것 같으면서 그 기상이 하늘을 찌를 것도 같다. 한마디로 도도하다.

봄의 소리를 듣는가.

어디선가 잔설이 녹고 있을 것이다. 우리들이 떠나기를 원하는 것들은 잔설 속에 녹아 떠나가고 있을 것이다.

우리들이 만나고 싶은 것들은 우리를 향해 달려오는 봄의 소리와 함께 달려오고 있을 것이다. 오고 있다.

신달자의 「소리로 오는 봄」처럼, 온 세상이 이상야릇하게도 신비한 아침이었다. 내 숨결이 마비되어 멈춘 듯 봄의 소리들이 환호성을 지르며 햇볕을 쏟아내었다.

3월 2일 첫 출근하는 날, 발길이 청청거렸다. 내 마음은 이 기쁨을 걷잡을 수 없는 아침이었다. 하늘은 파랗게 눈을 뜨고 햇살은 사방에 황홀하게 흩어져 나를 축복하는 양 따뜻한 이슬을 뿌렸다. 교문에 들어서는 순간 아이들이 새 순을 돋아내어 물결치는 것처럼 조물조물 조화를 부렸다.

갑자기 "여자다! 여자야!" 6천 개의 눈들이 일제히 내게 쏟아졌다. 그 아이들 봄의 소리 때문에 눈이 부셔서, 현기증이 일 정도였다.

아이들이 있는 운동장 경관은 가로수 몇 개에 불과했지만 운동장에서 물결처럼 연두빛깔로 펄럭이는 아이들. 내 옆으로 우르르 몰려와선 "안 이쁘다. 못났다!" 뒤에서 서슴없이 말하는 웃음소리, 실망의 소리를 귀에 쏟았다. 그 봄의 소리를 타고 아이들의 움직이는 모습이 내게는 절경이었다. 내 시야에 영원히 남는 풍광이었다.

산과 들처럼 봄날 화사한 아침 아이들. 천진난만한 마음이 봄을 즐기는 행락처럼 신비롭고 즐거운 모습이었다.

첫날은 설레고 들뜨고 즐겁고 기쁘기만 하여 뭐가 뭔지 몰랐다. 훌륭한 교직자의 길을 가자고 꿈꾸고 다짐했던 첫 수업 때, 추위에 떤 것처럼 얼마나 덜덜거렸던가. 말소리가 작았다. 아이들은 큰 소리로 말하라고 했다.

처음은 봄이 오는 화사한 길이다. 황홀하다. 안온하게 품은 씨앗의 문을 열고서 품어내는 입김으로 희망을 찾았다. 온 세상이 봄의 소리로 꽉 차올라서 내 소리는 들리지 않았고 아지랑이로 휘저어 돌고 돌았다. 뛰어놀면서 까까머리 녀석들의 올망졸망 모여 지르는 봄의 소리였다.

이때 나는 공부를 열심히 하여 학생들을 가르치고 실력을 쌓아 석사코스 밟아 대학교수가 되는 게 꿈이었다. 그런데 건강이 받쳐주지 않아 이대로 머무르게 되었다. 학생들과 동고동락하는 데 푹 빠져 세월 가는 줄 몰랐다.

그 잊었던 '처음'을 이제야 찾았다. 가슴이 뭉클하는 설렘이었다.

매 맞기

이청저청 대청밖에 사랑청청 강청밖에
이월이라 대추나무 금살구야 유자나무
나무에 앉아 항상 우느니 나부 한 쌍 앉아 우나니
구경 잠깐 하시다가 일천자를 잊었으니
삼각산 물뿌리로 때릴 대로 때려 주소.

"엉덩이 대라."

"때려요! 때려요!"

반반하게 깎은 매로 사정없이 때렸다. 내 어깨가 아플 정도였다. 눈물까지 났다.

"여자가 되어 각고 때려요?"

선생이기 전에 여자로 인식했던 아이들.

함안의 이 민요처럼 낭만적이기도 하다. 매를 들고서 화를 내면, 내 앞으로 다가와 팔을 붙잡고서는 "제가 대신 때릴게요!" 어처구니없는 아이들의 도전에 웃을 수밖에. “우리 공부하자.”, “예, 예!”를 힘차게 소리를 지른다.

어느 날 나보다는 훨씬 큰 사나이다운 사나이의 엉덩이를 사정없이 때렸다. 그 녀석은 2학년인데 3학년들까지 다 휘어잡았다. 그에게 학생들은 존대법으로 말하였다. 학생들은 그 아이를 피해 다녔다. 선생님들이 그 학생의 불량한 수업태도에 아무리 주의를 주지시켜도 더 모난 짓만 했다. 심지어 주위의 아이들을 때리기까지 하였다. 그들은 아무 말도 못하고 맞기만 했다. 몇 번 주의를 주었어도 반응이 없었다. 나는 이성을 잃고 학생을 때렸다. 그 뒤부터 겸손한 아이의 태도, 그 부모님의 항의가 일절 없었다. 기본 예의가 있는 아이였다. 그때 나는 얼마나 고마운지 몰랐다.

집에서 사설을 베껴 오라고 숙제를 내 주었다. 그 시절은 신문사설은 한자가 많아 읽지 못하는 사람이 부지기수였다. 신문사설을 읽으면 한자라도 읽는 자세를 습관화시키기 위해서 철저히 검사를 하였다. 한자를 모르니 어떻게 읽느냐고 하기에 옥편 찾고, 그마저 못하겠으면 모르면 모른 대로 그냥 베껴오라고 하였다.

숙제를 하지 않은 학생은 매를 맞는 게 당연시 했다. 그런데 참 이상했다. 분명히 엉덩이를 때렸는데 “간에 기별도 안 간다.” 엉덩이를 만지면서 절뚝절뚝 걸어갔다.

다음 아이는 엉덩이에서 퍽퍽 소리가 났다. 참 희한했다. 너무 당당한 모습에 오히려 내가 움츠려드는 느낌이었다. 어떤 녀석이 “선생님! 우리는 청소 걸레 입었어요.” 아무렇지 않게 말하면서 웃는다.

아이들은 “헤헤. 하하….” 우리 모두 서로 빌려주고 입혀주었다면서 웃어댔다.

저렇게, 여유 있게 웃을 줄 아는 아이들을 보고 오히려 부끄러웠다.

묘안을 짰다. 군밤먹이기, 손목을 손가락으로 서로 때리기, 볼에 손가락으로 퉁기기 등등 아이들은 일사천리로 척척 질서정연하게 벌칙을 받으며 자기 자리에 앉았다.

"선생님! 우린 숙제 안 해요, 숙제하는 것보다 매 맞는 게 훨씬 좋아요."

"……."

아이들아 고맙다. 그렇게도 아이들에게 매를 들었던 그 뻔뻔스러운 이년은 지금까지 여전히 숨을 쉬고 있다. 지금, 그때 같으면 지상 밖으로 쫓겨났을 텐데…. 살아 있다니 신통하다. 너희들은 오십대 아버지가 되어 머릿결이 희끗희끗하구나.

봤다

저고리 고름이 모두 풀어져 가지고 한편 모퉁이에 서 있고, 아내도 머리채가 모두 뒤로 늘어지고, 치마가 배꼽 아래 늘어지도록 되어 있으며, 그의 아내와 아우는 그를 보고 어찌할 줄을 모르는 듯이, 움쩍도 않고 서 있었다.

세 사람은, 한참 동안 어이가 없어서 서 있었다. 그러나 좀 있다가 마침내 그의 아우가 겨우 말했다.

"그놈의 쥐 어디 갔니?"

"흥! 쥐? 훌륭한 쥐 잡댔구나…."

그는 말을 끝내지 않고 짐을 벗어버리고 뛰어가서 아우의 멱살을 끌어잡았다.

"형님 정말 쥐가!"

"쥐? 이놈 형수와 그런 쥐 잡는 놈 어디 있니?"

그는 아우의 따귀를 몇 대 때린 뒤에 등을 밀어서 문 밖에 집어던졌다. 그런 뒤에 이제 자기에게 이를 매를 생각하고 우들우들 떨면서 아랫에서 있는 아내에게 달려들었다.

"이년! 시아우와 그런 쥐 잡는 년이 어디 있어?"

그는 아내를 거꾸러뜨리고 함부로 내리찧었다.

인간의 운명과 그 운명의 파국에서 나타나는 미적 쾌락은 바로 있는 그대로의 현실문제가 아니라 오해가 빚어낸 비극적 파멸에서 온다. 아름다움과 추함은 사람의 생각에 따라 다르기도 하다. 그래서 사람은 끝없는 자책과 회한에 젖기도 한다. 김동인의 「배따라기」에서, 아내와 동생의 불륜 오해가, 아내는 죽고 동생은 소식도 없이 정처 없이 떠돌아다니는 슬픈 운명으로 되었다. 이 비극이 어찌 이들에게만 있겠는가.

학생이 무단결석을 하기에 집에 몇 번이고 방문하여도 얼굴을 내밀지 않았다. 담임이지만 내 말을 듣지 않고 계속 결석하기에 다시 집에 찾아갔다. 마침 대면하게 되었는데 나는 무턱대고 화부터 냈다. 그때 그의 아버지가 나타나 매를 들고 아이를 사정없이 때리는 것이었다. 한참동안 맞다가 아이는 다급하게 달려서 종합병원 하수구로 쏘옥 들어가버렸다.

난 무서웠다. 오물가스 중독으로 생명에 위험이 올까봐 하수구에다 입을 대고 잘못했다고 빌었다. 아무리 불러도 대답이 없기에 생명에 위험이 온 것으로 느꼈다. 나는 공포에 떨었다. 한참 동안 하수구 앞에서 울면서 앉아 있었더니 갑자기 무엇이 툭 튀어나와 손살같이 도망치는 거였다. 나는 그때 "봤다. 봤어!"그 경이로움! 큰 소리쳤다. 죄의식이 일순간에 사라졌다. 정말로 기뻤다.

어느 날 복도를 지나치는데 "봤다." 아이들의 웃음소리. "선생님은 고자야. 그것이 없다."고 한참을 떠드는데 선생님이 나타나서 "누가 화장실 문 열었냐? 자수해라!" 시간 내내 학생 전체에게 벌을 주셨지만 끝 종이 울려버렸다. 그 선생님은 마흔이 다 넘도록 장가를 못가니 고자라는 소문이 학생들 사이에 나돌았다. 그런 와중에 수업을 하다가 화장실 안에 들어가서 볼일을 봤기 때문에 오해가 생긴 것이다. 그 선생님은 3여 년 후 장가를 들어 아들 딸 낳고 잘 살아가고 있다.

언젠가 시작종이 울려 2층 계단에 오르는데 한 학생이 내 앞에서 갑자기 넘어지는 거였다. 깜짝 놀랐다. 누워 있는 그 학생을 일으켜 세우는데 "봤다!" 잽싸게 도망갔다. 계단에 누워있는 그 아이를 일으키는 순간 내 아래를 본 것이었다. 그 때의 아이들. 나의 겉만 봤지 나의 내면세계의 무엇을 봤을까? 그네들은 어떻게 살아가고 있을까? 그 천진한 녀석들이 보고 싶다.

나들이

머지않아 석양이 산에 걸리고 사람 모습 어지러우니 태수가 돌아가고 손님들이 따름이다. 숲에는 그림자 드리우고 새 우는 소리 오르내리니, 유람하던 이 돌아가고 날짐승이 즐김이다. 그러나 날짐승은 산림의 즐거움은 알지만 사람들의 즐거움을 모른다. 사람들은 태수를 따라 유람하고 즐길 줄은 알지만 태수가 그 즐거워함을 즐기는 것은 모른다. 취해서는 그 즐거움을 같이하고 깨어나서는 문장으로 기술하는 이는 태수이다. 태수는 누구인가? 여릉廬陵 사람 구양수이다.

백성과 즐거움을 같이함에 있어 여민동락與民同樂이라는 관료로서의 자세를 칭송한 구양수의 「추옹정기」이다. 산수간의 즐거움, 아름다운 산수와 연회의 즐거움을 묘사하였듯이, 학생들과 소풍을 가면 나도 중학생 아이가 되어서 철없이 돌아다녔다. 자유를 만끽하는 여유는 해방이었다. 사직공원, 전남대학교, 증심사, 무등산 아래 중턱, 수원지 등에서 즐겁게 놀다가 돌아오면, 학생들은 물건을 추렴하여서 우리 집에까지 와서 그 먹거리를 건네는 거였다. 나는 어리석게도 그걸 받아서 부끄러움도 없이 식구들과 맛있게 먹었다.

수학여행 때였다. 한 반이 60여 명 정원 10반 중에서 여선생님은 나 하나뿐이었다. 밤중에 잠을 잘 수가 없었다. 아이들이 함께 놀자고 저녁 내내 들락거리기에 학생 두 명을 선발하여 내 방문 앞에서 보초를 서게 하였다. 두 아이들은 선생님에게 선택되었기에 기세등등하여 오는 아이들마다 기사도 정신으로 물리쳤다. 나는 덕분에 잠이 푹 들었다.

"선생님! 선생님! 깡패가 왔어요. 일어나세요!"

울먹이면서 나를 흔들어 깨우는 거였다. 깜짝 놀라 일어났다. 건장한 사나이 대여섯 명이 나를 끌고서는 자기들의 큰방으로 데리고 갔다. 그들은 내년이면 3학년이 되어 놀 틈도 없어 마지막 추억의 밤을 만들고자 하니, 함께 놀자고 했다. 놀지 못하겠으면 함께 앉아 이야기만 하면 된다고 해서 그러자고 했다. 아이들이 화투장을 내밀면서 게임을 하잔다. 나 못 친다고 하니까 민화투는 칠 수 있지 않느냐고 했다. 학생들은 내게 힘찬 응원을 보냈다.

"선생님, 이기세요."

모두가 내게 시선이 집중되었다. 그들은 내 편이었다. 한판에 내가 이겼다. 아이들은 박수치고 환호하였다. 아이들이 세 판만 하자고 하기에 두 번째 판에서도 내가 또 이겼다. 나는 재미가 솔깃했다. 마지막이다. 이번에도 내가 이기겠지 방심하는 찰라 갑자기 담요로 나를 뒤업고 때리는 거였다. 주먹으로 때리기, 발차기, 고함소리…. 나는 안경을 붙잡고 살려달라고 악을 썼다. 숨을 쉴 수가 없을 정도여서 살려달라고 소리를 질렀다. 그때 아이들은 다 도망가고 담요 안에서 울고 있는 나를 남자선생님이 일으켰다. 겨우 숨을 몰아쉬었다.

너무 억울하고 분해서 펑펑 울어대고 고개를 드니 창밖에서 보름달만 휘영청 밝게 쳐다보는 거였다. 그 달은 내게 비웃음을 주면서 조롱하는 것 같았다.

너무 억울하여 아이들을 쳐다보기도 싫었다. 반장아이가 내게 와서 죄송하다면서 말했다.

"선생님, 우리는 지옥 속에서 살았어요. 선생님은 우리 반이 일등만 하기를 고집하시고 우리는 집에서나 학교에서나 달달볶아대는 뜨거운 솥에서 사는 것 같았어요. 수학여행 가서 복수하자고, 져주고 이기자는 각본을 짰습니다."

나는 마뜩잖게 쳐다봤다. 그런데 아하! 저 진지한 아이의 간곡한 표정에 섬뜩한 느낌이 들었다. 참으로 미안했다.

그때의 당황스러움. 숱한 세월을 넘겨 이제야 다시 깨닫다니. 아이들 성적이 올라서 우수반이 되는 우월감. 그 가르치는 즐거움에 아이들 마음을 몰랐다. 재미에 취해서 시간의 흐름도 모른 채 환상 속에 살았다고나 할까?

지금은 어르신들을 가르치는 보람과 재미에 흠뻑 젖어서 강의만 하면 신바람이 난다. 만나서 대화하며, 문장 속에서 삶을 배우면서 살아가는 내가 바로, 광주사람 이정심이다.

낙서

대중의 무지에 관한 대화나 민중의 마음에 맞는 장황한 웅변이나 글을 써야 한다는 말을 들을 때 나는 늘 불안을 느낀다. 그런 대화야말로 현학적이고 무식한 것이기 때문이다. 민중은 우리가 알고 있는 만큼은 알고 있고 우리만큼 잘 판단할 줄 안다. 타고난, 뛰어난 재능이나 훌륭한 재주를 그들보다 더 빨리 알아차리는 사람은 없다. 흔히 이러한 말투를 가장 많이 사용하는 사람들은 모두 범인의 이해력을 넘어서지 못한 사람들이다.

사람은 그가 읽은 책과 그가 사귀는 친구와, 그의 칭찬의 대상과 옷차림과 취미와, 그가 말하는 이야기와 걸음걸이와 눈의 움직임과, 그의 집이나 방을 보면 알 수 있다. 이 세상에 고독한 것은 아무것도 없기 때문이다. 그러나 모든 것은 무한한 친화관계를 가지고 있다.

– 에머슨의 「일기초日記抄」에서

6, 70년대 초, 화장실 낙서는 학생들의 스트레스를 푸는 곳이었다. 아무도 없는 공간, 몸속에 가득한 아픔의 찌꺼기를 품어내어 정화하는 곳, 자유의지의 자유로운 세계인 나만의 공간이었다. 학생들은 간혹 수업 중에 배가 아파 화장실에 간다고 한다. 20분 이상 시간이 흐른 뒤에 나타나 겸연쩍게 웃으며 제자리에 앉는다. 이런 경우는 모른 척했다.

화장실은 나를 정화시키는 곳이었다. 또 다른 하나의 나와 만나서 대화하는 곳. 내 주위의 모든 이를 잠깐 잊는다는 게 얼마나 좋은지 몰랐다. 더군다나 여자 화장실이 따로 있는 게 아니었지만 노크소리를 들으면서도 응답 없이, 나와 내가 함께 대화를 하면서 실컷 쉬면 가슴이 후련하기도 하였다.

이이들도 그랬다. 시멘트벽에 낙서를 했다. 내 얼굴을 무시무시하게 마녀처럼 그려놓고, 내 이름까지 기록했다. "너 지옥으로 가라." 고개를 들어 위를 보니 "너 시집도 못간 주제에 남자를 때려?" 내 얼굴을 그려놓은 눈자국 위에 볼펜이나 분필로 콕콕 쑤셔놓았다. 어리석게도 나는 청소시간에 물로 문지르며 닦아내도 지워지지 않아 분필로 하얗게 지웠다. 그런 뒤에 또 다시, 도저히 볼 수 없는 음담패설의 욕설까지 하였다.

낙서! 그것을 쓰는 사람의 진실과 분노와 아픔과 즐거움이 내포된 것이다. 당시의 시대 환경과 사람의 심리가 내포된 일기였다. 사실 우리도 글을 쓸 소재를 찾으면 낙서를 먼저 가볍게 하여 둔다. 거기에는 작가의 현학도 가식도 없는 있는 그대로의 진심이다.

특출한 사람이 아닌 순수한 일반인은 우리와 똑같은 아름다운 의식이 있다. 그래서 소박한 민중들은 있는 그대로의 모습을 보여주었기에, 자연과 우주의 친화관계를 가장 잘 보여주는 인간집단으로 생각한다.

낙서는 거짓이 없다. 낙서는 자신의 진실이 숨어있다. 아니 순수한 민중들의 호소요 절규였다. 그런데 낙서에서 아이들의 절박한 심정을 알아차리지 못하고 나 선생님을 감히 함부로 대한다고 섭섭하기만 하고, 분통을 터뜨렸다.

이제야 긍정적으로 바라본 나의 어리석음이여.

'낙서'야말로 진실한 인간세계를 반영하는 시각적 심상이요 심리적 양상이다. 그것은 너희들의 문학세계요, 생활이었다.

한

감나무쯤 되랴
서러운 노을빛으로 익어가는
내 마음 사랑의 열매가 달린 나무는!
이것이 제대로 뻗을 데는 저승밖에 없는 것 같고
그것도 내 생각하던 사람의 등 뒤로 뻗어가서
그 사람의 머리 위에서나 마지막으로 휘드러질까본데
그러나 그 사람이
그 사람의 안마당에 심고 싶던
느껴운 열매가 될는지 몰라!
새로 말하면 그 열매 빛깔이
전생前生의 내 전全설움이요 전全소망인 것을
알아내기는 알아냈는지는 몰라!
아니, 그 사람도 이 세상을
설움으로 살았던지 어쨌던지
그것을 몰라, 그것을 몰라!   - 박재삼의 「恨」

병식 이 세상에서 보지 말아야할 사람이 선생님이었어요.

나 그러면서도 오늘 50년 모임에 나왔어?

희남 제가 꼭 나오라고 했어요. 선생님은 심부름을 나에게 다 시키셨어요. 얼마나 고통스러웠다고요.

병식은 중년 신사로 산전수전 다 겪고 인생 정점에 서 있는 훤칠한 키에 원만한 인상이다.

나 (뻔뻔스럽게)나만 생각하면 진저리가 나고 오금이 졸아드는 느낌이라는데….

병식 (퉁명스럽게) 아직도 그때의 감정이 있어요.

나 너의 가슴에 맺힌 그 한을 듣고 싶어.

병식 말하지 않겠어요. 말하는 자체가 저주스럽습니다.

나 매듭을 풀자. 이대로 가면 내가 귀신이 되어 너를 옭아맬 것 같은 착각이 들 줄 몰라야.

병식 (맥주를 마신다. 창문 쪽을 바라보며 머뭇거리다가 한참 후) 지금까지 선생님 같은 분은 보지 못했어요.

나 (손을 잡으며) 마음을 풀자.

병식 (고개를 반쯤 숙이고) 중학교 2학년 그때, 아버님의 사업실패로 집안이 풍지박산이 되어 매우 가난했어요. 세 끼니도 채우지 못하는 어려운데다 납부금을 제때에 내지 못해 선생님께 불려가 재촉을 받았을 땐, 죄 아닌 죄인으로 고개를 들지 못했습니다. 어떻게 해서든지 부모님을 설득하여 마련하라고 집으로 보냈을 땐, 막막해 발길을 돌리지 못하고 학교 담 벽에 숨어 있다가 왔습니다. 언젠가 수학여행을 갈 수 없는데도 영원히 기억에 남는 것은 수학여행뿐이라며 저의 어머님을 만나서 얘기를 잘 해보자며 저와 함께 어머님이 장사하는 시장에 갔습니다. 선생님은 우리 집 어려운 형편을 묻지도 않고 계속 어머니를 설득했습니다. 어머님은 간곡히 거절하셨습니다. 그래도 선생님이 말씀하시기에 어머님이 면전에서 선생님께 화를 내셨습니다. 그때 나는 죄인처럼 죄송했는데 선생님은 아무렇지 않은 표정으로 되돌아갔습니다. 수학여행 다녀온 반 아이들은 떠들썩하게 화젯거리를 얘기하는데 나만 홀로 앉아 있었어요. 교실이 아수라장이 되어 아이들이 시끌벅적했는데, 선생님께서 교실에 들어오시자마자 나를 지목하여 교실 앞으로 나오라고 해서 손바닥을 펴라고 하면서 다짜고짜 먼지털이 대줄기로 사정없이 후려쳤어요. 나는 아이들이 이야기하는 것만 보고 기가 죽어 앉아 있었는데 너무 억울했어요. 대들지도 못하고 눈물만 삼켰습니다. 내가 가난하니까. 날 무시한 거라고 그 뒤로부터는 선생님이 보이거나 생각나면 몸서리가 쳐졌습니다.

나 1960년대 당시 매우 어려운 시기였지. 나는 검정고무신이 다 떨어져 바늘로 꿰매신고 다녔지. 그 실이 터지고 터져 꿰매 신다가 신을 수 없으면 지까다비(운동화 떨어진 것 밑바닥만 있는 것)를 끌고 다녔지. 심지어 여름에는 맨발로 걸어 다녔어. 한 끼니 굶는 것은 보통이고 떨어진 옷을 덕지덕지 꿰매어 입고 다녔다. 대학도 갈 형편이 못 되었는데 친구가 너는 돈이 없어 시집도 못갈 것이니 어떻게 해서든 입학금만 어머님께 부탁하여 그 뒷일은 그때그때 마련하자고 했어. 내가 어떻게 공부를 했는지 몰라. 4년의 시간이 훌쩍 지나버렸어. 그때는 누구나 가난해서 납부금을 제 때에 내지 못해 집으로 돌려보내는 애들이 많았어. 나는 하도 많이 당해서 그것이 일상사가 되어 창피한 줄도 모르고 약한 몸으로 겨우 학교를 다녔어. 난 수학여행을 중·고등학교 때 한 번도 가지 못했어. 그게 가슴에 맺혀 그렇게 맹랑한 짓을 한 것 같애. 미안하다.

병식 (맥주를 촐랑촐랑 마신다.)

나 '한' 그게 별거 아니야. 50년이 흐른 지금까지 내가 어떻게 살아왔는가. 한이라고 말하는 자체가 삶의 여유가 있다는 게다. 이 세상서 정말로 헤어나지 못할 정도로 절망과 깊은 수렁에 빠진 자만이 한을 함부로 말하지 않는다. '한' 그 단어 자체를 입에 오를 수 있다는 것은 행복하다.

병식 (나만 멀거니 보다가 고개를 돌린다.)

나 고맙다. 그랬어도 만나주니 기쁘다.

병식 …….

백일장

이번에는 한 교사가 말했다. '가르침(Teaching)'에 대하여 말씀해 주소서.

그러자 그가 말했다.

누구도 그대에게 아무것도 드러낼 수 없도다. 그대 지식의 새벽녘에 이미 반쯤 잠들어 있는 것 외에는.

제자들에 둘러싸여 사원의 그늘을 거니는 교사란 그의 신념과 애정은 줄 수 있으되 지혜를 줄 수는 없나니.

만일 그가 참으로 현명하다면 그는 그의 지혜의 집으로 들어가라고 그대에게 명령하지는 않으리라. 오히려 그대를 그대 자신 마음의 문으로 인도하리라.

칼릴 지브란의 '예언자'의 가르침처럼 지혜는 줄 수 없다. 아이들의 가슴속에서 우러난 마음의 문을 열어주는 것이다. 그런데 나는 백일장대회 나가려면 문예부원들에게 최소 한 달 이상을 예상 제목까지 제시해서 지도하였다. 그 글들을 준비하여 백일장대회 나갔다. 글은 쓰기 싫은데 수업시간 빼먹고 놀러가는 재미로 따라 나서는 아이도 있다. 어렸을 때 백일장대회 나가서 글을 써 보는 것도 추억이라면서 아이들을 많이 참가시켰다.

대학생이 되어, 어른이 되어 최소한도의 글쓰기 방법을 알아야 한다며 그 틈을 이용해서 문예반 학생들에게 사설 써 오기, 일기 쓰기, 자신이 좋아하는 명문 써오기 등 숙제를 내주고 써 보도록 하였다.

글씨는 정자로 반드시 어법에 맞게 쓰고 글쓰기를 깨끗이 정리하는 습관을 가지도록 하였다. 그때 우수학생은 작가가, 시인이, 소설가가 되었다.

백일장 대회 때는 내가 먼저 들뜬다. 아침부터 학생들 인솔대비하느라 바빴다. 필기도구 들고 백일장 행사장으로 향하면, 내가 먼저 흥분하는 것이었다. 사방이 확 트이어 바람결이 상쾌하고 나에게 자유가 들어와 맘껏 심호흡하였다. 더구나 5월이니 햇빛을 받아 마시는 기분은 최고였다.

글을 잘 쓰건 못 쓰건 자신의 감성을 시각적 문자로 표현한다는 자체가 글쓴이의 사상 감정을 드러낸 스토리텔링이다. 가식이 없이 써 내려간 아이들의 말하는 것과 듣는 자신만의 상상력을 발휘하라고 부담 없이 생각나는 대로 쓰라고 하였다. 일단은 내게 보여서 다듬어보라고 했다. 얼마 되지 않아 한 녀석이 내게 원고를 보이고 본부석에 제출하려는 거였다.

"선생님 제 시 보세요."

"응! 잘 썼다."

죽는 날까지 하늘을 우러러
한 점 부끄럼이 없기를
잎새에 이는 바람에도

나는 괴로워했다
별을 노래하는 마음으로
모든 죽어가는 것을 사랑해야지
그리고 나한테 주어진 길을 걸어가야겠다

오늘 밤에도 별이 바람에 스치운다

"이 거 어디서 배꼈니?"

"제가 지었어요."

"지금?"

"예."

동그란 눈을 말똥말똥 뜨고서 나를 똑바로 쳐다본다. 해도 해도 너무 했다. 무명시인 것이나 슬쩍 하지, 윤동주의 시를…. "네가 지었어?" 되묻자 녀석은 계속 우기는 거였다. 기가 막혔다. 휘익 돌아서 원고지 들고 달려갔다.

백일장에서 남의 것을 베껴 장원하여 유명 시인이 되었다는 분도 있다. 글 쓰는 분이 남의 것을 아무도 모르게 슬쩍 모방. 짜깁기 하여 새로 만들어내는 기술이 있는 분이 있다는데…. 모든 것은 모방의 원리에서 탄생했는데 하물며 문학에서야. 그 아이는 지금 50대 후반. 그때의 일이나 기억하고 있을까? 아이의 그 순진한 모습이 그립다.

50년 후

죽음과 삶이라는 유희보다 더 큰 승부가 어디 있겠는가? 우리 눈에는 모든 것이 생사에 관련되는 것으로 보이기 때문에 극도로 긴장하여 불안한 마음으로 이 개개의 승부를 주시한다.

그러나 이와 반대로 절대 에누리가 없고, 언제나 솔직하고 개방적인 자연은 여기에 대해 전혀 색다른 의미를 가르쳐 주고 있다. 다시 말해서 자연은 개체의 삶과 죽음이 자기에게 조금도 관심이 없다고 분명히 밝히고 있다. 그 증거로는 동물이나 인간의 생명을 사소한 우연偶然의 농락에 맡겨. 죽어가도 거들떠보지 않는다.

이와 같이 자연은 매우 정교한 피조물인 유기체로 하여금 대항할 힘이 없는 알몸으로 버려둔 채, 보다 더 강한 자의 밥이 되게 할 뿐만 아니라, 맹목적인 우발사건, 다시 말해서 길을 지나가는 바보나 아이들의 희롱에 맡겨두고 있다. 거기서 자연은 이 생물들이 사멸하여도 자기로서는 아무 영향도 받지 않으며, 그 죽음은 자기에게 무의미할뿐더러 그 삶이라는 원인도 죽음이라는 결과도 자기는 아랑곳하지 않는다고 자명하고도 분명한 말로 밝히고 있다.

이처럼 자연이라는 우주의 어머니는 아무 생각도 없이 자기가 낳은 자식을 무수한 위험과 고난 앞에 나서게 하는데, 그것은 결국 그들이 죽더라도 자기 품으로 다시 돌아올 뿐이며, 그들의 죽음은 처음에 태어난 곳으로 돌아가는 유희, 다시 말해서 하나의 조그마한 손장난에 불과하다는 것을 알고 있기 때문이다.

50여 년 전의 일들을 지금도 기억할 수 있다니, 나는 행운의 여인이기도 합니다. 망각의 곡선은 정교하게 일정한 자리에 떨어져 사라지는데도 내게 기억이 머물러 있는 이 순간이 있다는 게 생의 경이로움으로까지 느껴집니다. 이런 경우를 삶의 환희라고 할까요? 아직도 내가 살아 있다는 것, 그 삶의 의식이 나를 새삼스럽게 합니다.

고희를 점점 수직으로 먹혀가는 이때까지, 삶이란 무엇인가? 왜 살아가는가? 왜 살아가고 싶은가의 뜻을 모른 채 그저 그렇게, 그럭저럭 살아온 세월의 맹목적인 생명의지에 따라 사는 것이 아닌가 하는 막연한 의식뿐입니다.

이 쇼펜하우어의 「죽음에 대하여」처럼 생각하는 시점에 왔습니다.

자연의 엄격한 철칙의 법을 우주의 어머니도 거슬리지 못하고 그저 우리를 당신 품에 안겨들여 스르르 잠들게 하며 사라집니다. 이 전철을 닮아가는 눈에 보이지 않는 일부로 둥둥 떠 있습니다. 그런데 반백년 세월 동안 문학을 가르치는 재미로 하루라도 건너뛰지 않고 내 손에, 내 마음에 늘상 함께 하는 책과의 즐거움이 있었으며 거기에 따른 보람으로 살아온 것 같습니다.

지금도 영광스럽게, 과분하게도 문학 강의를 한다는 것은 하느님께서 내게 특권을 주신 것이 아닌가 합니다. 나를 찾아 주시는 분들, 수호신이 보내주신 사람들. 아름다운 모습으로 다가옵니다. 감사합니다.

10대 초반, 까까머리 나의 제자들이여. 이제는 당신들의 진리관, 철학관을 펼쳐내고 기록할 때가 된 것 같습니다.

먼 훗날, 아니 50여 년 후의 나를 상상한다는 것은 자연의 엄숙함에 무릎을 꿇고 기도드리는 것뿐입니다. 그리하여 훨훨 날아가는 바람이 되고 싶습니다. 그것은 나의 제자가 50여 년만에 가르쳐주신 삶의 의미라는 선물을 내게 주신, 크나 큰 영광입니다.

6 부

권두 칼럼

눈이 말한다

소포클레스(BC 496-406)의 그리스 비극 「오이디푸스왕」에서이다. 피리기아왕 펠롭스의 아들 크뤼십포스 왕자는 제우스신과 테세우스의 마음을 사로잡을 정도로 미소년이었다. 그의 미모에 오이디푸스의 아버지 테베왕 라이오스는 홀딱 반해서 그 왕자에게 사두마차를 타는 방법을 가르쳐 주겠다고 테바이로 데리고 와서 왕자를 강간하였다. 이 잔인한 행동으로 크리시포스는 충격을 받아 자살했다. 이 사건에 왕자의 아버지는 라이오스를 저주했다. 아폴론 신은 라이오스에게 벌로 자식을 갖지 말 것을 명령하면서 만약 자식을 낳으면 그 자식의 손에 죽게 될 것이고 그 어미를 취할 것이라고 하였다.

라이오스는 신탁을 피하려고 잠자리를 피했으나 어느 날 술에 취하여 이오카스테와 동침하여 아들이 태어났다. 자식이라 차마 죽이지 못하고 양치기에게, 산에 버리도록 하였다. 도망가지 못하게 발목에 구멍을 뚫어 가죽끈으로 묶인 채이다. 아이를 다른 양치기에 넘겨주었는데, 혈육 없는 폴리보스의 양자로 성장하였다. 그런데 이 양아들 오이디푸스는 출생에 관련된 이상한 소문에 델포이신전에 찾아가 알아보았더니

"너는 장차 아비를 죽이고 어미를 취하리라."

이 운명을 피하기 위하여 방랑생활을 하던 중 삼거리에서 노인을 죽이고, 스핑크스의 수수께끼를 풀어 이오카스테와 결혼하여 2남2녀 자식까지 두어 태평성대를 이루었는데, 역병이 들고 나라가 시끄러워 신탁에게 물어보니 라이오스를 죽인 범인이 테베에서 활개를 치니, 그를 잡아내치라는 것이었다. 오이디푸스는 자신의 자유의지에 따라 끈질기게 범인을 밝혀내려 애썼지만 찾아내지 못하고 자기가 존경하는 실명인 예언자 테이레시아스를 찾아간다. 그 살해범은 바로 당신이라는 테이레아스 예언자의 말에 보지 못하면서 진리를 관통할 수 없다면서, 보는 힘은 진리를 아는 것이라며 테이레아스에게 진리를 알 수 없다고 매도한다.

인식은 보는 것으로 가능해지기 때문에 볼 수 있는 자만이 인식의 주체가 될 수 있다는 오이디푸스의 말에, 예언자는 오이디푸스가 파멸하리라고 예언하였다. 오이디푸스는 보지 못하는, 당신은 진리를 인식할 수 없을 뿐 아니라 인식의 주체도 될 수 없는 존재라고 하였다. 오이디푸스는 신의 도움 없이 자신의 지식으로 스핑크스 수수께끼를 풀고 테베를 구했다고 보는 자로서의 능력을 과시, 보는 것에 지적 오만으로 절대가치를 부여함에 그 예언가는"그대는 눈이 있어도 보지 못하며, 어떤 불행에 빠져 있는지도, 자신이 어디에 살고 있는지도, 누구와 살고 있는지도 보지 못한다"고 지적하였다. 지금은 볼 수 있지만 앞으로는 볼 수 없게 될 것이고, 지금은 부자지만 앞을 못 보는 거지로 전락하여 지팡이로 의존한 채 외국의 낯선 땅을 떠돌게 될 것이며, 자식들에게는 아버지이자 형제, 어머니에게는 아들이자 남편, 아버지에게는 그를 죽인 살해범이 될 것이라는, 수수께끼 같은 말을 남긴다.

그 예언자 테이레시아스의 실명 원인은, 어느 산에서 성교 중인 뱀들을 보고선, 그 중 하나에 상처를 입히자 여자의 모습으로 변하여 7년 동안 살게 되었다. 이러한 행동을 또 한다면 남자의 모습으로 될 것이라는 신탁을 내려준다. 다시 남자가 된 테이레시아스는 어느 날 제우스와 헤라의 논쟁에 증인으로 불려가게 되었는데, 그 논쟁은 성행위에서 남자와 여자 중 누가 더 많은 쾌락을 느끼는가에 대한 것이었다. 테이레시아스는, 남자는 그 경험의 10분의 1을, 여성은 10분의 9의 기쁨을 누린다고 대답했다. 이 정확한 대답에 분통이 터진 헤라는 그의 눈알을 도려내버렸고, 제우스는 그 대가로 예언의 능력과 210세까지 살 수 있는 긴 수명을 주었다. 또 목욕중인 아테나의 알몸을 몰래 훔쳐본 죄로 실명하게 되었다고도 한다. 아테나의 나신을 훔쳐보는 행위는 성적 욕망과 결부된 것이다.

실명의 대가로 예언의 눈을 부여받고 진정으로 보는 자가 되어 사람들로부터 신적 존재자로 추앙받았다.

오이디푸스에게 신탁은 암시만 할 뿐 가르쳐주지 않아 자기 자신의 자유의지에 의해서, 신탁이 자신도 모르는 사이에 이미 이루어졌다는 진실을 알고 충격을 받는다. 자신이 친아버지 라이오스를 살해하고, 친어머니 이오카스테와 결혼했다는 사실을 밝혀냈다. 그 어머니는 자결했다. 보고도 알지 못했던 그 어머니의 옷자락에 있는 브로치로 두 눈을 찔렀다. 절규한다.

"오오, 빛이여, 너를 두 번 다시 보지 못하게 해다오! 태어나서는 안 될 몸에서 나왔고, 함께해서는 안 될 분과 살았으며, 범해서는 안 될 분을 죽였으니!"

운명의 힘 앞에서 무기력하게 패배하는 인간의 한계. 그 참패한 오이디푸스는 "슬프도다. 악령이여. 날 어디로 내몰았단 말이냐?"

운명 앞에서 힘없이 쓰러지는 오이디푸스의 비운에, 델포이 신탁은 어떠한 질문도 허용하지 않고 응답이 없는 일방적 통보였다. 그것은 자신의 자유 의지에 따라 행동하고, 그것에 따르는 책임과 결과를 전적으로 수용하는 자세를 가지라는 희생의 속죄양이 숨어있다.

탐욕과 오만, 무지와 격정으로 눈을 찌르는 것은 마음의 눈을 밝히려는, 지혜를 터득하려는 처절한 투쟁이다. 스핑크스의 수수께끼 '인간'이라는 단답을 말하면서도 인간이란 과연 어떤 존재인가에 대한 근본적 성찰을 통한 인간존재 한계성을 모르는, 최고의, 왕의 자리에 앉은 자신은 지혜롭고 완전무결한 미망에 사로잡힌 채 아버지 죄악의 피가 흐르고 있는 오만한 자였다.

오이디푸스가 겪는 비극은 아버지 라이오스의 과거에 있었던 크뤼십포스 미모의 왕자를 강간한 죄과에서 온 결과에서였다. 말하자면 외부적인 요인에서 온 자신의 운명에서 결정된 것이다. 즉 신의 의지와 인간의 의지가 어우러진 합작, 곧 자신을 파멸시킨 신탁의 주인인 아폴론과 자기 자신이라고 토로한다.

'아폴론이다. 오, 친구여. 아폴론이 재앙, 재앙을 가져왔다. 이 나의 재앙, 나의 고통을. 그러나 제 손으로 눈을 친 것은 다름 아닌 파멸의 아들인 바로 나다!'

제 손으로 눈을 친 거세 행위에서 눈은 팔루스의 상징적 대체물인 것이다. 즉 고대 그리스는 눈이 남성 성기를, 실명이 거세를 상징으로 근친상간에 대한 벌로 자신의 성기를 거세한 행위로 해석될 수 있다고 하였다. 우리 모두는 최초의 성적인 충동이 어머니, 최초의 증오, 살인의 소망이 아버지를 향하도록 운명지어진다고 베르남은 비극의 역사성을 강조하였다. 다시 말하면 비극의 제재는 사회사상인 것이다. 오이디푸스

실명모티브는 역사성, 당시 사회상과 불과불의 관계 속 인간은 기술될 수 있거나 규정될 수 있는 존재가 아니다.

인간은 하나의 문제, 이중의 의미를 모두 지닌 하나의 수수께끼 같은 두렵고 위험한 존재다. 오이디푸스는 금기를 위반한 존재, 부모를 죽인 것만이 아니라 위반 행위는 앎에 대한 위반 '인간'이란 단답은 앎이 아니다. 신만이 인간존재가 어떤 것인지 안다. 그 안다는 것은 본다는 것이다. 보는 것이야말로 진리에 이르는 지식과 인식의 길잡이라고 강조했다. 그런데 실제로 누구인지 알 수 없었다.

헤라클레이토스는 눈은 귀보다 확실한 증인이라고 하였다. 눈은 온갖 운명과 실상을 담고 무엇이든지 다 볼 수 있다. 우주 땅속 미물, 몸속 미생물의 세포도 볼 수 있다. 보는 것이 증거요. 봄으로 나를 존재케 한다.

자신의 운명에 대한 깊은 성찰 없이 흥분, 오만, 남의 말에 귀 기울이지 않는 제재를 낳고 마음의 눈을 멀게 한 것이다. 그리고 아버지 라이오스의 강간을 보고서, 아폴로신의 명령으로 철저히 비극으로 몰아간 것을 모른다. 이 처절한 운명의 신을 원망하고 아버지를 죽인 자기 자신의 잘못에서 온 것이라고 회한의 눈물을 흘릴 뿐, 어떤 원인에 의해서 이러한 결과가 온 것이라고 명쾌하게 해답을 풀지 못하고 운명의 격랑 속에 빠져들어 떠돌이생활을 한다. 국민에게서, 자식들에게서 버림 받고 과거에 대하여 후회하는 인생이야말로 가장 비극적인 삶이라는 것을 보여주었다.

기원전 5C 오이디푸스형 눈뜬장님 지도자는 지금까지 세계 도처에 많이 있다. 자만과 오만에 사로잡혀 자신의 눈이 어두운 줄 모르고 타인의 눈을 보지 않고 단절하고 있다. 과거의 잘못을 되풀이하지 않으려는 오이디푸스와 같은 자아 반성도 없이 옹고집으로 도덕과 진리의 정신세계를 망가뜨리고 있다. 우리의 잘못은 어디에서 왔는가? 그 삶은 어떻게 정리하며 이어갈 것인 것도 없이 유랑민의 정신세계로 떠돌이생활을 하는 인간존재여!

본다는 것은 사물을 인식 판단하는 창조력이요 힘이다. 아무리 눈이 밝아도 제 코는 안 보인다. 타인은 당신을 두 눈으로 똑똑히 보고 읽고 말하고 온 신경세포로 소리 없는 함성을 지르고 있다. 그리고 그것은 '신탁'인 것이다.

눈은 신이 놀고 쉬는 정신의 집으로, 인간의 인식능력을 좌지우지하는 정신세계의 신경이다. 그래서 시각정보 전달과정은 눈에서 시작하여 그 망막은 뇌의 일부가 뻗어 나온 것이라 할 수 있다. 그 인식과정의 뇌는 각 단계마다 여러 자극을 여과하며, 이로써 대단히 복잡하게 들어오는 자극을 구별하여 인식하게 된다. 많은 집중적 회로를 따라 지나가는 신경흥분의 시간적, 공간적 체계에 반응한다.

시신경 흥분하는 것은 감각, 감각은 감각기관이 자극에 반응하여 흥분, 그 지각은 감각 뉴런(신경원)들이 전하는 신경충동으로부터 자극을 형성하는 요소들을 식별해내는 것이라고 한다.

눈은 모든 운명을 한 그릇에 담아서 조리할 수 있다. 보는 것 자체가 깨달음이요, 자아를 존재시킨다.

예언가 테이레아스 마음의 눈으로 모든 감각의 신경충동으로 인식 반응하여 '인간성'을 예언했다. 오이디푸스 스스로 자신의 눈을 실명시킨 것은 아버지의 성 강간의 역성에서 온 인과응보 결과의 시발이지만, 자신의 오만한 인간성찰을 꿰뚫지 못한 마음의 눈이 어두운데서 온 것이다. 일생동안 파멸의 길을 걷는 오이디푸스 디레마는 아직도 계속되고 있다. 그 길을 찾아주는 것이'국민'이라는 '신탁'의 명령뿐이다.

비트겐슈타인이 나의 한계는 세계의 한계라고 하듯이, 인간존재 한계는 세계의 한계를 좌지우지한다. 그러므로 그 의미를 두 눈으로 똑 바로 바라보아야 하지 않을까? 참 진실이 무엇인가를 창의적으로 살펴보듯이.

동성애 사람들

동성애는 인류 시작부터 있었는데 지역, 환경, 시대, 문화에 따라 다르다. 같은 남자. 같은 여자에게 품는 정서, 성적 애정, 낭만적 사랑 행위 문제로 인식하는 감정 자체의 의미를 지닌 사람들 간의 성적 행위로, 남성 동성애자를 게이, 여성 동성애자를 레즈비언이라고 한다.

기원전 8세기 일리어드에 아킬레로스와 파트로클로스 동성애를 작품화한 것을 보면 이미 오래전부터 있었던 것으로 알 수 있다. 기원전 612년 사포가 현재 터키데보스섬에 유치한 마틸선 섬에서 살며 소녀들을 모아 음악과 시를 가르치고 문학을 애호하는 여성 그룹을 중심으로 활약한 서정시, 만가, 연가, 축혼가를 솔직, 간명, 정확하게 개인적으로 노래한 그녀의 글이 남아 있다. 거기에는 학생들과 결혼을 위해 떠났음을 암시한 내용으로 보아 사포 때부터 소녀들과 살았다는 레스보스 섬 이름을 따서 여성동성애자를 레즈비언이라고 한다,

아테네는 여성화된 남성 동성애를 조종했다. 기독교는 남성이 여성화되면 남성성이 약하여 비판하지만 수동적 남성동성애자는 부정하지 않고 부분적으로나마 동성애자를 수용하였다. 그러나 생식과 무관한 성행위

탐닉은 사회질서를 위협에 빠뜨린다고 보아 유교, 기독교적 도덕은 동성 혐오가 그 밑바탕에 깔려 있다.

기원전(470-399년) 소크라테스 시대 아테네 시민은 미소년과 교제를 하였다. 소크라테스는 아테네에서 가장 아름다운 소년 카르미데스 옆에 앉았을 때 "나는 당황해서 어쩔 줄 몰랐다. 내가 생각하기에도 그전 같으면 아주 쉽게 그와 이야기를 나눌 수 있는 나의 용기가 사라지고 말았다"고 주위 사람에게 말하였다. 고대 그리스는 이와 같이 시민과 남자, 청소년 사이 연애. 성인 여자끼리. 성인 여자와 소녀의 동성애가 있었다. 특히 남자 성인과 소년의 사랑은 교육적 차원에서 일반화 되었다. 소년은 어른과 동성애를 하다가 성인이 되면 독립한다.

기원전(428-347) 플라톤 시대, 그는 나이든 남자가 미소년과 사랑하는 관계, 관능적 욕구를 억눌려 억압하는 것만이 아니라 이 욕구를 고양한 형태로 넘쳐나게 한다고 보았다. 육체의 아름다움을 넘어 아름다움 그 자체를 얻으려 하는 것이라고 했다. 육체보다 더 영혼과 정신을 존중하는 피타고라스 학파, 소크라테스 관념론을 발전시켜 영육이원론을 취하여 이성적 영혼, 비이성적 영혼은 육체로부터 분리, 불멸성의 거대한 관념론을 창시한 이상주의 철학자 플라톤의 연인 17세 아리는, "소년들 중 몇 몇 매춘부들이 옷을 벗고는 손님들과 서로 부드럽게 애무하는데, 자정이 한참 지난 뒤 플라톤이 나를 불러 옷을 벗으라고 했다. 나를 관찰하며 만족한 목소리로, '아리. 너 참 아름답구나, 알키비아데스(외모 출중한 정치가)만큼 아름답다.' 면서 침실로 나를 데리고 가 발기를 했다. 난 자랑스러웠다. 이 특별한 선생님께 많이 배울 수 있을 테니까. 감탄했다. 부모님도 기뻐했다"고 말하였다.

고대 그리스에서는 훌륭한 분과 동성애를 하는 게 당연시했다. 나이든 남자와 미소년 사랑관계는 관능적 욕구를 억눌려 억압하는 것만이 아니라 욕구를 고양된 형태로 넘쳐 들어가게 한다. 육체의 아름다움을 넘어 아름다움 그 자체를 넘으려 함으로 인간성이 고양된다고 보았다.

고대 로마 상류의 그리스식 동성애는 로마제국 밀라노 칙령을 통해 기독교공인까지 남성간의 성접촉을 허용하였다. 그러나 항문을 제공하여 남성성을 부인하는 즉 삽입당하는 수동적(여성적)인 자는 처벌하였다. 그것은 남성적이지 못하기 때문이었다. 이런 관용적이던 고대말 중세 초를 거쳐 13세기에 들어서 동성애를, 유스티니아누스 황제 치세 때 입법화하였다.

자연에 반하는 행위를 하거나 자신의 머리칼에 선서하거나 여타의 방식으로 신을 모독한 자를 혐오하여 동성애 단죄를 정당화하였다. 14세기에 이르러 끔찍한 범죄로 증오하였다. 자연에 반한 짐승과 성행위 즉 수간獸姦, 이성끼리 성관계할 때 항문 성교는 하느님과 국가에 대한 범죄로, 주술적 행위로 반역이다. 살인, 근친상간, 화폐위조와 같은 동성 남성간의 강간이지 성행위는 아니다. 이것을 소도미 sodomi 라고 한다. 이 소도미와 동성애를 범죄시해서 고문을 가한 뒤 화형시켰다.

이때부터 신을 모독한다고 정치적, 종교적 투쟁 속에 영국. 프랑스 교회법에 의해 죄악으로 간주하여 종족보존과 탐욕적 성행위, 이교도 우상숭배로 성경계율을 어긴 범죄로 보았다. 이 소도미는 르네상스시대 정치적 종교적 투쟁 속에 영국, 프랑스에서 줄기차게 성공적으로 이루어졌다. 유럽에서는 마녀로 몰려 화형에 처해진 여자들의 경우처럼 현존하는 초기기록 모두가 치명적 적들과 자기 동일화했던 남성들에게서 비롯됐다고 한다.

13세기 성 아우구스트 초기 참회록에서 동성애 단죄를 정당화 하였다. 섹스 자체는 관심이 없다. 종교라는 이유로한 추측 근거로, 유대교 그리스도교의 도덕성이라는 이름으로 모든 일들이 벌어졌다. 동성애를 이단시하여 참회, 금식, 순례, 성사를 배제하고 처벌, 화형에 적용시켰다. 14세기에는 마녀, 흑마술사, 유태인과 함께 동성애자를 체포하여 거세, 교수형, 화형으로 처벌하였다.

중세에 와서 동성애에 무관심 했으나 근세로 넘어가는 이행기, 15세기 베네치아 70명을 불사르고 추방하는 것은 이태리에서 국한했지만 16세기 알프스 넘어 북유럽에서는 본격적인 억압이 시작됐다. 신성로마 제국은 동성행위, 인간과 동물성교는 자연에 반하는 행위임으로 산 채로 화형한다는 동성애 입법으로 마녀사냥, 종교 도덕적 차원에서 권력유지 수단화하는 형상으로까지 진화하였다. 스페인. 네덜란드, 영국 등은 체포, 공개교살인 화형으로 처형하였다. 구약성서에서는 동성애를 망칙하게 보아 그들을 죽여야 한다고 했다. 신약성서는 동성간 성행위 수반될 수 있는 학대, 착취, 금지하는데 관심이 있었다.

6세기에는 아메리카 대륙을 침략한 에스파냐는 원주민들이 공개적 자연 동성애 사실을 발견하여 탄압공개 처형하였다. 심지어 그들을 개한테 먹이로 제공하였다.

신교도와 구교도의 대립, 동성애 혐오는 적을 제거하는 구실로 이용하였다. 고대 그리스 인간문화의 탄생과 재생 의미로 만능의 사람이 되라는 르네상스 시대는 동성애 행위(소도미)와 동성애 욕망(남성적 사랑) 사이에 역설적으로 구분하여 동성애를 잔인하게 죄악시하였다. 그래서 동성애적 호모에로티시즘적 상상력이 만연하여, 그 동성애적 욕망은 남성적 아름다움을 찬양, 변태성 변장을 이용한 덴더의 드러냄 같은 은유적 방식을 통해 다양하게 표출한 것으로 르네상스 4대 미술가가 탄생했다.

그들은 동성애자이었다.

보티첼리(1445-1510)당시 종교적 주제에서 자유로운 예술창작으로 발전시켜 종교와 관련없이 이야기를 들려주듯 표현한 '뷔너스의 탄생'은 환상적인 세계를 자유롭게 펼쳐나가면서 풍부한 상상 발휘, 자유로운 창작을 시도하여 고대그리스 전통에 따른 인체의 아름다움을 표현한 15세기 이태리 이상적인 여성의 아름다움을 대변하였다. 그것은 동성애 초탈 의지 극기에서 탄생한 신비로운 아름다움을 실체화한 것이다. 보티첼리 자신의 예술 정신과의 동성애로 해서 생물적 생명이 아닌 신비세계의 관념적 정신세계로 구상화 탄생시킨 '생명'이다.

레오나르도다빈치(1452-1519)는 르네상스 시대가 낳은 천재로 지금까지 무궁무진한 르네상스의 수수께끼 예술세계를 다 풀어내지 못하고 많은 사람들이 연구 분석하고 있다. 예술, 과학을 아우르는 광범위한 재능을 초월하여 자신만의 예술세계인 동성과 사랑하여 르네상스 양식을 창조한 천재라고 세계인들은 추앙하고 있다. 수수께끼 미소 '모나리자'의 신비를 아직도 한마디로 밝혀내지 못하는 그 여인만의 오묘한 미소는 전통과 단절한 반신상을 뛰어넘어 새로운 인간상을 탄생시켰다. 생물학적 동성애를 뛰어넘은, 도저히 해석할 수 없는 새 생명, 이것은 지금도 죽지 않고 세계인의 마음속에 살아있는 창조적 자식이다.

미켈란젤로(1475-15664)는 카말리에라는 귀족남성과 사랑하였다. 르네상스가 낳은 가장 위대한 화가, 건축가, 시인, 남성누드화 완성자인 그는 카말리에를 위해 제작한 '가니메데스의 납치' 동성애적 표현, '피에타' 대리석조각 성모마리아가 죽은 그리스도를 부드럽게 안고 있는 아름답고 우수에 찬 모습은 동성애적 표현의 분위기 속에서 이상과 열정사이의 갈등을, 중성적 아름다움의 선정적인 '다비드', 프레스코 벽화의 타락한 인간을 끔찍하게 묘사한 '최후의 심판', 창세기 7일 동안 벌어지는 이야기 중 핵심적 사건을 각각 묘사, 이그누디(근육질 누드청년) 인간 육체의 아름다움 '시스티나 천정화' 등 그만의 동성애로 예술세계와의 정신적 사랑으로 해서 인간차원을 초월한 신비자체를 탄생시킨 새 생명 의지의 형상이다.

라파엘(1482-1520)의 로마 바티칸 대성당 '아테네 학당'은 철학을 통해 이성적 진리를 추구한다는 구도 중심에는 가장 위대한 그리스 철학자 플라톤, 아리스토텔레스 자리를 잡아 서로 다른 학파를 대변하는 고대 그리스시대 철학자와 학자들이 모인 장면을 상상 묘사한 웅장한 양식, 등장인물 고요한 동작의 몸짓, 균형감, 공간적 깊이를 갖춘 장대한 건축구조가 한데 결합한 르네상스 걸작이다. 예술이라는 나와 너의 동성애로 새 세계의 이상세계를 창조한 작품 즉 자식을 낳았다.

이 당시에는 동성애, 이성애를 분명히 구분하지 않았다. 16세기 피렌체에서는 절반 이상의 남자들이 서른 살이 되기 이전에는 어떤 형태로든 동성애 경험을 했다. 수도원, 기사단 남성중심단체에서 동성애 존재했다. 17세기 귀족들의 자유분방한 동성애, 18세기 양성애, 핫바지기사, 남자 여자 동성주의 무죄화, 19세기 프랑스 혁명 후 동성애 처벌을 없애고, 동성애 계몽주의자, 동성애, 소도미 인간 생활을 처벌하지 말아야 한다고 주장했다. 19-20세기는 동성간 성행위는 범죄행위로 해서는 안 된다고 주장하는 성과학과 의학화로 동성애 인권운동이 일어났다.

베를렌(1844-1896)은 말라르메와 함께 프랑스 상징시 대표작가다. 그는 영롱하고 보석과도 같은 단어들의 이미지로 짜인 시로, 시의 경계를 허물고 시적 계시의 거대한 울림을 만들어냈다. 각 단어의 치열한 시적 의도에 따라 배열. 실제와 환상이 뒤섞이고 꿈과 절망이 혼동, 동일 인식, 창조와 파괴가 동등한 가치 속에서 이루어지는 언어의 절대성을 만나서, 시가 아닌 시 정점에 도달했다.

랭보(1854-1891)가 상징주의 대표시인인 조숙한 반역아 16세 시인 천재라는 베를렌은 이야기를 듣고 파리로 불러내어 동거하여 영국, 벨기에 여행 전전 방랑하다가 불화하여 1873 브뤼셀에서 그에게서 떠나려는 랭보를 권총으로 쏴 손목 부상을 입혔다. 랭보는 『견자의 편지』에서 모든 제약과 통제를 무너뜨림으로써 영원한 신의 목소리를 내는 예언자 즉 견자(見者)가 되어야 한다는 믿음에 바탕을 둔 상징시 대표작가로 현대의 상징시 작가는 이들의 뒤를 따르지 못하고 단절된 느낌이라고 한다.

나이팅게일(1882-1941) '등불을 든 백의의 천사'는 일평생 마리안느를 사랑하면서 "그녀는 내가 평생 동안 정열적으로 사랑한 단 한사람" 이라고 했다.

버지니아 울프(1882-1942)는 정치가 부인의 하루 생활을 통하여 여러 인물 의식의 교류를 그린 흐름의 수법을 사용했다. 소멸 위기에 처한 불안정하고 부조리한 상황에서 인간 삶이 과연 그 의미를 지닐 수 있는가 하는 실존적 물음, 이 『등대로』는 1910년대 전후 시대 정신적 풍경화를 그려냈다. 당시는 과거와 달리 확실성이 사라진 현대적 절망적 상황에 처한 인간의식의 드라마라고 보며 자살했다.

앙드레지드(1869-1951)는1893년 아프리카 여행 중 젊은 아랍인들과 동성애를 갖고 그의 건강회복에 많은 도움 받아서, 동성애가 비정상적인 것이 아니라는 생각을 갖게 된다. 나중에 가서야 그는 그러한 생각이 "내 인생의 드라마를 만든 끔찍한 방향의 착오" 이었음을 고백했다. 그는 부활한 자의 비밀 같은 것을 간직하고 돌아오면서 자신을 일종의 초인이라고 생각하면서 그때부터 사회의 도덕적, 종교적 구속으로부터 해방하고 그들에게 끊임없이 변화하는 열정적인 삶을 제시하는 것을 자신의 삶으로 여기게 되며 파리로 귀환했으나 동경했던 파리 문단과 살롱 모습을 『팔뤼드』(1895)에서 죽음의 냄새가 가득한 곳으로 풍자 비판했다. 마들레 부인과 성적 욕망이 없을 것이라고 단정하고 그녀와 부부관계를 맺지 않았다. 마음으로는 지극히 사랑했으나 백색 결혼을 유지해 마들레 일생을 처녀로 살게 했다. 그러나 『앙드레 발테리수기』, 『배덕자』, 『좁은 문』 등은 자신을 사랑하는 한 여인의 망친 삶을 통감해서 소설로 탄생시켰다.

현대 동성애자들은 자유의지에 따라 동성끼리 사랑하며 관계를 맺는다. 남자가 남자를, 여자가 여자를 함께 사랑하며 활동한다. 그러나 생물학적 인간을 탄생시키지 못하고 그것을 뛰어넘어서 정신적 성정인 마음으로 새 가치성을 창조했다.

그런데 보이지 않는 이질적 성질들의 부정적 동성애자들이 지금 우리 사회에서 만연하고 있다. 말하자면 생물적 동성애가 아닌 서로 같은 성향의 동성애를 가진 사람들로 나면서부터 타고난 성질로 정신적 동성애를 하는 소위 지도층 위정자들이다. 그들은 이기적 야심을 서로 암묵적으로 소통하는 동성애로 가면을 쓰고 활동하고 있다. 그 심연의 밑바닥을 국민들이 알고 있다.

여당과 야당, 야당과 여당, 똑 같은 본바탕 성질의 성별로 함께하는 무리 즉 동성애자들이다.

반노, 친노, 비박, 친박으로 날이 날마다 쳇바퀴를 굴리며 가슴 속 깊이 숨기고서 동성애를 하고 있다. 이들과 맞지 않는 이들은 커밍아웃하고 있다.

내부적으로는 한 가지로 함께 활동하면서도 보이지 않는 정치적, 권력형 동성애자들은 과거 역사적 세계의 동성애자들을 보라. 그들이 이질적 집단으로 두 몸, 두 마음으로 한 마음을 내세우며 동성애를 했는가. 오직 같은 한 마음이었다. 권력도, 정치적 혁명의 욕심도 없었다.

사포, 소크라테스와 플라톤의 미소년과 러브, 르네상스 4대 미술대가 보트첼리, 레오나르도다빈치, 미켈란젤로, 라파엘의 인간존중 인간발견, 세계발견의 미와 개인을 숭배하여 생물체라는 인간 유기적 동일체를 뛰어넘어 새로운 예술세계 생명체를 탄생시켰다. 지금까지 그 예술세계가 펄펄 살아서 세계인들에게 줄기차게 그때그때마다 생명체를 심어 주고 있다. 아니 미래의 세계에서도 더욱 빛날 것이다.

셰익스피어의 50여 명 새 인간형 창조, 베르린 랭보의 상징시, 나이팅게일 백의의 천사, 스탕달의 현대 사랑의 깊은 지혜, 버지니아울프의 실험적 기법에 의한 의식의 흐름, 무의식 심리주의적 기법의 작품, 토마스만의 시민성 문제, 앙드레지드의 독창적 소설기법을 탄생시켰다. 그리고 이름 없는 사람들은 시민을, 사회를, 종교를, 국가를 배반하지 않았다. 내가 진실하다고 타인에게 그 진실을 강요하지 않았다.

이 동성애 사람들은 자신의 일을 사랑한 것이다. 그리고 나의 의식세계를 따르지 않는다고 배반이라는 말을 하지 않았다.

우리의 위정자여, 사람들이여, 자기세계의 일을 진정으로 사랑하는 동성애자를 보라. 세계사를 통털어보아도 그들은 참진실을 외면하지 않았다. 반성과 회한의 눈물로 핍박당하면서도 자신의 타고난 성정으로 사람을 사랑하며 자신의 창조정신으로 살아갔다는 것을 기억하라.

밤에 피는 꽃

서리가 꽉 찬 하늘의 바다에서 뛰어내린 흑갈색 바람결 속에서 용케도 별은, 달빛을 보듬고 하얗게 마당을 쓸어대고 거기에서 꽃봉오리를 맺는다. 그믐달의 양입술 칼날로 세상을 긁아 삼키고 초승달이 새 세상을 맞이하느라고 캄캄한 밤하늘에 꿈틀거리다가 순간적으로 반쯤 벌린 아가리로 세상을 심호흡하여 동글동글한 보석을 품어내면 환하게 어둠을 삼킨다.

그 밤하늘에는 인간의 별들이, 별들이, 별들이…. 별이 되어 너울댄다. 깊고 광활한 검은 바다의 너울을 건어 올린다. 실핏줄 사이사이 그물망에 박혀있는 이슬방울이 광야를, 바다를 못질한다. 맹렬하게 깊게, 깊게 패이고 전쟁 같은 소리들이 광장으로 번져서 별들이 토해낸 불길을 잡는다. 불길을 보듬고 하늘의 별들에게 손짓한다.

그 밤은 아름답다. 온갖 잡다한 것들이 눈에 보이지 않고 캄캄하고 무거운 적막들이 사방천지를 휘돌아 몰고 감싸고서 천지를 잠잠히 다독이는 손길, 그 보이지 않는 그 무엇의 침잠을 슬며시 더듬는 입김, 가벼운 눌림에 뒤척거리는 내 몸의 일부를 차디차게 감싼다. 그 밤은 눈에 보이지 않는다. 아니 눈을 뜨고도 볼 수 없다. 세상을 보지 못하게 눈을 감긴다.

감청색 물줄기가 흘러가는 양 파도가 파랑거리며 부딪치는 감각의 파동은 가슴을 적시어 섬짓 놀라게 한다. 그러다가 부드러운 음성으로 수평선 머나먼 곳까지 속삭인다. 들리지 않을까봐 큰소리로 포효하다가도 찰싹 뺨을 후려치는 채찍은 우리의 가슴을 덜컹거리게 한다. 그리고 잠잠해지면 소롯이 잠결이 몰려와 잔잔한 자장가를 불러준다.

밤에는 모든 것이, 모든 자연이 아름답다. 눈에 보이지 않는 감각, 활동을 멈추고 휴식을 주는 그 고요함으로 생명들도 한숨 푸욱 잠들면 고요라는 고요는 모두가 모여 밤의 축제를 한다. 그리고 밤도 잠을 잔다. 우리들은 그 고요 속에 둘러싸여 편한 휴식을 취한다.

아, 이러한 밤, 미지와 확실, 더듬더듬 촉각에 가만히 다가서다가 멈추는, 분명한 감각, 그 검은 색깔에도 물들지 않는 구름 같은 안개의 는갈, 어둠에 꽉 쌓여 있다가 꿈틀거리면 그 구름은 조용히 사라진다. 모든 것을 받아들이고 허락한다. 그래서 역사는 밤에 이루어지며 생명의 윤활유가 발생하여 생성하고 낮에는 밤의 색깔도 무채색으로 탈바꿈하여 어디론가 사라져버리게 한다.

그 형상 없는 것들은 어둠을 말끔하게 먹어버리고는, 밤의 언어로 말한다. 참으로 내게는 고귀한 말씀이었다. 절대로 확실하지 않은 확실하게 정체를 밝히지 않는 양자역학인, 비록 현재 상태에 대하여 정확하게 알 수 있더라도 미래에 일어나는 사실을 정확하게 예측하는 것은 불가능하다.

절대로 확실하지 않은 어둠은 그 밝고 맑고 아름다운 세상살이 그것은 죽음이 아니었다. 생명이었다. 꽃봉오리를 피우기 위한 숨결의 일시적 쉼이었다. 온갖 것들이 난무하는 낮의 피로를 풀게 하여 안식과 평화를 준다. 그리고 사람들은 깨어나서 삶의 활동을 한다.

그런데 쇼펜하우어는, 우리는 빈약한 성품과 편견과 선입관에서 벗어나 고뇌를 극복하고 초월해서 마음의 평온과 고요를 얻었으며 깊은 자기 인식과 자기 확신과 영적 행복감에 젖어서 살고 있다는 것을 알아야 한다고 했다. 그들은 버리면 얻는 방법을 우리에게 알려주고 있다는 것이다.

인생이란 휴전 없는, 끝없는 전쟁의 계속이며 행복이나 만족을 느끼는 시간은 극히 순식간에 불과하다. 따라서 우리는 늘 고통과 맞설 무기를 든 채 끝내는 죽어간다는 결론에 이른다고 보았다. 그 시간의 그림자는 누구에게나 똑같이 주어진다.

그러므로 인간은 모두 삶과 죽음을 선고받은 죄수이다. 그것도 인생은 딱 한번만 살아야 가치가 있다는 것을 깨닫게 해줄 뿐이다. 그 허무한 존재가, 살려는 의지는 강하다. 그 의욕은 보이지 않는, 아니 보일락 말락하는 검청색 밤바람이 아름답기 때문이다. 눈에 보이지 않는 감각, 활동을 정지시킨 촉각, 0%의 고요를 적셔대는 청각적 소리 속에서 우리들이 잠들게 고요가 사방에서 엄습해온다.

그때 점점이 박혀있는 검은 점맥들이 이어진 광장에, 주홍꽃이 살아서 반짝반짝 피어오르고 있었다. 아, 밤에 피는 꽃들! 영혼의 샛별이 살아서 여기저기 돌아다니며 펄럭인다. 꽃불자락이 밤의 어두운 두려움과 공포와 거짓과 고달픔과 압박을 태우려 팔락인다. 함성이 들린다. 그리고 불꽃이 스르르 고개 숙이고서 삭막한 광장의 우주를 정지시켰다가 갑자기 또 꽃불이 팔락인다. 그것은 지상의 인간들 손에 주어진 빛살을 품은 꽃결이었다. 촛불집회 함성이 들린다.

"거짓말이란 그 한 가지만 가지고도 큰 죄악이 되는 것이겠지만 그것이 빚어내는 결과는 큰 죄악을 저지르는 것이다. 결과를 알아내지 못했지만 거기서 번져 나오는 회오悔悟가 거짓말의 결과를 극도로 잔학한 것으로 추측하게 했다"는 루소의 말이다. 땅의 샛별꽃들과 하늘의 별꽃들이 뭉쳐진 밤. 달빛도, 별빛도 없이 무념의 세계 어두움 속 꽃물결들은 하늘과 땅이 합일된, 우주 속에서 인간들의 숨결로 둥둥 떠다니는 진공에 얽매어 힘차게 피어나는 꽃송이들이었다. 우주를 울린다. 촛불시위의 사람들 소리가 들린다.

'최순실 게이트', '박근혜 대통령 탄핵심판 촉구'를 부르짖는 50만 국민들의 함성이 지구를 뒤흔든다. 잘못이 없다고 거짓말로 일방적으로 주장하는 대통령, 그것을 본 국민들의 분노는 더욱 커져만 간다.

쇼펜하우어는 "항상 진실하라. 진실하기 위해서 어떤 일이 생길지라도 진실하기만 하면 정의는 언젠가 돌아오기 마련이다. 존재하지도 않는 것을 지켜야 하거나 믿어야 하는 기준으로서 제시받을 때 동원되는 거짓말은 항시 부정이 되고 기만欺滿이 되기 마련이다. 진실을 행한 결과가 어떤 것이 되었든 출발이 진실이었다면 벌을 받지는 않는다. 진실 속에는 항시 어느 누구의 편견도 끼여 있지 않는 법이다."고 주장한 말을 되새겨야 한다.

"엄숙한 고백을 위해서는 자신의 약점이나 내적인 성격까지도 희생해야 한다. 이런 경우 언제나 진지할 수 있는 용기와 힘을 지니고 있을 필요가 있다. 특히 진실을 위하여 모든 것을 바친 사람의 언설言舌이나 붓끝으로 결코 장식이나 조작을 해서는 안 된다."

루소가 말하는 것처럼, 촛불들은 그 어두운 비극에, 밤에 활짝 꽃을 피워대는 고통이었다. 거기서 사상의 아름다운 꽃을 피워 혁명의 기폭제가 되었다.

밤에 피는 꽃송이들의 진실된 함성의 소리가 들리는가? (2017)

한국 다성 수필의 신경지 개척을 위하여

- 수필집 『마칭심벌』을 중심으로

임 영 천

(문학평론가 · 문학박사)

I

수필집 『광주여 딱딱우여』(1994), 『양광새는 불을 밟고 간다』(1997), 『뻘짓 어만짓』(2000), 『푸른 장미』(2006) 등에 이어 금번에 펴내는 다섯 번째 수필집 『마칭심벌』(2017)의 저자 이정심李正心 수필가[2]의 신작 수필 「황금덩이」(본서 209~211쪽)에 의하면 그 속에 저자의 건강상의 여의치 못한 일생이 고스란히 담겨 있음이 보인다. 어디 하나 성한 데가 없는, 실로 만신창이滿身瘡痍의 육체적 곤경 속에서 일생을 보내온 저자에 대하여 일말의 동정심마저 독자가 느끼게 된다고 하면 저자는 화를 낼 것인지, 문의해 보게도 된다.

저자가 일곱 남매[3] 중 다섯 번째 딸로 태어나 병약한 체질로 일생을 다

---

*문학평론가. 문학박사. 조선대학교 명예교수. (사)한국문인협회 평론분과 회장.

2) 저자는 지난해(2016)에 『어머니, 통한의 십년 청춘이』란 수필 '선집'도 펴낸 바 있다.

3) 저자가 일곱 남매 중의 하나로 태어났다는 사실은 특유의 문학적 분위기를 풍긴다는 생각을 하게 한다. 자연히 찰스 램의 일곱 남매가 떠오르며, 또 올해(2017) 탄생 일백 주년을 맞은 손소희 작가의 단편소설 「그 姉妹」 속의 주인공(선희 양)도 일곱 남매 중의 하나로 태어났다는 사실 등을 접하고서 막연하게나마 그런 분위기를 느끼게

소 불우하게 살았다는 점에서 보아, 다분히 영국의 수필가 찰스 램(C. Lamb)의 불우했던 삶이 연상(또는 대조)되기도 한다. 램(1775-1834)은 일곱 남매 중의 하나로 태어났는데, 그 형제들 중에 어른이 되도록 건강이 유지된 이들은 램을 포함해 셋(3)뿐이었다는 것이다. 형 존과 손위누이 메리, 램 자신, 이렇게 셋만 살아남았다고 하는데, 양친 모두 병약했으므로 램의 형제자매 역시 선천적으로 그 병약한 체질을 타고 났기 때문이었다. 특히 정신질환이 심했던 누이 메리(Mary Lamb)를 모친 살해 사건 이후 형 존은 국립요양원으로 보내자고 했으나, 램은 누나를 자신이 집에서 돌보겠다고 자청했다. 그 결과 10년 연상의 누이 메리는 램이 죽고 난 후에도 십여 년을 더 살 수 있었던 것이다.4)

그런데 「마칭심벌」의 123쪽에 의하면 고故 이선웅의 등단 경력과 추천 작품이 실려 있음이 보인다. 다른 작품 속에서 '동생 선아!'란 말로도 호칭되고 또 어떤 작품 속에서는 '동생 웅이'란 말로도 나타나고 있음을 볼 때, 이 '이선웅' 수필가가 이정심 수필가의 남동생임이 분명하다. 그러면 어떻게 된단 말인가? 누나 메리와 남동생 램이 공동운명체와도 같은 문인들이었는데, 또한 누나 이정심과 남동생 선웅 역시 공동운명체와도 같은 수필가들이었다는 게 우연의 일치가 아닌 것 같다. 남동생 램이 먼저 저승으로 가고 누이 메리가 더 오래 살았던 것과도 같이, 또한 남동생 선웅이 먼저 떠나고 누이 이정심이 지금도 더 오래 살고 있으니 참으로 우연의 일치치고는 너무도 유사하다고 하지 않을 수 없다.

II

그런데 두 남매들의 이런 표면적인 유사점 말고 삶의 이면적인 방향으로

된 것 같다고 하면 혹시 그게 뻴소리요, 어만짓이라고 할는지도 모르겠다.

4) 그 손위누이 메리가 남동생 램과 함께 어린이를 위한 「세익스피어 이야기」를 공저(共著)해 상당한 인기를 누리기도 했었다.

조금 관심을 돌리게 되면 그들 사이에 삶의 양상 면의 큰 차이점이 보이고 있다는 사실을 발견하게 될 것이다. 찰스 램은 정치에 대한 관심은 아예 없었고, 또 개혁에 대한 열정도 거의 없었으며, 단지 보수적인 성향의 온건한 삶을 살아 왔을 뿐이었다.[5] 그런데 선웅은 그의 대학 3학년 시절 데모 주동자로 몰려 유치장에 수감되기도 했다고 소개되었다.(본문 111쪽)

그러면 두 여성들은 어떠한가? 정신질환을 앓고 있었던 메리에게 우리가 무엇을 기대하는 일은 불가능한 일일 터이므로 결국은 논외로 칠 수밖에 없겠다. 그러면 이정심은 어떠한가? 그는 무슨 행동적인 저항을 동생처럼 해 본 일은 없었던가 보다. 그래서 그런 자신을 스스로 자책해 '악녀' 또는 '지독한 악녀'라고 부르며 이제 와서 크게 자탄하고 있다.(본문 203쪽)

그러나 부조리한 사회에 대하여 시위대 앞장에 서서 구호를 소리 높이 외쳐대는 것만이 저항은 아니다. 구어 아닌 문어로, 곧 입말이 아닌 글말로 하는 저항도 큰 저항일 수 있다. 아니 어떤 면에서는 글말이 더 큰 저항 효과를 거두는 수도 있는 법이다. 프랑스의 '드레퓌스 사건' 때 작가 에밀 졸라가 "대통령을 탄핵한다"는 글을 지상에 발표하여 결국은 유태계 포병장교 드레퓌스의 억울한 죄목을 벗겨준 일이 있었음을 상기해 볼 만하다. 그렇게 거창한 예를 들어 비교해 볼 필요까지는 없을 것이겠지만, 어떻든 이정심 수필가의 그 자신의 글을 통한 현실 저항은 대단하다고 하지 않을 수 없다. 그는 어떤 저항을 하고자 하는 분명한(의도적인) 목적으로 그런 저항적인 글을 쓴다고 규정할 필요까지는 없을 것도 같다. 그러나 그 저항이 의도적이건 아니 건을 불문하고 그 파급 효과만은 부러 쓴 저항의 글 못지않게 크다고 하는 점은 불가불 인정하지 않을 수 없을 것이다.

그의 사회·정치적 의미의 저항의 글은 그 호기浩氣가 '5·18'과 '4·16(세

5) 참고로 이야기하자면, 세계 수필문학사에서 그 찬란한 이름들을 자랑하고 있는 프랑스의 몽테뉴나 영국의 베이컨도 개혁에 대한 열정이 없고, 보수적인 성향의 순탄한 삶을 영위했다고 하는 점에서는 거의 유사했다고 보겠다.

월호)'에 이르러 의외의 격앙된 톤으로 거세게 뻗쳐 나간다. 두 가지 모두 그의 고향(광주·전남)에서 벌어진 일들이어서 실감이 더하고 생동감이 강하다. 광주와 그 근역에서 벌어졌던 일이요, 또 진도 앞바다 팽목항 근해(맹골수도)에서 일어났던 일이 아니던가. 이 슬프고 하늘도 함께 통곡하지 않을 수 없는 참담한 일들이 벌어졌던 순간을 다시 떠올리며 이정심은 마치 자신의 아들이 당하기라도 한 듯이, 또는 아이 밴 자기 며느리가 찢겼던 듯이 통분하여 부르짖는다. 그 실감나는 묘사와 서술이 독자들의 마음도 크게 뒤흔든다. 그저 자식을 잃은 애틋한 어머니의 심정으로 그 통한의 슬픔을 호곡하는 것뿐인데, 그 결과가 자연히 사회·정치적 의미의 무거운 저항으로 우리에겐 들려오는 것이다.

그렇다면 이때의 독자가 혹 위정자일 경우엔 어떠할 것인가. 또 혹 '그런 만행에 직간접적으로 연루되어 있는' 고관 자리의 그 위정자들이라면 어떨 것인가. 떨리지 않을 수 없을 것이다. 그들이 지금은 그런 자리에서 물러나 있기에 망정이지 만일 그들(전 아무개, 박 아무개, 김 누구, 우 누구 등)이 지금도 그런 자리에 앉아 있다고 한다면 이 책의 저자(李 수필가)를 가만 놔둘 것 같지는 않다. 문화계 인사들에 대한 무슨 블랙리스트라고 하는 무기가 있(었)으니 말이다.

Ⅲ

나는 소위 수필이라는 이름으로 발표된 글들 중에 이런 실감나는, 또는 무시무시한(?) 글을 별로 읽어본 기억이 없는 것 같다. 앞서 말한 몽테뉴나 베이컨 및 램과 같은 사람들의 글에서 이와 비슷한 기운을 느낄 수 있는 어떤 글을 읽어본 기억이 별로 없다. 몽테뉴는 법관(재판관) 생활을 한 사람이요, 또 선친 이래로 보르도 시장市長까지 역임했던 분이니 그의 글이 점잖을 수밖에 없었을 것이요, 베이컨도 그의 선친이 엘리자베스 여왕의

측근으로 고관 생활을 했고, 베이컨 자신도 토머스 모어처럼 대법관 생활을 했을 정도로 출세가도를 달렸던 분이므로 그의 글이 어떠했을 것인가는 역시 불문가지의 일이라고 할 것이다.

그러면 램의 경우는 어떠한가? 결국은 그도 50보 100보였다고 할 것이다. 그는 절대빈곤의 고단한 삶 속에서 정신병력의 소유자인 누이 메리를 돌보며 사는 삶 자체가 극한적인 고통의 지속이었으며, 그런 삶이나마 최소한 영위하기 위해 직장에 다니는 일이라도 충실히 하지 않으면 안 되는 삶의 연속이었으니 그에 적합한 현상 유지의 글을 쓰는 이외의 그 어떤 꿈을 꾸기조차 어려웠던 셈이다. 그 결과 그의 글에는 개혁이니 저항이니 하는 기운이 전혀 느껴지지 않게 되어버린 것이 아닌가 싶다.

그러면 우리나라 수필가들은 어떠한가? 김진섭, 이양하, 피천득…의 글들도 그 면에서는 역시 오십보백보다. 또한 고인들이 아닌 현존의 수필가들이라고 하여 다른 점이 없다. 결국 어떤 결론이 도출되고 마는가? 수필문학사에는 양洋의 동서와 때〔時〕의 고금을 막론하고 개혁적이고 현실 저항적인 수필의 전통은 거의 수립돼 있지 않다는 것이다. 그것의 가장 단적인 예가 우리나라 문인단체 중의 하나였던 민작(민족문학작가회의), 곧 지금의 한작(한국작가회의)에는 '수필'이란 장르의 분과가 아예 존재하지 않는다는 점이다. 개혁적이고 진보적인 문학관 내지는 역사관의 소유자들이 모인 문학단체에 굳이 그것에 반하는 전통만이 있을 뿐인 수필문학 분과를 두지 않겠다는 게 그들의 본래의 뜻이었다는 말이다. 이런 민낯을 그대로 들여다보였다는 게 조금은 부끄러운 일이기도 하다. 그러나 어쩔 것인가? 그게 엄연한 현실인 것을….

이런 현실인식 가운데서, 나는 느닷없이 튀어나온 이정심의 낯선 수필들을 접하게 되었다. 특히 '5·18'과 '4·16' 관련의 수필들이 이런저런 글들의 여기저기서 무차별적으로 튀어나와 무방비 상태의 나를 여지없이 두들겨 팼다. 예리한 주먹을 자랑하는 복싱 선수의 강타를 얻어맞은 것인 양 나는 한동안 정신이 몽롱하였다. 그래서 머리를 흔들어 보았다. 그러나 아직 캔버스에 다운되어버린 상태는 아닌 것 같았다. 그래서 다시 정신을 가다듬고 다음 주먹에 대비해야 되었다. 그 주먹이 앞으로도 얼마나 더 나의 머리를 강타할지 다소 예측이라도 해 보려는 듯….

Ⅳ

이정심 수필가의 사회·정치적 저항의 의미가 강한 수필을 대하면서 나는 프랑스 작가 스탕달(1783-1842)이 문학과 정치의 상호 관계에 대해 비유적으로 설파했다고 하는 다음의 구절을 떠올렸다. "문학 작품에서 정치는 음악회 중간에 들린 총소리처럼 매우 시끄럽고 속된 것이지만 우리가 관심을 갖지 않을 수 없는 그런 것이다." 스탕달의 이 말처럼 이정심의 정치적 관심(저항)의 글들은 마치 어떤 '음악회 중간에 들린 총소리처럼 매우 시끄럽고 속된 것'으로 읽혀질지도 모르지만, 그러나 그것은 '우리가 관심을 갖지 않을 수 없는' 그 무엇(그 어떤 것)이라고 판단하지 않을 수 없다. 동서고금을 막론하고 저항 부재의 전통을 지니고 있는 수필문학사라고 하더라도, 이제는 그 전통을 조금 바꾸어야 한다고 이정심의, 가위可謂 정치수필은 우리를 일깨우고 있는 셈이다.

그러나 그렇다고 하여 이정심의 수필이 정치적 저항의 색채를 띤 수필만 있다고 하는 말은 아니다. 그의 수필들에는 지금껏 이야기한 그런 것들과는 너무도 다른, 다양한 유형의 작품들이 또한 부지기수로 발견된다. 그런 수필들은 다양성과 파격성 및 환상성과 모호성 등을 드러내고 있으며 또한 그 스케일 면에 있어서 거대한(거창한) 특성도 보여주고 있다. 그것을 그냥 거대성이라고 표현해 두자. 그의 수필들에 보이는 다양성과 파격성, 그리고 환상성과 거대성 등은 마치 르네상스 시대의 프랑스 소설가 프랑수아

라블레(1494-1553)의 소설세계를 연상시키는 면이 다대하다고 하겠다.

러시아의 미하일 바흐친(1895-1975)에 의해 그로테스크 리얼리즘이란 말로 평가된 거인 부자父子 '가르강튀아와 팡타그뤼엘'의 이야기(일명 『巨人傳』 소설) 속에서처럼 이정심의 수필 작품 속에는 이런 다양성과 파격성, 그리고 환상성과 거대성 등이 독자들에 의해 무시로 간파되고 있는 셈이다. 라블레의 소설 작품을 대했을 때 매우 어리둥절했던 독자들이라면 이제 와서 이정심의 수필 작품을 접하게 되었을 때도 거의 비슷한 느낌을 받지 않을 수 없을 것이란 말이다. 라블레는 중세 가톨릭교회로부터 신성모독이란 판결을 받고 일종의 이단으로 지목되어 도피생활을 했었는데, 비슷하게 오늘의 이정심도 정부나 국가권력으로부터는 역도逆徒로, 그리고 한국 문단으로부터는 이단 문인으로 지목되어 곤경에 처하게 되지나 않을까 다소 우려되는 바 없지 않다.

그러나 라블레의 그로테스크한 소설 작품은 후에 러시아의 도스토옙스키 소설에 이르러 이른바 다성적(polyphonic) 소설을 이룸(이룩함)에 지대한 영향을 주었다고 미하일 바흐친[6]은 보고 있다. 그런데 라블레의 작품이나 도스토옙스키의 작품에 공통적으로 엿보이는 게 바로 카니발 정신이다. 그리고 바흐친이 다성적 문학과 관련해 착안한 것이, 곧 다성적 문학의 뿌리는 바로 고대(서력 기원전 시대)의 축제 카니발[7]에서 발생했다는 것이다.

V

카니발은 본질적으로 형식과 권위를 부정하는 자유분방함과 파괴적 특성을 지니고 있다. 그것은 민중적이고 집단적이면서 무엇보다도 '불쾌한 절대성'이 아닌 '유쾌한 상대성'이 지배하는 세계이다. 카니발 축제가 진행되는

---

6) 그는 '20세기의 아리스토텔레스'라고 학자들 사이에서 호칭되고 있다.
7) 이는 물론 중세와 르네상스 시대에 더욱 홍성하였다.

동안 사회적 장벽이 무너져버려 사람들은 모두 카니발의 법 앞에서 누구나 평등하게 된다. 현자와 우자, 또는 왕후장상과 적빈걸인이 따로 없이 공존하게 된다. 그러므로 카니발적 삶이란 통상적인 궤도에서 이탈한 삶이며 어느 한도에서는 '뒤집혀진 삶', 또는 '거꾸로 된 세상'이다.

이런 정신(세계관)이 지배하는 라블레나 도스토옙스키의 다성적 소설 세계에서는 절대주의나 획일주의, 또는 독단주의나 권위주의 등이 절대 발을 붙일 수가 없다. 아니, 오히려 그런 것들과 대결하고 투쟁하는 편이다. 그래서 다성악 이론은 그런 위험한 세계관을 거부·지양하는 것이다. 미하일 바흐친이 이 이론을 확립할 당시 그가 저항했던 대상이 바로 스탈린 획일주의 체제 하에서의 마르크스주의 문학론(사회주의 리얼리즘)이었다는 점이 참고될 수 있다. 비록 수필의 세계라고는 하나 이정심의 문학 작품 속에는 앞서 말한바 절대주의나 획일주의, 또는 독단주의나 권위주의 등에 대한 강한 거부와 대결의 기운이 가득 차 있다. 라블레가 그러했듯이 이정심도 독재 이데올로기에 저항하는 투쟁의 무기로 '언어'를 사용하고 있다는 의미에서 그는 자유의 역사에 있어서 핵심이 되는 자리를 차지하고 있다 할 것이다. 프랑스의 문예이론가 르네 지라르가 라블레의 카니발 정신을 계승한 도스토옙스키를 가리켜 소설의 전통적 주형鑄型을 깨뜨린 우상파괴자로 보았거니와, 마찬가지로 이정심도 수필의 전통적 주형을 깨뜨린 우상파괴자임이 분명하다. 미국의 여성신학자 로즈마리 류터는 "구원[8]은 실존적으로 우상을 파괴함으로써 특별히 체험된다."라고 하였으며, 같은 미국의 신학자 가브리엘 바하니안은 "문학은 오늘날 기독교보다 더 우상파괴적이다."라고 하였거니와 이정심의 수필문학이 종교(기독교)보다 더 우상파괴적이라는 사실이 그의 작품 독파 이후 실감되는 것 같다. 그의 수필이 다성 문학과 상

---

8) 궁극적으로 지향하는 바가 인간의 '구원'이라는 데에서 문학과 신학은 결국 상통한다고 볼 수 있다.

통할 수 있을 기본 조건을 이런 점들에서 우선적으로 갖추었다고 볼 수 있겠다.

바흐친에 의하면 다성 문학이란, "독립적이며 융합하지 않는 다수의 목소리들과, 동등한 권리와 각자 자신의 세계를 가진 다수의 의식들이 제각기 비융합성을 간직한 채 어떤 사건의 통일체 속으로 결합하고 있는 과정을 보여주는"9) 문학이다. 그 때문에 다성 문학은 독립성 비융합성 다양성 등을 그의 특성으로 내포하고 있다. 이렇게 볼 때 이정심의 수필처럼 독립성 또는 독자성이 강하며 비융합성과 다양성을 충만히 간직하고 있는 수필 작품들도 많지 않으리라고 본다. 그러나 어느 누구의 수필 작품이 독립성, 비융합성, 다양성 등을 풍성하게 갖추었다고만 해서는 다성 문학의 자격을 갖추었다곤 할 수 없다. 그런 특성을 지닌 다수의 목소리들과 다수의 의식들이 당연히 구비具備되어야만 할 것이다. 그럴 때라야만 다성 문학의 자격을 갖추게 된다고 볼 수 있다.

이정심의 수필은 집단성, 거대성, 민중성 등을 바탕으로 강한 저항성과 파괴성(파격성)을 내포하고 있는바 이것들을 태동하는 다수의(다원적) 의식들과 또한 이들을 외부로 드러내는 다수의(다양한) 목소리들이 각기 비융합성을 간직한 채 어떤 통일된 세계를 향해 결합하고 있는 과정을 능히 보여주었다고 할 것이다.

다성 문학엔 그 말多聲 그대로 우선적으로 소리(또는 목소리)가 많아야 한다. 이때의 소리(또는 목소리)는 의식意識이 반영된 사람들의 목소리여야 할 것이다. 그런데 소설에서는 여러 주인공 또는 주요인물들의 목소리들이 이런 다성을 구성할 수 있는 요소가 된다. 그런데 수필에서는 어떠할까? 수필 속에서도 여러 주인공이나 주요인물들이 그 나름으로 한 편의 작품 속에서 여러 목소리들을 낼 수 있을까? 그것은 결코 바랄 수 있는 게 못 될

9) M. 바흐친, 『도스토예프스키 시학』, 김근식 역(정음사, 1989), p.11 참조.

것이다. 수필의 경우는 소설에서처럼 그런 뚜렷한 주인공(주요인물)의 개념이 형성되어 있지 못하다. 그 때문에 수필에서의 다성 문학 논의가 소설에서의 경우처럼 활발해질 수는 없다. 다성 수필의 경우는 조금 다른 관점에서 그 다성성을 논의해 보아야 할 것이다.

VI

수필은 일반적으로 고백 문학의 성격이 강하다고 한다. 이때의 고백(자기고백)은 대체로 수필의 필자, 곧 서술자(화자, narrator)를 그 행위(고백)의 주체로 보기 마련이다. 아우구스티누스의「고백록」속에서 그 고백의 주체는 아우구스티누스 자신이며, 몽테뉴의『수상록』이나 파스칼의『명상록』속에서의 명상과 고백의 주체도 몽테뉴와 파스칼 자신들이다. 수필집의 이름을 '고백록'이니 '회고록'이니 하는 식으로 달지 않았을 뿐 오늘날의 수필가들의 거개의 수필집들도 알고 보면 거의 수필가 자신의 삶의 '고백'과 '회고'가 그 주된 내용으로 되어 있음이 사실이라고 하겠다. 수필가 자신이 그 글(수필)의 화자가 되어 자신의 삶에 관하여 서술하기 때문에 그 글은 다분히 자기 고백적이 되지 않을 수 없다. 소설론에서 쓰는 용어로 말하자면 바로 일인칭 시점(일인칭 서술자 시점)이나 일인칭 관찰자 시점의 수필들이 태반이니 그럴 수밖에 없을 것이 아니겠는가.

이 오랜 관행을 이정심은 깨려고 한다. 개방성과 다양성을 기반으로 하여 거기에다 저항성과 파괴성을 무기로 덧붙인 그의 예술적 촉수가 아예 방향을 알 수 없는 영역의 확대로 뻗어나감으로써 그의 수필 세계는 가위 무한대의 우주가 된다. 이를 가능케 하는 그의 수필 작법의 하나가 '삼인칭 시점'의 동원이라고 볼 수 있다. 이에는 '작가 전지적 시점(전지적 작가 시점)'과 '작가 관찰자 시점(삼인칭 관찰자 시점)'10) 등이 있는데, 전통적인 수필 작

---

10) '전지적 작가 시점'은 작가가 마치 신의 자리에서 '그'의 외면과 내면을 모두 다 알고

법상의, 일인칭 시점 동원이 가져다주는 한계성을 이 시점(삼인칭 시점) 동원이란 작법상의 일대 변화를 통해서 그의 수필 세계를 광대무변의 것으로 확대시키고, 또한 앞으로 이야기하게 될 '다성 수필'의 창작을 가능케 해 주었지 않았나 판단된다.

'다성 수필'을 논의하기 전에 우선 '다성 소설'의 경우를 한 사례로 살펴볼 필요가 있겠다. 여기서는 다성 소설에서의 주인공 관련 문제를 예로 들어보겠다. 톨스토이의 「부활」에는 네플류도프란 주인공이, 그리고 이광수의 「흙」에는 허숭이란 주인공이 뚜렷이 등장한다. 그러나 도스토옙스키의 「카라마조프가의 형제들」에는 네 명 정도의 복수 주인공이, 그리고 염상섭의 「삼대」에도 적어도 네 명 정도의 복수 주인공이 등장한다. 전자에는 표도르, 드미트리, 이반, 알료샤 등이며, 후자에는 조상훈, 조덕기, 김병화, 홍경애 등이다. 소위 다성 소설[11]에 이처럼 네 명가량의 복수 주인공[12]이 등장하는 이유는 그 등장인물들 각자가 그 나름대로 '독립적이며 융합하지 않는 다수의 목소리들'을 대표하면서, 또한 '동등한 권리와 각자 자신의 세계를 지닌, 그리고 제각기 비융합성을 간직한 다수의 의식들'을 대표하기 때문이다. 다시 말해 다성 소설에 필요한 '다수의 목소리들과 다수의 의식들'을 대표하는 인물들이 최소한 그 정도로는 필요하기 때문이라는 것이다.

그런데 가정컨대 다성 수필에도 그런 정도의 목소리들을 낼 수 있는 인물들이 필요하겠지만, 수필이 소설처럼 그런 인물들을 언제든지 내세울 수

있는 듯이 이야기하는 것이며, '작가(삼인칭) 관찰자 시점'은 작가가 주로 '그'의 외면(만)을 관찰해 서술하는 경우이다. 임영천, 「수필 문학의 이해」. 빛나리, 2012, p.66 참조. (여기서 '그'를 인물로 볼 수도 있고 자연이나 사물로 볼 수도 있으며 또 때로는 추상적인 어떤 내용으로 볼 수도 있다. 즉 양주동 식의 우수마발牛溲馬勃이 모두 이 '그'라는 말 속에 포괄될 수가 있다는 것이다.)

11) 「카라마조프가의 형제들」이나 「삼대」는 각기 러시아와 한국의 대표적인 다성 소설들로 알려져 있다.

12) 이 '복수 주인공'의 문제에 대해서는: 임영천, 『한국 현대소설과 기독교 정신』. 국학자료원, 1998, pp.60~65 참조.

있는 여건은 되지 못하기 때문에 앞서 말한 바와 같이 삼인칭 시점을 활용하는 방법(작법)이 하나의 대안이 될 수 있으리라는 것이다. 다시 말해 대체로 일인칭 시점의 고백체가 주를 이루는 수필의 세계에 삼인칭 시점의 작법을 과감하게 끌어들여 여러(다수의) 목소리들을 낼 수 있는 여건을 충분히 조성하는 방식이다. 다소 궁한 방법일는지는 모르지만, 어떻든 결과는 이 방법의 의식적인(?) 도입으로 그(저자)의 수필의 세계에 다성 수필의 장場이 무한대로 열리게 된 것은 사실이라고 하겠다.

단, 소설의 경우에는 장편소설은 물론 단편소설에서도 다성 소설이 발견되지만, 수필의 경우에는 한 작품집(수필집) 전체를 놓고 살펴보는 경우 외에 단 한 편의 수필만을 가지고 다성 수필을 운위하기는 어렵다는 것이다.13) 그 때문에 우리는 다성 수필을 논의할 때 어느 저자의 수필집 전체를 놓고서 그것의 다성성多聲性 여부를 논의해야 할 것이다. 한 권의 장편소설에서 다성적 사항이 발견되듯이, 그의 이번 수필집 속에서도 독자가 예의 그 다성적 내용을 만나게 된다는 것은 역시 기대대로일 것이다.

「삼대」속에서 다성적 목소리의 주인공들 가운데, 조상훈이 보수적 세계관을 대표하고, 조덕기가 온건주의를 대표하며, 김병화가 사회적 급진주의를 대표하고, 홍경애는 페미니즘을 대표하는 인물인 것처럼, 이정심의 제5수필집 속에서도 마치 「삼대」속의 네 복수 주인공들이 대표하는 무슨 목소리와 의식들과 같은 이념이나 염원이 있기 마련인 것이다. 투옥 당시의 이선웅은 사회적 급진주의를 대표하고, 팽목항 맹골수도의 아버지는 정의가 무너져 내린 사회의 무정부적 아노미 상태를 규탄하며, 광주 5·18 묘지의 어머니는 풀뿌리민주주의를 옹호하는 세력들의 한 상징적 대표자라고도 볼 수 있다. 그런가 하면 그 수필집의 저자 이정심은 문화적 다원주의

---

13) 여기서 수필집 '한 권'은 소설에서의 '장편소설'에나 해당하며 수필 '한 편'은 소설의 경우 '단편소설'에나 해당할 것이다.